손자병법,
전쟁과 경영을 말하다

지혜의
정원 04

손자병법,
전쟁과 경영을 말하다

손무 지음 | 서지원 평역

아름다운날

전쟁과 경영, 병법에서 답을 찾다

우리는 지금 평화로운 일상을 누리고 있는 것 같지만 알고 보면 전쟁이라는 폭탄을 안고 살아가고 있다. 천안암 피폭으로 46명의 우리 장병을 잃은 것, 울진 삼척 공비 침투 사건, 김신조 일당의 청와대 기습 사건, 멀리는 6.25전쟁 등이 모두 시한폭탄이 터진 것이라고 할 수 있다.

게다가 한 발짝만 밖으로 나서면 센카쿠 열도(중국명 댜오위다오)에서 중·일 양국이 첨예하게 대립하고 있고, 아프가니스탄 산악 지대에서도 전쟁은 계속되고 있다. 뿐만 아니라 이라크 전쟁도 최근에야 공식적으로 종료된 상태이다.

이처럼 세계 도처에서 전쟁이 계속되고 있지만 우리는 전쟁의 본질과 속성을 너무나 모르고 있다. 임진왜란과 병자호란, 6.25전쟁 같은 참화를 겪은 것은 우리가 그 폭풍 전야의 고요, 즉 외양만의 평화에 너무 취해 있었기 때문에 겪은 재앙이 아닌가 싶다.

더욱이 우리는 지금 선군정치와 강성대국을 외치며 전체 주민이 굶주리고 있는 가운데서도 핵을 개발하며 '서울 불바다' 운운하며 공갈을 서슴지 않는 북한과 60여 년간 대치하고 있다. 3대 세습의 어처구니없는 발상은 또 어떤 결과를 가져올 것인가.

평화를 관리하고, 전쟁을 억제하며, 만일의 경우에 터질 전쟁에 대비하는 것이 우리가 우리 삶의 터전에서 평화를 지키며 살아가는 길이다. 주변 국가와의 외교적인 노력과 군사력의 연대, 적에 대한 심리전 등 가능한 모든 방법을 동원하여 전쟁을 막는 것이 가장 중요하다.

전쟁에 관한 동서고금의 이론서로는 중국 전국시대의 군략가인 손무(孫武)의 『손자병법』과 19세기 초 프로이센의 장군 클라우제비츠의 『전쟁론』과 나폴레옹 재임 당시의 프랑스 장군 조미니의 『전쟁술』을 명저로 꼽고 있다. 이 책들은 전쟁의 본질, 이론, 원칙 그리고 전쟁 수행 방법 등에 대해 높은 통찰력을 보여주는 고전들이다.

특히 『손자병법』은 전쟁을 승리로 이끌기 위한 기술만이 아니라 전쟁을 막고 억지하며, 적으로 하여금 도발하고자 하는 생각이 들지 않도록 정치·외교적인 노력을 기울이는 방법을 진지하게 다루고 있다. 또 전쟁이 발발하더라도 최소한의 전투로써 승리를 획득할 수 있는 방법을 제시하고 있다. 외교적인 노력으로 상대국을 설득하거나 고립·봉쇄하고, 심리전으로 적의 전의를 떨어뜨려서 싸우기 전에 이미 승패가 결정되는 상황으로 이끄는 것이다. 그렇게 하기 위해서는 철저히 적과 나의 실력을 알아야[知彼知己] 백번 싸워도 위태롭지 않다[百戰不殆]는 것이다. 적과 나의 우열이 확연해지면 누가 섣불리 전쟁을 일으키려 하겠는가.

손자가 제시하는 방법들은 현재 우리가 처한 안보 현실에 매우 유용하다. 북한을 세계 질서 속으로 끌어들이고, 정치와 외교를 통하여 관계를 원만하게 이끌면서 도발을 최대한 억지하는 것은 물론 전쟁이나 국지적 도발을 감행했을 때는 최소한의 전투로써 단숨에 격퇴하는 방법을 그의 통찰력에서 구하자는 것이다. 그런 의미에서 『손자병법』은 전쟁에서 이기기 위한 기술서가 아니라 평화를 지키고, 전쟁을 억지하는 데 매우 유익한 고전이라 생각한다.

이 책은 방대한 원전 가운데 현대 우리 생활에 꼭 필요한 부분만 골랐으며, 난해한 원문을 쉽게 풀어 썼다. 덧붙여 고금의 전쟁 사화(史話)를 사례로 들어 독자의 이해를 돕고자 하였다. 그리고 현대인의 삶과 기업 간의 경쟁 또한 전쟁 못지 않게 치열하므로 간간히 그에 관한 이야기도 섞어 흥미를 돋우고자 하였다.

아무쪼록 이 책을 통하여 『손자병법』이라는 불후의 고전을 정확하게 읽고, 더욱 폭넓게 이해할 수 있기를 기대한다. 아울러 우리의 삶과 사회생활에 약간의 지혜를 얻고, 그와 동시에 전쟁이라는 중대한 문제를 함께 고민해 봄으로써 국가의 존립에 관한 우리의 시야가 더욱 넓고 투철해지는 계기가 되었으면 한다.

차 례

제 **1** 장

—

기본에 충실하라

『손자병법』의 시계 (始計, 제1편), 혹은 계 (計)에 해당하는 부분이다.

전쟁이 국가와 사회에 미치는 영향과 전쟁에 임하는 기본자세, 전쟁을 치르기 전에

국왕과 조정 대신, 그리고 군 수뇌부가 준비하고 고려해야 할 사항 등을 설명하고 있다.

경쟁의 원리부터 이해하라

|||

손자가 말씀하였다. 전쟁은 국가의 중대사이다. 국민의 생사와 국가의 존망에 관계되므로 신중히 생각하지 않으면 안 된다.

"만약 평화를 바란다면 먼저 전쟁을 이해하라."

영국의 저명한 군사 사상가인 리델 하트(Liddell Hart, 1895~1970)의 말이다.

우리가 누리는 일상의 평화는 전쟁의 결과물이거나 전쟁을 염두에 둔 상태에서 짜여진 사회 구조와 현상일 뿐이다. 제2차세계대전이 있었기 때문에 우리가 일제의 식민지에서 해방될 수 있었고, 6.25전쟁과 같은 참혹한 전쟁을 견뎌냈기 때문에 대한민국이 존재하는 것이다. 지금 우리는 휴전선 남북으로 수많은 전쟁 무기를 배치해 놓고 살아가고 있다.

평화롭게 살아가는 우리를 언제 덮칠지 모르는 것이 전쟁이다. 전쟁이란 사전 합의 없이, 자국의 의사를 관철하기 위하여 주권 국가에게 조직화된 무력을 행사하는 것이다.

그렇다면 우리의 주변에 그런 의도를 가진 나라나 세력이 과연 없다고 할 수 있는가? 임진왜란이나 6.25전쟁처럼 우리의 의지와 상관없이 마주치는 것이 전쟁이지만, 전쟁이 일단 발발하게 되면 이를 즉시 중지시킬 방법은 불행하게도 없다. 어쩔 수 없이 전쟁 상황으로 끌려가야 한다. 평화로운 일상의 모든 것을 앗아가고 무력화시키는 것이 전쟁이다. 그런데 우리가 겪은 전쟁은 인류가 구사할 수 있는 폭력 중 가장 그 규모가 크고 잔인했다.

인류 역사상 전쟁의 고통을 당하지 않고 망한 나라가 얼마나 되겠는가? 창과 방패가 부딪치고, 총포가 불을 뿜으며, 귀중한 인명을 살상하고, 아까운 물자를 불사르며 파괴하는 폭력적 방법 없이 자연스럽게, 마치 서쪽 하늘로 붉은 해가 넘어가듯이 외부로부터의 아무런 충격 없이 멸망하거나 소멸된 나라를 숫자로 헤아린다는 것은 불가능하다.

전쟁은 이토록 냉혹한 것이지만 절대 연습이 없다. 몸을 풀기 위해 심심풀이로 그저 해보는 게임이 아니기 때문에 일부러 져주거나 봐주는 것도 없다. 또한 전쟁 중에는 윤리니 도덕이니 하는 것에 매달려서도 안 된다. 전쟁을 치르는 행위는 모든 것을 가능케 한다. 그렇다고 하여 비전투원을 살상한다거나 민간 시설을 파괴하는 행위, 또는 화생물질을 사용하는 행위, 핵을 사용하는 행위는 금해야 한다. 그러나 신사적인 방법으로 싸운다는 것은 있을 수 없고 누구도 보장하지 못하는 일이다.

역사상 그런 신사적인 전쟁이 한 번 있기는 있었다. 이를 '송양

(宋襄)의 인(仁)'이라고 하는데, 내용은 이렇다.

춘추시대. 송(宋)나라와 초(楚)나라가 홍수(泓水)에서 대회전을 치른 적이 있었다. 송나라는 은(殷) 제국의 유민이 모여 세워진 제후국으로서 당시만 하더라도 황무지나 다름없던 초나라에 비해 문화적인 자부심이 대단했다.

송의 양공(襄公)은 '인의(仁義)'라는 글자를 깃발에 크게 써서 내걸고 초군이 홍수를 건너는 모습을 내려다보고 있었다. 부하 장수들이,

"지금 적이 강을 건너오면서 몹시 혼란스러운 것 같으니 놓치지 말고 쳐야 합니다."

라고 건의했다. 고금을 막론하고, 도하 상륙작전에서는 상대가 반쯤 강을 건너거나 상륙했을 때 치는 것이 상식이다. 그러나 양공은 고개를 저었다.

"우리는 당당한 인의의 군대다. 적이 지금 한창 강을 건너고 있는데, 그 틈을 노려 칠 수야 없지 않는가?"

초군이 강을 다 건너 전열을 정비하려 하자 부하 장수들이 이때를 놓치지 말고 공격해야 한다고 재촉했다. 양공은 여전히 고개를 저었다.

"군자란 대오를 갖추지 않은 군대를 쳐서는 안 된다."

적의 대오가 정비되자 이렇게 명령했다.

"초군과 전투를 하더라도 명심해야 할 것이 있다. 한 번 상처를

입힌 적을 재차 공격하여 죽이지 말 것이며, 머리가 흰 늙은 군사는 포로로 잡지 말아야 한다. 왜냐하면 우리 송나라가 군자의 마음을 가지고 있다는 것을 보여주는 것은 물론 인의의 군대임을 천하에 알려야 하기 때문이다."

이 싸움에서 송군은 대패하고, 양공도 전투에서 다쳐 상처를 입었다.

극소수의 국가가 천재지변이나 원인 모를 전염병과 같은 재앙으로 역사의 무대에서 사라진 예가 있기는 하다. 화산재에 덮여 멸망한 도시 폼페이나 중앙아시아 황무지 한가운데 있던 누란(樓蘭)이라는 소국이 그렇다. 누란의 경우 불어오는 모래바람 때문에 도저히 살 수 없게 되자 주민이 이주했을 것이라고 추측하지만 일본 소설가 이노우에 야스시[井上靖]가 쓴 『누란』이라는 단편 소설에서는 전혀 다른 해설을 한다. 이 소설에서는, 왕이 주변의 두 강대국에게 시달려 태자를 볼모로 보내는 비운의 왕국으로 그려져 있는데, 어쩌면 이노우에의 상상이 옳을는지 모른다. 이처럼 거의 예외 없이 모든 국가는 전쟁을 통해 역사의 무대에서 사라졌다. 오직 전쟁만이 하나의 국가를 역사의 기록에서 지워 나갔던 것이다.

같은 조상으로부터 피와 언어를 나눈 종족도 마찬가지다. 두 종족이 평화롭게 어우러져 하나가 된 경우는 없다. 국가의 운명처럼 종족 또한 전쟁에 의해 멸종되거나 다른 종족의 노예가 되어 흡수 · 통합됨으로써 명맥이 끊긴 것이다. 대제국 원나라의 멸망이 당시 세계 인구의 3분의 1을 죽인 페스트가 원인이라는 설이 있기는 하지만 확실하지 않다. 종족의 소멸이나 통합은 거의 전쟁을 통하여 이루어졌다.

손자(孫子)가 첫머리에서 밝힌 말은, 개인적인 경험으로 미루어 보아 인류 역사에 있어 전쟁이 미친 보편적인 상황 인식이자 개념 설정이라 할 수 있다. 이 구절을 첫 대목에 올린 것은 그만한 이유가 있기 때문이 아니겠는가.

타의에 의한 전쟁, 즉 다른 나라의 침략에 의한 전쟁은 불가항력적으로 겪어야 하지만 전쟁의 참화에서 가능한 한 벗어나기 위해서는 전쟁을 이해해야 한다는 것이다. 또 우리가 전쟁을 일으키지 않기 위해서도 전쟁을 이해할 필요가 있다.

"만약 기업이 성공을 바란다면 먼저 경쟁을 이해하라."

앞의 리델 하트의 말을 이렇게 고칠 수도 있지 않겠는가.

흔히 현대를 경쟁의 시대, 국경 없는 글로벌 각축의 시대라고 한다. 쉴 새 없이 다양한 방식으로 벌어지는 상호 견제와 경쟁 양상을 두고 살벌한 정글이라고 하기도 하고 전국시대에 비유하기도 한다. 기업 간, 국가 간의 경쟁은 총소리만 들리지 않을 뿐 전시를 방불케 한다.

우리가 새로운 기업을 창업하여 경영한다는 것은 치열한 경쟁의 장으로 뛰어드는 것이다. 전투를 치를 각오가 되어 있어야 한다. 기업은 전쟁터에 나선 군대처럼 강력한 힘으로 밀어붙이기도 해야 하고, 유연한 변신으로 일시에 모습을 바꾸기도 해야 한다. 그런가 하면 좀 더 좋은 환경에서 경쟁하기 위해 우군을 끌어들이거나 적과의 동침도 마다하지 않아야 한다.

기업의 치열한 경쟁은 기업만의 문제라고 할 수가 없다. 모든 기업 활동은 궁극적으로 그 기업과 주소지를 함께한 국민의 생존과 불가분의 관계에 있다. 우리 국민은 모두 직접적이든 혹은 간접적이든 기업과 긴밀한 유기적인 관계에 있다. 기업이 경쟁력에서 뒤진다는 것은 국가의 경쟁력이 그만큼 떨어지고, 국민의 복리에 그만큼 불이익이 돌아온다는 것과 같다. 경쟁의 장에 서 있는 기업이나 그 기업에 종사하는 샐러리맨은 물론 국외자이기는 하지만 국민 모두가 신발 끈을 단단히 조여야 한다.

국가 간의 전쟁은 굳이 피하려고 한다면 피할 수도 있지만 기업 간의 경쟁은 도저히 피할 수가 없다. 자본주의 사회에서 기업이란 경쟁을 뜻하는 말과 같다. 그런 의미에서 기업 간의 경쟁은 손자가 설파한 존망과 생사의 중대사이다. 그것은 선택이 아니다. 기업이 경쟁에서 살아남기 위해서는 연구하고, 혁신하고, 기술을 갈고 닦아야만 한다.

이 책은 우리 자신이, 우리 기업이, 우리나라가 경쟁에서 이기기 위한 방법을 설명한 것이다. 이 책이 그 방법에 대한 모든 해답을 속 시원하게 해주는 것은 아니지만 동양의 위대한 전략가인 손자의 말씀을 한 구절, 한 대목씩 끊어 검토하는 과정에서 문제 해

결의 실마리는 얻을 수 있으리라 믿는다. 많은 이야기 중에 더러는 이삭처럼 주워 약으로 쓸 수 있는 말도 있으리라 자부하기 때문이다.

원문 孫子曰, 兵者는 國之大事라 死生之地하고 存亡之道하니 不可不察也라.

자신의 역량을
치밀하게 점검하라

‖

그러므로 전쟁을 치르려면 다섯 가지 전력(戰力) 요
소를 갖추어 계획하고, 쌍방의 형세를 비교하여 파악
하여야 한다. 그 다섯 가지란 첫째는 도(道)요, 둘째
는 하늘이요, 셋째는 땅이요, 넷째는 장수요, 다섯째
는 법(法)이다.

전쟁을 준비하는 쪽에서는 전쟁 상대와 전쟁의 성격에 따라 갖
추어야 할 전력(戰力) 요소가 있다. 모스크바 원정을 떠나는 나폴
레옹 군대에게는 방한복을 비롯한 겨울 장비와 식량이 가장 긴요
했고, 베트남과 전쟁을 치르던 미군에게는 정글화와 반공 사상이
었을 것이다. 이라크를 점령하기 위해서는 코란으로 대표되는 이
슬람주의에 대한 이해와 사막 바람을 막기 위한 차단막, 그리고
테러에 대한 대비이며, 아프가니스탄에서의 군사 활동은 적의 게
릴라전과 테러를 극복하는 일일 것이다.

이를 손자는 다섯 가지 요소로 나누어 설명하고 있다. 도(道)니
천(天)이니 하는 것이 현대 감각으로 볼 때 좀 낡아 보일 수 있지만

당시는 물론 지금도 결코 가볍게 여길 수 없는 절묘한 분류법이다.

손자가 말하는 다섯 요소 중 첫 번째로 꼽는 도(道)라는 것은 지도자의 도덕적 품성을 뜻한다. 어질고 의로우며 어려운 백성을 사랑하고 민의를 잘 수렴하여 정치를 하는 지도자를 지칭한다. 기업의 경우 CEO의 도덕성도 중요하지만 기업이 추구하는 가치, 기업의 이상, 경영 비전 같은 것에 초점을 맞추는 것이 더 적절할 것이다.

또 기업이 사회에 갖는 윤리적 책임, 소비자에 대한 도덕적 책무 같은 것이기도 하다. '우리 회사는 이윤을 위해 가치를 만들어내는 것이 아니라 가치 창조를 통해 이윤을 창출한다'고 하는 것이 같은 이윤을 추구하더라도 더 듣기도 좋고, 그럴 듯해 보이지 않는가. 그런 의미에서 도는 잠시도 소홀히 해서는 안 될 중요한 요소의 하나이다.

두 번째 하늘. 온도와 습도, 강수량, 풍향, 풍속과 같은 자연 환경은 물론 친환경적인 요소도 포함된다고 할 것이다. 친환경, 녹색 성장 같은 것은 근래에 가장 중요한 사회적 이슈가 되었다. 자연 환경을 훼손하는 것이 돌이킬 수 없는 큰 재앙으로 돌아온다는 것을 이제 깨닫게 되었고, 사회적 지탄 또한 대단하다.

세 번째 땅. 기업이 자리 잡은 곳의 주변 환경이기도 하지만 소비자가 사는 지역에 대한 고려이다. 동남아 지역에 온풍기나 전기담요를, 알래스카 지역에 에어컨과 같은 냉방기기를 팔려고 한다면 이는 지리적 환경에 무지하다고 할 수 있다.

네 번째 장수. 회사의 오너 내지 경영자로서 이사 이상의 중역진 모두가 포함될 것이다. 이른바 CEO의 중요성은 거듭 말할 필요가 없는데, 이 항목에서 분류한 다섯 가지도 결국 이를 조직하고 활용하는 CEO의 몫이다. 다른 항목에서 조금 부족한 것이 있으면 이를 극복하거나 조금 넉넉한 부분으로 채우는 이른바 절장보단(絶長補短)의 묘를 구해 볼 수 있지만 CEO의 자질이 부족하면 대신할 수 있는 게 없다. 무능한 장수가 잘못 내린 결정을 누가 번복하여 돌려놓을 수 있겠는가.

다섯 번째 법. 기업의 사규나 질서, 혹은 기업을 움직이는 조직 시스템을 말한다. 상명하달, 보고 체제, 부서 간의 협의 시스템, 사내의 회의 문화 등이 포함될 것이다. 조직이 정비되어 있지 않은 기업을 이끌고 가는 것은 아마추어 마라톤 대회에 출전한 사람들을 붙들어다가 국군의 날 기념식에서 제병 행진을 맡기는 것과 같은 것이다.

이처럼 기업은 우선적으로 기업 자체가 가지고 있는 총체적 자산을 객관적으로 점검할 필요가 있다. 예컨대 자본금, 부채를 포함한 현금 유동성 문제, 토지, 인적 자원, 기술력, 생산 능력, 구매 성향 및 구매력 분석, 재무 구조, 대외적 인지도 등 다양한 요소들을 꼽을 수 있을 것이다. 이들을 찬찬히 정리하여 경쟁 기업과 비교해 보는 것도 좋은 방법이다.

故로 經之以五事하고 校之以計하여 而索其情이라.
一曰道요 二曰天이요 三曰地요 四曰將이요 五曰法
이니라.

대의명분이 분명해야 이긴다

도(道)란 국민이 지도자와 한 마음이 되어 죽어도 지
도자와 함께 죽고, 살아도 지도자와 함께 살기를 각
오하여 국민이 어떠한 위험도 두려워하지 않도록 해
야 한다.

손자와 함께 최고의 병법 이론가로 꼽히는 오자의 본명은 오기
(吳起)이다. 오기는 최고 사령관이면서 사병들과 같은 옷을 입고
함께 밥을 먹었다. 잠도 보료를 깔지 않은 채 자고, 행군할 때는
말이나 수레를 타지 않고 사병과 같이 걸었으며, 군량미도 사병
과 같이 지고 다녔다. 말단 사병과 조금도 다르지 않게 행동했던
것이다.

그가 위(魏) 문후 아래에서 장군으로 봉직할 때 이런 일이 있었다.

그의 부하 중 한 병사가 등창이 나서 고생을 하자, 종기의 고름
은 입으로 빨아주는 것이 가장 좋은 치료법이라고 생각했던지 그
병사의 종기를 직접 빨아주었다. 이 소식을 전해들은 그 병사의
어머니가 슬피 울었는데, 이를 본 주위 사람이 물었다.

"당신 아들은 일개 졸병에 지나지 않는데, 장군이 직접 그 종기

의 고름을 빨아주었다고 하는데 무엇이 슬퍼 그렇게 운단 말이오? 오히려 영광 아닙니까?"

그러자 그 어머니의 대답은 이러했다.

"그게 그렇지 않습니다. 왕년에 그 애의 아버지도 종기가 났는데, 오 장군이 그 종기를 빨아주었답니다. 그 뒤 아이 아버지는 싸움터에서 남보다 앞장서서 죽기 살기로 싸우다가 결국 전사했지 뭡니까. 그런데 지금 사령관이 우리 아들에게도 그런 사랑을 베풀었으니 내 아들도 언제 죽을지 몰라서 운다오."

지도자와 한 마음 한 뜻이 된다는 것이 바로 이런 것이다. 최고 사령관인 장군의 행동이 그러하면 군대 전체가 단결할 수밖에 없고, 군주가 그러하면 모든 백성이 하나로 똘똘 뭉쳐 고난을 헤쳐 나가게 된다.

IMF가 터지자 우리의 기업들은 한솥밥을 먹던 사원을 서둘러 해고하기에 바빴다. 대량 해고는 기업 운영에 당장은 보탬이 되었겠지만 세월이 지나고 보니 부작용도 만만치 않았다. 애써 키운 인재를 방출하면서 생긴 공백과 살아남은 사람들이 갖는 죄책감이 겹쳐져서 상당한 후유증을 낳았던 것이다.

그래서인지 뉴욕 월가에서 출발한 세계 금융 위기가 닥쳤을 때는 지난 일을 거울삼아 해고를 자제하는 분위기가 역력했다. LG 같은 경우는 아예 해고가 없다고 선언하며 조직을 안정시켰다. 그것이 회사 도약의 큰 힘이 되었는데, 고난을 말단 사원과 함께 나누겠다는 오너의 태도에 대한 보답을 하고자 마음먹지 않을 수 없었을 것이다.

오래 전의 이야기지만 일본 미쓰비시 조선소의 이야기도 새겨 둘 만하다. 세계적인 조선 불황이 닥쳤을 때의 일이다. 당시 일본 은 최고의 조선 기술과 수주량을 자랑하고 있었지만 세계적인 불 황은 막을 재간이 없었다. 다른 조선소에서는 정리해고를 시작했 는데, 미쓰비시만은 방법이 달랐다.

일거리가 없어지자 수많은 사원들을 그냥 쉬게 할 수는 없었으 므로 사원들에게 그동안 돼지를 키울 것을 제안했다. 조선 기술 자가 졸지에 돼지를 키우게 되었던 것이다. 사원들이 돼지를 키 우는 동안 조금 덜 먹고 덜 쓰면서 버티어 나가자 경기가 순환하 였다. 조선 불황이 풀리면서 일감이 생기자 미쓰비시는 사원들을 즉시 현장에 투입하여 다른 업체보다 한 발 앞서 일을 진행할 수 있었던 것이다.

그렇다고 막무가내로 사원들을 보호해야만 한다는 것은 아니 다. 어쩔 수 없이 정리해고를 하더라도 신중히 해야 하고, 최소한 에 그쳐야 한다. 그리고 그런 조치에는 아랫사람을 배려하는 고 뇌가 있어야 사원으로부터 원한을 사지 않는다.

원문 道者란 令民與上同意하여 可與之死하고 可與之生 하여 而不畏危也니라.

기후의 **변화를 대비**하고
이용하라

‖

천(天)이란 기후, 계절, 시기 등 소요되는 시간과 기
상 조건을 말한다.

    ·

1941년 10월, 독일군의 전차 부대가 소련의 모스크바 외곽 65
킬로미터 앞까지 진격해 들어갔다. 놀란 소련 정부의 각 기관과
외국 공관들이 급히 모스크바를 버리고 달아났다. 그러나 텅 빈
모스크바에 독일군은 더 이상 진격할 수가 없었다. 가을장마가
시작되어 진흙탕 속에 빠진 차는 움직일 수가 없었고, 중포(重砲)
를 끌기 위해 전차를 동원해야 했으며, 어떤 지역에서는 전차조
차 움직일 수 없었다.

   독일군을 괴롭힌 것은 장마만이 아니었다. 장마가 끝나자 무서
운 동장군이 엄습했다. 11월 중순에 때 이른 눈이 쏟아져 동상환
자가 발생하기 시작했다. 독일군은 10월 중순까지 모스크바를 점
령할 예정이었으나 일정상 약간의 차질이 생겨 모든 계획을 망쳐
놓고 말았다. 동복을 준비하지 못한 독일군은 영하 2,30도의 추

위 속에서 여름 군복을 입은 채 전쟁을 치러야 했다. 독일 정부에서는 전국 가정에 겨울옷과 모포 등을 차출하여 일선에 보냈으나 물자가 도착했을 때는 이미 모스크바 전투의 승패가 판가름 난 뒤였다.

제2차세계대전이 막바지로 치닫던 1944년 12월 18일. 필리핀을 향해 가던 미국의 할제 함대(함대 사령관의 이름이 할제 제독임)는 기상반에서도 발견하지 못한 코프라라는 강력한 태풍을 만나 구축함 3척, 함재기 150기, 790명의 병력을 잃었다. 6개월 후에는 바이퍼라는 태풍을 만나 항공기와 함정, 병사 등 상당한 피해를 입었다. 이 불행한 기동함대는 한번 싸워보지도 못하고, 그들의 표현대로 함대 전체가 '대해전을 치른 것처럼 두들겨 맞았다'는 것이다. 기상이 이처럼 중요하다.

농업, 음식료품, 의류, 여행 등 계절의 변화와 일기 · 기온에 영향을 받는 기업이 너무나 많다. 따뜻한 겨울을 맞게 되면 겨울 피복을 준비한 의류 업체와 난방기기 업체는 죽을 맛을 보아야 하고, 서늘한 여름을 만나게 되면 냉방기나 빙과류가 울상을 짓는다. 이를 조금이라도 예견할 수 있다면 막대한 손해를 줄일 수 있다.

기상에는 의외가 많듯이, 이에 대응하기 위해서는 기민하게 대처하는 수밖에 없다. 가능한 한 재고를 줄이도록 하고, 생산과 판매의 기동성을 높여야 한다. 이는 우리가 천재지변을 만났을 때

기민하게 움직이는 것이 피해를 최소화하는 원리와 같은 것이다.

원문 天者란 陰陽 · 寒暑 · 時制也니라.

지리적 이점을 점검하라

∭

지(地)란 전쟁터와 거리가 먼지 가까운지, 지세는 험난한지 평탄한지, 지역은 넓은지 좁은지, 탈출은 어려운지 쉬운지 등등의 지리적 조건을 살펴야 한다는 의미이다.

카자흐스탄 북부에 134만ha의 대규모 농업 용지가 있다. 이것은 남한 면적의 13%에 해당하고, 국내 총 경작지의 77%에 달하는 규모라고 한다.

이 농경지를 한국농어촌공사가 카자흐스탄의 보그비 사와 공동으로 인수한 뒤 93년간 임차하여 농사를 지으려고 마음먹은 적이 있다. 1ha당 800달러가량의 경비를 주고 임차하여 우리의 농업 기술을 이용하면 연간 밀 100만t, 옥수수 440만t이 생산되어 1% 안팎인 이들 곡물의 국내 자급률이 50% 가까이 뛰어 오르게 된다는 믿기지 않는 이야기다.

여기에 발생되는 모든 비용이 약 3조 원인데, 이 가운데 농장 인수 자금 1조2천억 원은 10년 분할로 내고, 나머지 시설 자금은 1조8천억 원이지만 두바이 투자회사에서 자금을 투입하기로 했다는 것이다. 한국은 인력과 기술만 제공하면 5년 뒤부터는 흑자를 보기 시작하여, 10년 후에는 투자비를 회수하고도 총 7조 원의 이익을 본다는 아주 환상적인 내용이었다.

이것이 한때 해외 농장개발 사업의 시범적인 예로 알려졌는데, 언제부턴가 슬그머니 사람들의 관심사에서 사라지고 말았다. 이유는 지리적 환경으로, 우리나라와의 거리가 문제였다.

카자흐스탄은 중앙아시아 깊숙이 박혀 있는 나라로서 러시아 남부, 중국 신장성, 천산산맥, 키르기스스탄, 우즈베키스탄, 투르크메니스탄 등에 빙 둘러싸여 있다. 겨우 바다라고 터진 카스피해를 넘으면 이란을 거쳐야 페르시아 만으로 나갈 수 있고, 그루지야를 거쳐야 흑해로 나갈 수 있는 나라이다. 그러므로 아무리 값싸게 곡물을 생산한다 하더라도 엄청난 물류 비용을 생각하지 않을 수 없고, 거쳐야 하는 나라와 바다가 많기 때문에 통로를 어떻게 안정적으로 확보할 것인가도 고려하지 않을 수 없는 것이다.

예로서는 적절하지 않지만 병법을 이야기하고 있으니 이런 가정을 해보자. 우리가 카자흐스탄과 전쟁을 치른다면 우리가 싸우러 가야 할 전쟁터는 너무 멀다. 여러 나라에 둘러싸여 있으므로 험한 지역이고, 주변 국가로부터 공격을 받을 수 있으므로 지역이 협소하다고 보아야 한다. 마지막으로 주변국들 때문에 탈출하기도 어려우니 사지(死地)라고 할 수 있다. 전쟁 상황만 놓고 볼 때, 그 나라로 원정을 가는 것은 전혀 승산이 없다고 볼 수 있다.

프로이센의 프리드리히 대왕은 지리적 지형에 대한 지식이 얼마나 중요한가에 대해 이렇게 말했다.

"지휘관으로서 지형에 대한 지식의 중요성을 비유하자면, 보병은 총기에 대한 지식이 있어야 하고, 기하학자는 수학 공식에 관한 지식이 있어야 하는 것과 마찬가지다."

이순신 장군이 그처럼 빛나는 승리를 거둘 수 있었던 것도 평소 지리에 대한 남다른 관찰력과 축적된 지식이 있었기 때문이다. 거북선이라는 선진 무기와 뛰어난 전략 전술도 지리적 특성과 결합했을 때 빛을 발하게 되는 것이다. 또한 적을 끌어내기 위해 해안선과 섬의 위치 등 지리적 조건을 충분히 활용했다. 한산도 대첩이며, 명량 대첩 또한 여울목의 폭과 바닷물의 깊이, 물살의 세기 등 자연 환경에 대한 치밀한 사전 조사와 연구의 결과물이라고 할 수 있다.

그런 의미에서 프리드리히 대왕의 훈시는 귀담아 들어야 한다. 유능한 지휘관은 평상시에도 전쟁터가 될 곳을 사전 답사하여 지형을 충분히 익혀 숙영지를 고르고, 도로 사정을 알아두고, 주민과 농부로부터 지리 환경에 대한 정보를 알아두어야 한다는 것이다.

"지휘관은 도로, 숲의 상태, 늪과 강의 깊이에 대해 충분히 알고 있어야 한다. 특히 계절의 변화에 따라 늪이나 하천의 조건이 변한다는 사실을 인지하고 있어야 한다. 예컨대 4월에 군대가 도하할 수 있다고 해서 8월에도 아무 문제 없이 도하할 수 있을 것이라고 믿어서는 안 된다."

기업의 CEO 역시 마찬가지이다.

카자흐스탄의 농장 문제는 이 병법에서 땅에 관한 모든 문제가 포함된 셈이다. 기업은 이보다 더 면밀하게 생산지와 소비지, 물류비, 원자재 공급처, 부품 조달처, 물류 창고 등 모든 지리적 여건을 고려해야 할 것이다.

원문 地者란 遠近 · 險易 · 廣狹 · 死生也니라.

CEO의 **기본 자질을** 다져라

‖

장수란 지혜롭고, 신의가 있음은 물론이고 어질고,
용감하며, 엄정함을 갖추어야 한다.

지혜로운 인간이란 타인의 심정을 깊이 이해하고, 인간사의 복
잡 미묘한 부분을 꿰뚫어보는 눈을 가진 사람을 가리킨다.

신의란 자기와 가깝다고 하여 특별한 혜택을 주지 않고, 벌을
주기 껄끄러운 사람이라고 하여 잘못을 눈감아 주지 않는 것을
말한다.

어진 품성이란 타인의 배고픔과 갈증을 이해하며 이들과 노고
를 함께 하는 것을 말한다.

용기란 기회를 포착하면 바로 대처하고, 적을 만나면 힘써 싸
우는 것을 말한다.

엄정함이란 군대를 잘 정돈하고 명령과 지시가 한결같음을 말
한다. 이 모든 덕성을 고루 갖춘 인물이 가장 바람직한 장수라 할
것이다.

군대에서 지휘관의 중요성은 아무리 강조해도 지나치지 않다.

군 복무를 해본 사람이면 알겠지만 모든 군인은 자기를 직접 통제하는 직속상관의 관등성명을 반드시 암기해야 한다. 이것은 그 상관에 의해 모든 명령과 지시가 내려가고, 또 보고가 올라가기 때문이다. 한 부대의 지휘관은 소속원 전체를 대표하고 통솔하는데, 전시에는 목숨까지 좌지우지할 수 있는 위치에 있다. 가령 중대장이 전사하면 그 중대의 전투력은 와해된 것으로 간주한다.

"전투의 승패는 지휘관에 의해서 결정되는 것이지 병사에 의해 결정되는 것이 아니다. ……지휘관 없는 전쟁은 있을 수 없고, 승리도 있을 수 없다."

이는 프랑스의 명장 포쉬 장군이 한 말인데, 나폴레옹은 좀 더 구체적으로 이렇게 말했다.

"골을 정복한 것은 로마의 군대가 아니라 율리우스 카이사르였다. 로마를 공포에 떨게 한 것은 카르타고의 군대가 아니라 한니발이었다. 인도라는 먼 나라까지 원정길에 오른 것은 마케도니아의 군대가 아니라 알렉산더였다."

군대라는 조직체는 한 사람의 장수, 한 사람의 지휘관의 이름만 있을 뿐이다. 수많은 하급 지휘관과 병사는 이름 없는 조직원일 뿐이다. 용맹한 로마 군대에 중간 지휘관인 백부장(百夫長)이 누구였는지, 기병 대장이 누구인지 전혀 알려지지 않았다. 수십만 명이 참전한 월남전에서 미군 병사가 어떤 사람인지 알 필요가 없는 것과 같다. 그저 한 장수 밑에서 싸우다가 무사하면 다행히 살아남는 것이고, 아니면 이름 없는 백골이 되는 것이 장수 밑을 떠받치는 사졸들의 숙명이다.

그래서 당나라 시인 조송(曹松)의 기해세(己亥歲)에,

그대여, 제후에 봉해지는 영광을 이야기하지 말라
憑君莫話封侯事
한 장수가 공을 이루려면 만 명의 해골이 말라야 하네
一將功成萬骨枯

라는 시구가 있듯이 영광을 누리는 것은 지휘관이요 장수이다.

그러나 전쟁에는 빛나고 영광된 승리만 있는 것이 아니다. 이름 없이 쓰러져간 패장, 죽음으로 자신의 과오를 대신한 패장이 얼마나 많은가. 영광도 치욕도 모두 장수의 몫이다.

기업의 오너, 경영자 혹은 CEO라는 용어는 이 항목의 장수와 대치시켜도 조금도 이상하지 않다. CEO의 자질, 덕성, 지적 능력, 감각 등 요구하는 조건이 엄청나게 많다. 그에 관한 서적도 넘쳐나고, 대학마다 경영학 과정이 있어서 이를 훈련시킨다. 이것을 경영 현장과 대비시키면 충분히 이해할 수 있을 것이다.

나폴레옹 휘하에서 활약한 군략가 조미니 장군이 주장하는 장수의 기본 자질은 다음과 같다.

첫째, 결단을 내려야 할 때 쾌도단마(快刀斷麻)의 결단을 내리는 높은 정신적 용기.

둘째, 위험을 두려워하지 않고 몸으로 부딪치는 육체적 용기.

셋째, 병술에 바탕을 둔 전쟁의 원칙을 완전히 터득하고 있을 것. 단, 박학한 과학적 군사 지식은 부차적 문제이므로 굳이 박학다식하지 않아도 좋다.

넷째, 타인을 배려하되 질시하지 않으며, 강직하고 확고한 신념을 지닌 인격자.

장수의 자질은 대략 이상과 같다. 여기서 반드시 덧붙여야 할 것이 있다면 성실성과 헌신하는 자세일 것이다. 사실 성실성만큼 인간을 감동시키는 것은 없다. 모든 일에 정성을 다하는 것을 보면 부하들은 자연스럽게 따르게 마련이다.

원문 將者란 智信仁勇嚴也니라.

조직의 규율을 엄수해야 한다

‖

법(法)이란 명령 계통과 위계질서와 복무규율, 그리
고 병참이 원활하게 이루어지게 하는 걸 말한다.

강한 군대란 법이 잘 지켜지는 군대를 말한다. 법이란 이미 정
해진 규율이기도 하지만 지휘관의 명령이기도 하다. 지휘관의 명
령 한 마디에 천군만마가 일사불란하게 움직이는 군대가 가장 강
한 군대이다. 병사 상호간의 화합이며 협력, 상명하복, 하의상달
같은 요란한 구호는 모두 부차적인 것이다. 명령을 내릴 때마다
참모나 부관이 이견을 내놓고, 부하 장병들이 의문을 가지고 멈
칫거린다면 작전을 수행하기 어렵다.

부하들이 믿고 따르게 하기 위해서는 지휘관의 명령이 정당하
고 올발라야 한다. 번번이 실패와 죽음의 구덩이로 모는 그릇된
명령을 반복한다면 누가 승복하고 따르겠는가. 그만큼 지휘관의
자질이 중요하다.

규율과 명령이 얼마나 중요한가를 보여주는 좋은 사례가 있다.
『사기』에 나오는 이 책의 저자인 손자 이야기이다.

손자, 즉 손무(孫武)는 제(齊)나라 사람으로서 병법으로 유명하여 오왕 합려를 만났다. 이때 합려가 물었다.

"그대의 병법서 13편을 내가 다 읽었소. 실제로 군대를 훈련시켜 보일 수 있겠소?"

"할 수 있지요."

"여자들로도 시험할 수 있겠소?"

왕은 불가능할 것이라는 추측을 하고 좀 장난스러운 태도로 임했다. 그러나 손무는 정색을 하고 대답했다.

"할 수 있습니다."

이리하여 합려의 허락으로 궁중의 미녀 180명을 불러냈다. 손자는 그들을 두 개의 대열로 나누고 왕의 총희 두 명을 각각 대장으로 삼았다. 그리고 전원에게 창을 들게 한 다음 명령을 내렸다.

"너희들은 심장과 왼손, 오른손 그리고 등이 어디 있는지 알고 있는가?"

부인들이 대답했다.

"알고 있습니다."

"좋다. 본관이 '앞쪽!' 하면 심장 쪽을 바라보고, '왼쪽!' 하면 왼손을, '오른쪽!' 하면 오른손을, '뒤로!' 하면 등 뒤쪽을 보아야 한다."

"알겠습니다!"

구령이 정해진 뒤 손무는 지휘용 부월(斧鉞)을 갖추어두고, 세 번 다섯 번씩 되풀이해 가며 군령을 설명했다. 그런데 막상 북을 치며 오른쪽으로 행진하도록 했으나 여자들은 웃어대기만 할 뿐 움직이려 하지 않았다. 손무가 다시 말했다.

"군령이 분명하지 못하고, 명령 전달이 충분치 못한 것은 장수의 죄이다."

다시 세 번 군령을 들려주고 다섯 번 설명을 한 다음 큰북을 울려 왼쪽으로 가도록 명했다. 그러나 부인들은 여전히 웃어대기만 했다. 그러자 손무가 엄숙하게 말했다.

"군령이 분명치 못하고 전달이 불충분한 것은 장수의 죄이지만, 이미 군령이 분명히 전달되었는데도 병사들이 규정대로 움직이지 않는 것은 관리의 죄다."

그러고는 좌우의 두 대장을 참수하려 했다. 누대 위에서 이를 지켜보던 오왕이 자신의 총희 두 사람이 참수되려는 것에 놀라 황급히 전령을 보내어 제지했다.

"과인은 이미 장군이 용병에 뛰어나다는 것을 알았소. 과인에게 이 두 여자가 없다면 밥을 먹어도 맛을 알 수 없을 정도이니 제발 참수하지 말기 바라오."

이에 손무가 엄숙히 말했다.

"신은 왕명을 받아 장수가 되었습니다. 장수가 군영에 있을 때에는 임금의 명령일지라도 받지 않을 수 있습니다."

결국 두 대장의 목을 베고 난 다음, 그 다음의 총희를 새로 뽑아 새 대장으로 세웠다. 그러고는 다시 북을 울리고 호령을 내렸다. 그제야 장난이 아니라는 것을 안 여자들은 손무가 명령하는 대로 먹줄로 금을 그은 듯 정확하게 움직이며 동작이 통일되었다. 손무가 오왕에게 전령을 보내어 이렇게 말했다.

"이제 부대는 전열이 갖춰져 있습니다. 대왕께서 내려오셔서 직접 시험해 보십시오. 저들은 물과 불 속이라도 뛰어들 자세가 되어 있어 대왕께서는 부리고 싶은 대로 부릴 수 있을 것입니다."

졸지에 사랑하는 총희를 둘씩이나 잃은 오왕이 이렇게 말했다.

"장군은 훈련을 끝내고 숙사로 돌아가 쉬도록 하오. 과인은 내려가 보기를 원치 않소."

이에 대해 손무가 이렇게 평했다고 한다.

"대왕은 병법에 대해 논의하는 것만 좋아할 뿐이어서 병법을 실제로 사용할 수는 없겠습니다."

마침내 합려는 손무가 용병에 뛰어난 것을 인정하고, 그를 장군으로 삼아 전군을 맡겼다. 그 뒤 오나라는 서쪽의 초나라를 무찔러 수도 영(郢)을 점령하고, 북으로는 제와 진(晉)나라를 위협하여 그의 명성을 천하에 떨쳤다.

손무가 오왕에게 보인 것은 군령의 엄정함과 일사불란한 명령의 이행이다. 궁녀로서 군령을 시험해 보겠다는 오왕의 치기어린 제의를 역으로 받아들여 극단적인 상황을 연출함으로써 강한 군대의 조건을 현실로 보여준 것이다.

원문 法者는 曲制 · 官道 · 主用也.

CEO의 **도덕성은** 경쟁의 힘

‖

어느 임금이 정치를 더 바르게 하는가?

각기 다른 나라의 두 임금이 어떻게 정치를 하는가에 대해 가장 흔하게 비교되는 것이 진시황의 진나라를 멸망시킨 뒤에 보인 유방과 항우의 태도이다. 두 사람은 각각 군대를 이끌고 진나라의 수도 함양으로 쳐들어갔다.

먼저 함양을 점령하는 사람을 왕으로 봉한다는 맹약이 있었는데, 유방이 한 발 먼저 들어갔다. 아방궁의 웅장하고 화려함에 잠시 정신을 잃은 유방은 좋은 음식과 아름다운 여자의 품에 싸여 세월 가는 것도 잊은 채 승리의 기쁨을 즐겼다. 이에 번쾌와 장량 등이 나서서 나무랐다. 천하 제패의 큰 꿈을 접고 이제부터 한낱 팔자 좋은 부자 노인으로 늙을 참이냐고. 정신을 번쩍 차린 그는 부하들의 건의를 받아들여 일단 패상으로 물러나왔다.

유방은 지방 유지들을 불러 모아 약법삼장(約法三章)을 발표한다. 약법삼장이란 살인자는 죽이고, 타인을 상해한 자는 그에 해당하는 벌을 내리고, 도둑질한 자에게는 경중을 가려 처벌한다는 오직 세 가지 법만 남긴 것이었다.

당시 진나라는 온갖 가혹하고 번잡한 법조항을 만들어 백성들을 혹독하게 처벌하는 것을 능사로 여기던 사회였다. 지나가는 사람의 반 이상이 벌을 받아 손이나 발이 잘린 불구거나 코나 발목이 베이고, 얼굴에 먹으로 죄명을 적은 사람이었다고 한다. 그처럼 가혹한 벌을 모두 폐지하겠다고 했으니 백성들에게는 대단한 자유의 메시지였다. 이에 감격한 지방민들이 술을 거르고 소를 잡아 대접했으나 민폐를 끼친다 하여 일절 사양하였다. 감격하여 다시 권했으나 역시 받지 않고, 군기를 엄하게 하여 민간인을 절대 괴롭히지 못하도록 철저히 단속했다. 그리하여 유방은 진나라 백성들에게는 구세주와 같은 존재가 되었다.

뒤따라 함양을 점령한 항우는 화부터 내었다. 유방과의 경쟁에서 진 것을 화풀이하듯 항복하는 절차와 의식에 따라 흰옷을 입고 황제의 인새를 목에 걸고 나온 진시황의 어린 손자인 자영을 죽여 버렸다. 그리고 수도 함양과 아방궁을 약탈한 다음 아방궁에 불을 질러 건축물을 잿더미로 만들었다.

다섯 걸음마다 누대, 열 걸음마다 누각이 있을 만큼 웅장하고 장려한 아방궁은 항우의 불길 하나로 장장 석 달 열흘을 탔다고 한다. 또한 궁녀와 부녀자들을 함부로 겁탈하도록 방치했다.

이로써 누가 백성을 위한 정치를 하는가를 만천하에 알린 셈이다. 사실 두 사람의 전투 능력으로 보면 유방은 항우의 적수가 아니었다. 항우는 중국인들이 전신(戰神)이라 부를 만큼 전투에 능했고, 군사 사상적으로는 용전(勇戰)의 대표적 인물로 꼽는다. 유방과는 큰 전투 70차례, 소전투 40차례를 치르는 동안 유방보다 월등히 많은 승리를 거두었다. 특히 팽성 전투에서는 유방의 군사 20여만 명을 몰살시키고, 유방의 아버지와 아내를 포로로 잡을 정도였다. 그러나 최후의 승자는 유방이었다. 항시 쫓겨만 다니던 마오쩌둥 군대가 결국 중국 대륙을 차지한 것은 엄정한 군기를 유지하여 유방처럼 민심을 얻었기 때문이다.

국제적인 기업과 경쟁하는 경우라면 각각의 기업이 처한 국가의 경제 정책, 법령 및 규제 사항, 기업 환경, 노사 관계, 문화 전통 등 다양한 부분이 다를 수밖에 없다. 어느 기업이 더 유리한지 비교해야 할 것이다.

결국 그 기업이 처한 사회에서 어떤 역할을 했으며, 어떤 인상을 심어주었는지는 기업의 가치를 따져 볼 때 매우 중요하다. 자국에서 백안시되고 배척받는 기업이 국제 사회에 나가서 좋은 성과를 거둘 수는 없을 것이다. 항우가 진나라에서 했던 것처럼 횡포를 부려 국제 사회나 시장, 혹은 소비자를 기업 팽창의 바탕으로 삼는다면 끝내는 환영을 받지 못할 것이다.

기업 또한 시장 친화적인 기업, 소비자의 사랑을 받는 기업이 되어야 경쟁에서 이길 수 있다.

원문 曰 主孰有道하며

인재를 길러야 내가 큰다

‖

장수는 어느 쪽이 더 유능한가?

한왕(漢王) 유방이 항우를 상대로 크고 작은 100여 차례의 전투를 치를 때의 일이다. 유방은 팽성 전투에서 크게 패하여 부하 장병 20여만 명을 죽음으로 내몰았고, 아버지와 아내 여씨가 포로로 잡히는 신세가 되었다.

유방의 휘하 장군 중에 위표(魏豹)라는 인물이 있었다. 그는 당초 위(魏)나라의 귀족이었으나 위나라가 진나라의 장군인 장감에게 멸망하자 새로 일어나는 항우에게로 갔다. 거기서 항우가 형식적으로 천자의 자리에 앉힌 의제(義帝)에게서 군대를 빌려 위나라를 다시 찾은 뒤 위표를 서위왕에 봉했다.

그 뒤 위표는 항우를 배반하고 한왕 유방에게 귀순하였다가 한왕이 팽성 전투에서 대패하자 다시 항우에게로 가게 되었다. 이를 징치하기 위해 한왕이 한신을 앞세워 공격하자 위표는 백직(柏直)이라는 장군을 대장으로 삼아 상대하게 했다. 이 소식을 접한 한왕이,

"백직이라는 자는 젖비린내 나는 애송이에 불과하거늘 어찌 우리의 한신 장군을 당할 수 있단 말인가?"

라고 코웃음을 쳤다. 기병 대장으로 풍경(馮敬)을 임명했다고 하자,

"그는 진나라 장수 풍무택의 아들로, 비록 현명하기는 하지만 우리의 관영(灌嬰)에게는 당할 수 없을 것이다."

했다. 항타(項它)가 보병을 이끈다고 하자, 조참(曹參)을 당할 수 없을 것이라고 자신했다.

위표로서는 백직이 가장 믿을 만하다고 내보냈겠지만 한신과 관영, 조참과는 비교가 되지 않는 인물들이었다. 백직이 형양 전투에서 패하는 바람에 위표도 포로가 되어 주가(周苛)에게 피살되었다.

장수의 능력이란 절대적인 것이 아니라 항상 상대적이다. 어떤 전투이든 최고의 장수를 내세울 수는 없으므로 상대방에 비해 우월하면 되는 것이다. 유방은 자기 부하와 적의 인물 됨됨이를 잘 알아서 적재적소에 썼기 때문에 최후의 승리를 거둘 수 있었던 것이다.

이를 기업에 비교하면, 장수는 지사장이거나 한 부서의 담당 상무일 수 있고, 해외 같으면 해외 법인의 대표에 해당한다. 작게는 한 부서의 팀장이라도 역할에 따라서는 부서의 성패를 좌우한다. 크든 작든 한 조직을 이끌어나가는 사람의 힘이란 이토록 중

요하다. 하물며 한 국가의 군대를 지휘하며 수만, 수십 만 명에 대한 명령권을 쥔 장수의 중요성은 더 말할 나위가 있겠는가?

그러나 유능한 장수나 경영자를 갖는 것이 생각만큼 쉬운 것은 아니다. 마음이야 남보다 뛰어난 인재, 뛰어난 경영자를 만나 그런 사람에게 일을 맡기고 싶지만 인재란 쉽게 얻어지는 것이 아니다.

게다가 평소에는 누가 유능한 인재인지 아닌지 분간하기 어렵다는 것이다. 사람을 보는 눈이 있어야 하는데, 이것 또한 난제 중의 난제이다. 흔히 인사의 실패는 사람을 잘못 보고 기용하는 데 있다. 이것만 잘할 수 있다면 기업 경영이든 국가 경영이든 절반은 성공한 셈이다.

한 고조 유방이 천하를 얻을 수 있었던 것도 그의 탁월한 인물 감식안 덕분이다. 지인지감(知人之鑑)이 있었다는 것이다. 그는 풍패 지방의 하급 관리 출신으로서, 쉽게 말해 지방 건달이었다. 그러나 그에게는 사람을 끌어당기는 흡인력이 있었고, 남의 좋은 의견을 받아들이는 도량과 안목이 있었다. 또한 역사의 흐름에 어둡지 않았고, 세상 돌아가는 것을 보는 눈이 있었다.

그의 많은 장점 중에 가장 큰 장점은 사람의 능력을 알아보고, 과감하게 기용하는 것이었다. 장량이라는 천하제일의 책사를 휘하에 두고, 살림꾼 소하에게는 나라 살림을 맡기고, 한신과 같은 이름 없는 장군을 추천하자 과감하게 대장군으로 기용하여 병권을 맡길 줄 알았다. 그의 밑에는 수많은 책략가, 행정가, 무장들이 있었는데, 이들은 모두 부하를 거느릴 줄 아는 호걸들이었다.

유방과 같이 천성적인 지도자, 혹은 보스의 자질을 타고난 사람이 아니라면 인재를 잘 골라 교육을 시키는 것은 물론 문제없이 업무에 투입할 수 있어야 한다. 그러려면 평소에 인재를 어떻게 교육시킬 것인지 관심을 가지고 있어야 적재적소에 맞는 인재를 투입할 수 있다.

삼성의 이병철 창업자가 '인재 제일' 을 기업의 모토로 삼은 것도 그런 까닭에서이다. 삼성은 사원을 선발할 때 까다롭게 선발하고, 성장해 나가는 과정이 혹독하기로 유명하다. 그러나 일단 경영 간부로 성장하면 그 사람은 다른 기업으로부터 후한 대접을 받게 된다. 이것은 삼성이 장수감을 많이 키웠다는 증거이도 하다.

 將孰有能하며

상대의 **문화를 이해**해야 한다

‖

천시(天時)와 지리(地利)는 어느 쪽이 더 유리한가?

"천시는 지리만 같지 못하고, 지리는 인화만 같지 못하다"는 맹자의 말이 있다.

천시란 크게 보면 역사의 조류, 혹은 일의 흐름이나 사건의 추세, 또는 어떤 분위기 등을 뜻한다. 또는 우연히 찾아온 절호의 기회, 즉 아주 좋은 타이밍이라 할 수도 있다. 전쟁에서는 이를 어느 쪽이 유리한 분위기나 기회를 잡느냐로 볼 수 있다.

지리란 지리적인 특성으로서 지세의 평탄함과 험난함, 높낮이, 넓고 좁음, 건조하거나 다습함과 같은 것을 말한다. 좀 더 확대 해석하면 지역의 정서, 혹은 인문 지리학적인 문화 배경까지 꼽을 수 있다.

천시가 다분히 관념적이고 이론적인 것이라면 지리는 현실적이고 직접적인 것이다. 맹자의 말은 관념이나 이상이 현실이나 현장의 조건에 우선한다는 의미이다. 그런데 천시를 이길 수 있는 현실적인 조건이라는 것도 구성원 전체가 일치단결하여 화학적 결합을 이루는 인화에는 당할 수 없다는 것이다.

인화 단결이 가장 중요하다는 뜻인데, 그것은 이 항목 외의 여러 조건, 예컨대 군주의 도덕성과 능력, 그리고 조직의 법체계 및 그 법의 준수 여부, 사병들의 숙련 정도, 상벌의 신뢰성 등은 모두 인화를 이끌어내는 장치라고 할 수 있다. 이들 승패의 거의 모든 조건은 사람이 만들어 운용하는 것이라 해도 과언이 아니다.

비록 그렇다고 하더라도 지리적 조건이나 주변 여건 등에 대해서도 고려하지 않을 수 없다. 아니 적극적으로 고려되어야 한다는 것이 손자의 생각인데, 지리의 경우 눈에 보이는 지리적 조건은 누구나 알 수 있으나 눈에 보이지 않는 지리도 중요하다. 그것은 인문 지리학적인 문화라고 할 수 있을 것이다.

콜라나 사이다는 굵고 짧은 캔이 본래의 사이즈로, 현재 통용되는 맥주 캔과 같은 크기였다. 그런 형태로 이 땅에 들어오던 것이 언제부터인지 가늘고 긴 모양으로 바뀌어 유통되기 시작하여 지금은 거의 표준 사이즈가 된 듯하다. 이런 상품은 동양인의 체형과 지리적인 특성이 고스란히 투영되어 나온 것이다. 문화적인 시각에 눈을 뜬 결과이다.

우리나라는 국토가 좁고, 도시 공간도 넓지 않으며, 대도시의 가게도 협소하다. 또 서양인처럼 콜라나 사이다를 한번에 많이 마시지 않는다. 미국인이 콜라를 마시는 양은 엄청나다. 필자가 홍콩의 어떤 공원 좌판에서 콜라를 사 마신 적이 있는데, 1인분의 양이 많을 것 같아 두 사람이 나누어 마시는데도 잔을 비우는 것이 고통스러울 지경이었다. 그래서 가게 냉장고의 공간을 많이 차지하지 않으면서 동양인이 쥐기에 알맞고, 분량도 적당한 가늘고 길쭉한 캔을 고안해 냈던 것이다. 이것이 지리 환경에 대한 응용이다.

언어 문자에 대한 것도 무시할 수 없다. 삼성전자가 냉장고의 명칭을 Zippel로 했다가 독일어에 걸려 p자를 한 자 빼어 Zipel로 바꾸었다는 것은 잘 알려진 사실이다. 앞의 것으로 했을 때는 남자의 성기를 의미하기도 하기 때문이다.

그런가 하면 어떤 음료수 회사가 한국에서 쓰던 광고 포스터를 중동에 가서 그대로 사용했더니 음료수가 전혀 팔리지 않았다는 사례가 있다. 포스터는 석 장의 일러스트로 되어 있었는데, 왼쪽부터 시작되는 첫 번째는 사막 위에 탈진하여 큰 대자로 뻗어 있는 사나이가 보이고, 다음은 음료수를 마시는 장면, 마지막은 사막을 힘차게 뛰는 장면이었다. 이 광고가 중동에 가서 아무런 효과를 발휘하지 못한 것은 그들의 글 읽는 관행이 달랐기 때문이다. 아랍어는 오른쪽에서 왼쪽으로 읽는데, 그들 방식대로 보면, 사막 위를 힘차게 뛰어가던 사나이가 음료수를 마신 뒤 모래밭에 뻗어버렸다는 이야기가 된다.

이것은 윤증현 기획재정부 장관이 아랍에미리트 대표단과 만찬을 하면서 농담을 곁들여 한 만찬사 중의 한 일화이다. 상대를 바르게 이해하지 못하면 오해와 시행착오를 겪게 된다는 메시지를 담고 있다. 따라서 외국 방문 시에는 반드시 상대방의 문화를 이해해야 하는 것이 정석이다.

 天地孰得하며

기강이 무너지면
모든 것이 무너진다

‖

법령은 어느 쪽이 더 잘 운용하고 있는가?

임진왜란 때 조선의 육군이 여지없이 무너진 것은 왜군이 가지고 온 조총의 위력 때문이라고 한다. 총포라는 것을 자주 접한 적이 없던 조선 민중으로서는 화약 터지는 소리와 함께 몸속으로 파고드는 탄환에 놀라 혼비백산했을 법도 하다.

그러나 임진왜란 때 그처럼 무참히 당한 것은 비단 조총 때문만은 아니라는 의견이 있다. 조총이 신무기이기는 해도 알고 보면 무기로서의 위력은 조선의 각궁인 활에 비해 그다지 큰 차이가 없었다. 우선 사거리를 보면, 활은 100~150미터인 반면 조총은 30~50미터에 불과했다. 분당 발사 속도도 활이 6발인 반면 조총은 장전하고 심지에 불을 붙이는 시간이 필요하기 때문에 3발에 불과하다. 이처럼 조총은 활에 비해 기능이 떨어지지만 활은 습기가 높으면 사거리가 많이 떨어지고, 조총에 비해 살상력이 떨어지는 것도 사실이다.

그렇다 하더라도 조선의 각궁은 성능면에서 세계적이라고 해도 과언이 아닐 정도로 우수하다. 왜군이 조총을 앞세워 밀고 들어오더라도 활로 잘만 대항했다면 일방적으로 밀릴 상황은 아니었다는 것이다.

문제는 군대의 군기, 국가의 기강에 있었다. 조선은 기강이란 면에서 이미 나라 꼴이 말이 아니었다. 선조의 선대왕인 명종 때는 세상이 어지러워 임꺽정 같은 도적이 떼로 몰려 다녔고, 선조 때부터는 동서 분당으로 당쟁에 여념이 없었다. 결과적으로 백성들이 과중한 세금과 부역을 피해 호구를 숨기는 바람에 나라에서는 장정을 뽑아 훈련을 시킬 수가 없었다. 군인으로 싸울 사람이 거의 없었던 것이다.

관리들의 기강 문제는 더 심각했다. 아무 방비 없이 있다가 적이 쳐들어왔다는 소문을 듣고는 너도나도 달아나기에 바빴다. 부산 다대포로 상륙한 왜군이 전투다운 전투를 해본 것은 동래성이 고작이었다.

문경 새재 같은 곳은 '한 사람이 지키면 백 사람도 넘지 못할 천하의 요해지'인데도 아무런 저항도 없이 내주고 말았다. 뒷날 명나라 장수가 와서 새재를 둘러보고 "이런 요충지를 지키지 않았으니 나라가 판탕이 나지 않을 수 있겠는가?"라고 탄식했다고 한다. 문경 새재 같은 곳은 어떻게 해서라도 지켜야지, 새재로 올라가다가 뒷걸음쳐서 충주까지 물러난 것 자체가 이미 장수로서의 기강과 마음가짐에 문제가 있었다.

순변사 이일이 변변치 못한 군사를 이끌고 상주에서 혈전을 치렀으나 그 지역의 책임자인 목사 김해(金澥)는 산속으로 달아나버렸다. 얼마 후 전세가 조금 안정되자 다시 나타난 김해는 판관 권정길이 하는 일에 사사건건 방해를 놓을 정도로 통제가 불가능했다. 그리고 그의 이런 행각에 대해서 뒷날 변변히 따져 죄를 물은 적도 없었다.

　　당초 순변사 이일이 서울의 병력 3백 명을 거느리고 가기 위해 병조에서 골라 놓은 명단을 가져와서 보니 일반 가정집의 훈련받지 않은 장정, 서리, 유생들이 반을 차지하고 있었다. 점고를 해보자 유생들은 관복에 책을 끼고 있었고, 아전들은 병력을 피하고자 하소연하느라 여념이 없었다. 전쟁터에 보낼 사람이 없어 3일을 머뭇거리다가 이일이 먼저 떠나고, 그런 오합지졸은 별장 유옥이 나중에 데리고 떠나게 했던 것이다.

　　그 외에 곳곳에서 맥없이 무너진 사례는 모두 국가의 기강과 군대의 군기에 문제가 있었기 때문이다. 조선 초기는 군사 동원이 진관(鎭管) 체제였는데, 그것이 완전히 와해된 상태였으므로 사실 조선에는 군대가 없었다고 해도 과언이 아니다.

　　일본이 왜란을 일으킨 것은 조선 사회가 이처럼 철저히 허물어졌다는 것을 알고 있었기 때문이다. 왜란 이전, 일본은 사신을 보내 그들이 진격할 길을 모두 파악했고, 관리들의 기강도 점검한 상태였다. 기강이 문란한 국가나 기업은 누구에게나 만만하게 보이고, 끝내는 치욕을 당하게 마련이다.

장제스 국민당 정부가 마오쩌둥 군대에게 밀려 대륙을 버리고 대만으로 퇴패한 것도 국가의 기강, 군대의 군기 문제였다. 미국이 그토록 많은 물자와 군대를 투입하여 사이공의 월남 정부를 구하여 공산 침략을 막으려 했음에도 불구하고 끝내 하노이 정부에게 무너진 것도 사이공 정부의 대책 없는 혼란과 부패 때문이었다.

　수시로 점검해 볼 일이다. 당신의 기업은 기강이 엄정한가, 사내 규칙은 잘 지켜지고 있는가, 부패의 독버섯이 자라고 있지 않는가를.

 法令執行하며

교육 훈련이 승리를 만든다

군대는 어느 쪽이 더 강한가? 사졸은 어느 쪽이 더
잘 훈련되어 있는가?

『삼국지연의』에서 조조가 치른 적벽대전과 더불어 중국 역사
상 다섯 손가락 안에 꼽히는 유명한 전쟁으로 '비수(淝水) 대전'
이라는 것이 있다. 비수란 안휘성 합비현 남쪽을 흐르는 회수(淮
水)의 지류로서 그리 큰 강은 아니다.

때는 위진 남북조시대. 중국 북방은 전진(前秦)의 부견(符堅)이
전연(前燕)과 전량(前凉)을 멸망시킨 뒤 내친 김에 중원과 양자강
유역 전체를 장악하여 통일 제국을 이루겠다는 꿈을 실천에 옮기
려고 시도하던 때였다. 부견이 양자강 남쪽에 있는 동진(東晉)의
정벌에 나섰다.

383년 8월, 보병과 기병 등 도합 87만 대군을 이끌고 남하하기
시작했다. 부견은 열정이 끓어올라 자기의 군대가 든 채찍을 일
제히 내리치면 양자강 물길도 끊어놓을 수 있다고 호언장담하는
상황이었다. 이 소식을 접한 동진의 조야는 공포 분위기로 전 국

토가 얼어붙는 듯했다. 동진을 이끌던 재상 사안(謝安)이 동원할 수 있는 병력은 겨우 8만에 불과했다.

사안은 동생 사석을 총사령관 격인 대도독에 임명하고, 조카 사현과 아들 사염을 딸려 보냈다. 일족이 전쟁을 책임진 꼴이었다.

양군이 처음 마주친 것은 11월로, 부견의 선봉부대가 진지를 구축하는 것을 동진의 5천 결사대가 기습하여 장수의 목을 베고 군사 만 오천 명을 참살하는 전과를 거두었다. 이에 자신감을 얻은 사석과 사현은 비수 동쪽 연안을 따라 부융의 군대와 대치하였는데, 이미 한 차례 승리를 맛본 동진군의 사기는 하늘을 찌를 듯했다. 멀리 수양성 망루에서 그 광경을 지켜보던 부견은 갑자기 두려움이 엄습하자 성의 북쪽에 있는 팔공산의 초목이 모두 병사로 보이더라는 이야기가 전해지고 있다.

양군이 강을 사이에 두고 대치하고 있는 상황에서 책략이 뛰어난 선봉장 사현이 사자를 부견의 진영으로 보내어 부견의 아우 부융에게 이렇게 제의하였다. 부융도 문무를 겸비하고 지략이 만만치 않은 인물이었다.

"당신은 군대를 깊숙이 진격시켜 강변 가까이 진을 쳤는데, 이것은 아마 빨리 싸울 생각 없이 지구전을 펼치려는 계책이라 짐작하오. 그러나 이것은 양군 모두가 백성들에게 피로와 고통만 주는 것이니 그럴 필요가 무엇 있겠소? 전쟁이란 어차피 승패가 있는 것, 빨리 결정지읍시다. 당신이 만약 진지를 조금 옮겨 강가에서 떨어져 준다면 우리가 강을 건너갈 것이니 거기서 한판 자웅을 겨루어보는 게 어떻겠소?"

이에 여러 장수들이 소수의 적군이지만 강을 건너오게 해서는 안 된다고 반대하였다. 그러나 부견이,

"우리가 군대를 조금 뒤로 후퇴시켜 저들에게 강을 건너오게 하였다가 저들이 강을 반쯤 건널 때 기습하면 섬멸할 수 있다."

고 하자 부융도 찬성했다.

부견이 후퇴를 명령하자 처음 전투에서 패하여 상당한 피해를 입은 부견의 군대는 승산이 없어 퇴각하는 줄 알고 마구 달아나기 시작했다. 통신이 발달하지 않은 시대이기는 하지만 깃발에 의한 신호도 있고, 전령이 전달할 수도 있는 법인데, 작전상 후퇴임을 전혀 눈치 채지 못했던 것이다. 그만큼 부견의 군대는 조직이 정비되지 않은 것은 물론 유능한 중견 장수도 없었고, 군사만 많았다고 할 수 있다.

사현으로서는 상대를 한 번 흔들어보려고 한 제의인데 뜻밖에도 상대가 뒤로 물러서자 그 틈을 타 재빨리 강을 건너 부견의 군대 배후를 급습했다. 뒤에서 적이 추격하자 달아나던 군대는 더욱 빨리 흩어져 달리면서 서로 밟히고 찔리어 시체가 산을 이루었다. 눈 깜짝할 사이에 벌어진 참극이었는데, 군대 조직 체계가 일시에 무너져 도저히 수습할 수가 없어지면서 부견의 전진군은 궤멸하고 말았다.

얼마나 허겁지겁 달아났던지 87만 대군 중 살아서 돌아간 군사가 십 몇 만밖에 되지 않았다. 끊임없이 추격하는 적을 등 뒤에

두었다는 것은 견딜 수 없는 공포로, '바람소리와 학의 울음소리 (風聲鶴唳)'까지도 추격군의 소리로 들렸다고 한다.

이 '비수 대전'은 중국 역사상 가장 적은 병력으로 대군을 무찌른 전쟁으로 꼽힌다. 이 전쟁으로 동진은 안전을 확보했음은 물론 낙양을 수복하고 서주, 청주, 예주 등 6주를 탈환했다.

이후 부견은 부하의 반란으로 도망을 치다가 포로가 되어 죽음을 당하면서 북방은 다시 여러 나라로 분열되었다.

군대의 강약을 병력의 많고 적음으로 속단해서는 안 된다. 87만이라는 대병력을 거느리고 와서 그 병력이 휘두르는 채찍만으로도 장자강의 물길을 끊을 수 있다는 부견의 자만이 가장 큰 적이었다. 군대를 진격시키고 후퇴시키는 단순한 규율조차 무시한 부견의 지도력도 문제이다. 그는 평소 사졸과 더불어 그런 훈련을 전혀 하지 않았다는 반증이기도 하다.

원문 兵衆孰强하며 士卒孰鍊가?

상벌을 엄정하게 하고
상은 아끼지 말아야 한다
‖

상벌은 누가 엄정하고 투명한가?

　대부분의 기업들은 어떻게 하면 직원들에게 상을 많이 주는 회사로 만들까 궁리하며 기업을 운영한다고 해도 지나친 말이 아니다. 흑자 규모에 따른 특별보너스, 스톡옵션, 유급 휴가 등 다양한 방법으로 혜택을 늘리고 있다. 삼성 그룹의 경영 이념을 '인재 제일'로 정한 것도 좋은 인재를 길러 회사를 위해 유용하게 쓰고, 그에 따른 보상을 늘리겠다는 의도이다. SK 같은 곳은 아예 '직원들이 행복한 일터를 만드는 것'을 기업의 목표로 삼고 있다고 공표한다.

　흔히 신상필벌이라고 하지만 벌에 대한 이야기는 거의 들리지 않는다. 과오에 대한 징계가 없지야 않겠지만 별로 매력이 없는 화두인 듯하다. 칭찬은 고래도 춤추게 한다는 말이 있듯이 가능하면 격려하고 추어주고 다독거리고 상을 주어서 기를 살리려고 한다. 지금처럼 개인의 자유와 개성, 다양성을 존중하는 사회에서 억누르고 강요만 한다고 될 일이 아니다.

2천 년 전, 진시황이 망한 이후 천하의 패권을 다투다가 유방의 성공과 항우의 실패로 결말이 난 것도 상벌과 관련이 없지 않다.

유방은 상을 우선하고, 벌은 최소화하였지만 항우는 그렇지 않았다.

한신은 원래 항우의 부하였으나 항우가 자기를 알아주지 않자 소하의 추천으로 유방에게로 갔다. 그러나 유방 역시 한신을 대수롭게 여기지 않고 군량 운반을 담당하는 중급 장교에 임명했다. 이에 실망한 한신이 달아나자 그 낌새를 알아차린 소하가 급히 뒤를 쫓아가서 한신을 붙들어 와서 대장군에 오르게 했다.

한신을 대장군으로 임명하자 적수인 항우의 인물 됨됨이에 대해 이렇게 말하는 것이었다.

"신이 지난날 항우의 밑에서 벼슬을 해보니 그 사람됨이 이러합니다. 항우는 남을 공경하고 자애로우며 말씨가 온화하고, 병든 사람을 보면 눈물을 흘리며, 먹던 밥도 나누어 줍디다. 그러나 무공을 세워 작위를 봉해야 할 장군에게는 새겨놓은 관인의 귀퉁이가 닳아 떨어져 나가도 작위 수여를 미루었습니다."

한마디로 항우는 마땅히 상을 주어야 할 사람에게도 상 주는 것을 아까워했다. 그리고 남에게 인정을 베푸는 듯하면서도 선뜻 내어주지 못했던 것이다.

당시는 국가가 세워지지 않은 상태여서 두 영웅이 경쟁적으로

부하를 끌어들여 세력을 불리는 형편이었으므로 자신의 주군(主君)이 한 군데만 있는 게 아니었다. 당시 장수들은 양다리를 걸치는 경우가 많았는데, 그들에게는 '충성'이라는 가치가 중요한 것이 아니라 자신의 공로에 대한 충분한 보상에 더 관심이 컸다.

그런 까닭에 항우의 휘하에는 뛰어난 장수가 모이지 않았다. 아무리 열심히 뛰어봐야 항우보다 더 잘 싸울 수 없었고, 설혹 전과를 올린다 하더라도 보상이 없었기 때문이다. 그의 휘하에는 모사 범증, 장군 종리매, 용차, 주은 등이 고작이었는데, 그것도 범증이라는 탁월한 모사는 항우에 실망하여 중도에 떠나고 말았다.

반면 유방은 많은 유세객, 모사, 장군 등을 적극적으로 영입하고, 좋은 건의는 그 사람의 신분에 관계없이 채택하여 왕과 제후로도 봉하였으며, 벼슬도 아낌없이 내렸다. 예컨대 수도를 낙양에서 장안으로 옮길 것을 건의한 누경에게는 유(劉)씨 성을 내리고 봉춘군에 봉했으며, 부하 장수이면서도 유방 자신을 평생토록 괴롭힌 옹치 같은 무장에게도 십방후라는 작위를 내렸다.

항우의 자결을 본 뒤 황제자리에 오른 유방은 많은 신하를 모아 잔치를 베풀었다. 술이 한 순배 돌자,

"여러 제후와 장수들은 마음속에 있는 생각을 숨김없이 내게 말해 보라. 나는 어찌하여 천하를 얻게 되었고, 항우는 어찌하여 천하를 잃게 되었는지 그 원인을 말이오."

라고 물으니, 왕릉이라는 신하가 이렇게 대답했다.

"폐하는 남을 업신여겨 모욕을 잘 주지만 항우는 성품이 어질

어서 남을 사랑합니다. 그러나 폐하는 부하들이 성을 공격하여 땅을 빼앗으면 세상 사람들과 그 이득을 나누어 갖지만 항우는 유능한 사람을 시기하고 질투하며, 공을 세운 사람을 해치고 현명한 사람을 의심합니다. 이것이 그가 천하를 잃은 원인입니다."

이러한 문답을 봐도 항우와 유방의 사람됨이나 국량이 달랐던 것을 알 수 있다.

 賞罰執明한가?

당당하게 처신하고 행동하라

‖

장수가 나의 계책을 채택하여 전쟁을 치른다면 반드
시 승리할 것이므로, 나는 그에게 머무를 것이지만
만약 나의 계책을 듣지 않는다면 반드시 패할 것이
므로 나는 그를 떠날 것이다.

직장에서 자신의 기획이나 제안을 관철시키기 위해서는 직위
를 걸고 일을 해내야 한다. 회사의 사활이 걸린 중대한 문제일 때
는 직위를 건다고 공언하지 않더라도 그런 비장함 없이는 일을
성사시킬 수 없다. 자신이 기획한 것에 대한 반대나 우려의 목소
리가 크면 클수록 비장함은 더욱 중요해진다.

남의 의견을 충분히 경청하고 난 뒤 자신이 기획한 것이 정말
타당한가를 면밀히 살펴야 한다. 성공하면 큰 상을 받는 것은 물
론 앞날의 진로가 탄탄해지지만 실패할 경우에는 그만두라는 말
이 없어도 스스로 거취를 결정해야 한다. 그것은 인생에 있어서
일종의 승부처이자 터닝 포인트이기도 하다.

손자가 살았던 춘추시대는 지금과 여러 모로 상황이 비슷하다.
일반 백성이나 노예는 한 나라에 묶여 살았지만 그렇지 않은 엘

리트들은 자신의 이상을 실현할 수 있는 나라, 자신의 재능을 알아주는 군주를 찾아 자유롭게 돌아다녔다. 자신이 일할 나라도, 자신이 섬길 군주도 자의적으로 선택할 수 있었다. 그래서 손자는 "나의 의견을 받아들인다면 머물 것이며, 그렇지 않다면 이곳을 떠날 수밖에 없다."고 했던 것이다.

『손자병법』이란 손무(孫武)가 오나라의 왕 합려(闔閭)에게 가서 자신의 전쟁론을 기술하여 자기를 오나라의 장수로 채용해 달라고 바친 책이기 때문에 이런 구절이 있는 것이다. 합려는 손무를 장수로 채용하여 병권을 맡김으로써 제후국의 패자가 될 수 있었다.

지금도 진정한 인재는 기업이나 경영자로부터 선택을 받아 뽑혀 가는 것이 아니라 자신이 능동적으로 선택한다. 누구나 손자처럼 당당하게 자신의 기획안을 펼쳐 보이고, 채택되면 열심히 일해서 회사에 공을 세울 것이요, 그렇지 않으면 떠나갈 것이라고 말할 수 있는 실력과 기개와 용기를 가져야 한다.

원문 將聽吾計하여 用之必勝이니 留之어니와 將不聽吾計하여 用之必敗리니 去之니라.

선의의 속임수는 마음에 허하라

‖

전쟁은 속임수를 정당화하는 행위이다.

『삼국지』의 조조는 중국 10대 병법 이론가로 꼽히는 인물인데, 그는 이 대목을 이렇게 설명했다.

"전쟁이란 고정된 형태가 없고, 속임수와 기만을 정도(正道)로 삼는다."

마오쩌둥은 1938년에 발표한 '지구전을 논함[論持久戰]'이라는 글에서 이렇게 적고 있다.

"우리들은 송나라의 양공이 아니다. 전쟁에서 자비, 정의, 도덕을 염두에 두고 양심의 가책을 느낄 필요가 없다. 승리를 쟁취하기 위해서는 적의 눈과 귀를 가려 적을 장님으로 만들고 귀머거리로 만들어야 한다. 계획적으로 적을 착각에 빠뜨리고, 적이 대비하지 않는 곳을 공격하는 것이 전쟁의 주도권을 잡는 중요한 방법이다."

사실 병법은 도덕 교과서도 아니고, 수신 지침서도 아니다. 그렇다고 처세훈이 들어 있는 것도 아니다. 가능한 한 전쟁을 피하되 일단 붙었다 하면 무조건 이기고 봐야 한다. 그런 의미에서 전쟁에는 정한 규칙이 없다고 봐야 할 것이다. 이길 수만 있다면 기만과 속임수가 바로 정칙이다.

기만과 속임수에는 크게 두 가지 형태가 있다. 크게는 정치적인 것이 있고, 작게는 전술적인 것이 있을 수 있는데, 사실 이것도 어느 것이 더 크다고 할 수 없을 만큼 둘 다 중요하다.

우선 정치적인 기만의 대표적인 예가 가도멸괵(假道滅虢)이다.

춘추시대, 진(晉)나라에서 괵(虢)나라를 치려고 하니 우(虞)나라에게 길을 빌리자고 하였다. 괵나라는 지금의 하남성 협현 일대에 있던 나라이고, 우나라는 산서성 평륙현 일대에 있던 약소국이었다. 진나라가 괵을 치려면 어쩔 수 없이 우나라를 거쳐야 했으므로 괵을 공격하는 문제만큼은 약소국이지만 우나라의 양해를 얻어야 했다.

진 헌공이 괵을 병탄하려 하자 순식(荀息)이라는 대부가 우나라에게 좋은 말과 보물을 주어 환심을 사두자고 건의했다. 진나라에서 아끼는 보물이었으므로, 헌공이 선뜻 승낙하지 않았다. 그러자 순식이 다음과 같은 의미심장한 말로 헌공을 설득했다.

"양마와 보물을 우나라의 창고에 잠시 보관해 두는 것일 뿐인데, 아까워하실 필요가 있습니까?"

이에 크게 깨달은 헌공은 선선히 보물을 내주면서 우나라와 돈독한 우호관계를 맺었다. 그 뒤 진나라에서 괵을 치기 위함이니 길을 빌려달라고 하자 우의 임금은 양마와 보물에 마음이 뺏겨

길을 빌려주기로 했다. 이에 대부 궁지기(宮之奇)가 나서서,

"우와 괵은 수레의 두 바퀴처럼 서로 의지해야 하는 사이요, 순망치한의 관계입니다. 만일 괵국이 망하게 되면 우리 우나라 또한 안전하지 못합니다. 진나라의 요구를 받아주어서는 안 됩니다."

라고 간절히 호소했으나 받아들여지지 않았다. 궁지기는 결국 망국의 신하가 되는 치욕을 당하지 않겠다고 선언한 뒤 가족을 데리고 도망치고 마는데, 우국의 운명은 과연 그의 말대로 되고 말았다. 진나라의 우호적인 몸짓을 철석같이 믿고 있던 우나라는 방비마저 허술하게 하여 괵을 치고 돌아오는 진국 군대의 기습을 받아 순식간에 무너지고 말았다. 이것이 정치적 기만책이다.

히틀러가 영국과 프랑스의 의심에 찬 눈초리를 피하기 위하여 평화를 부르짖으며 폴란드와 같은 인접국을 절대 침범하는 일은 없을 것이라고 계속 속인 것도 정치적인 기만책이다. 제2차세계 대전 초기, 소련이 일본과 불가침조약을 맺은 것도 기만책이었다. 1945년 7월, 일본의 패색이 짙어지자 언제 그런 조약을 맺었느냐는 듯 돌연 총구를 일본군에게 돌려 만주 쪽으로 내려왔던 것이다.

전투상의 기만책으로서 이런 것이 있다.

송나라 때, 필재우(畢再遇)라는 장수가 금나라 군대와 대치하고 있을 때의 일이다. 금나라 군대가 계속 몰려오면서 날마다 군사

의 수가 불어났다. 누가 보더라도 도저히 맞붙어 싸울 수 없는 형편이었다. 그러던 어느 날 밤, 그는 쥐도 새도 모르게 군대를 이끌고 달아나 버렸다.

며칠 뒤, 병사들이 움직이는 것은 보이지 않고 밤낮없이 북소리만 들렸으므로 금나라 군사들이 송나라 진영으로 다가가 보았다. 그러자 영채에 꽂혀 있는 각종 기치만 바람에 펄럭이고 북소리만 요란할 뿐 사람의 그림자도 찾을 수 없었다. 북소리의 진원지를 살펴보니 기가 막혔다. 살아 있는 양(羊)들이 온몸이 묶인 채 두 앞발만 북 위에 올려져 있었다. 거꾸로 매달린 양들이 고통을 참지 못하여 발로 북을 두드리도록 해 놓고 달아났던 것이다. 금나라 군대가 적군을 급히 추격하려 했으나 멀리 달아난 뒤였다. 멋진 퇴각이요, 속임수였다.

병가의 궤도를 이해하지 못한 경우로는 조선 초기 학자인 정암 조광조의 이야기가 있다.

속고내(束古乃)라는 여진족의 추장이 국경을 어지럽히자 이들을 기습 공격하여 근거지를 뿌리째 뽑아 멀리 쫓아버릴 군사 작전을 세웠다. 중종이 당시 병조판서인 유담년 이하 관계 중신들과 상의하여 출정할 날짜까지 잡아놓았는데, 조광조가 나서서 극력 반대한 것이다.

허술하기 그지없는 적을 잡기 위해 그런 속임수를 쓰면 장차 왕의 교화에 감복하여 오고 싶어 하는 오랑캐도 오지 못하도록 막는 격이 된다는 것이다. 아무리 오랑캐지만 왕도정치를 지향하는 임금으로서 상대를 속여 불의의 공격을 가하는 것은 옳지 않다는 논리였다. 유교적 이상주의에 젖은 그의 고집은 아무도 꺾을 수 없었으므로, 중종도 결국 물러서고 말았다. 이것은 중종의 신임을 잃게 된 하나의 동기가 되었는데, 조광조는 유교적 이념에 경도된 나머지 병가의 근본정신을 이해하지 못했던 것이다.

원문 兵者란 詭道也라.

자신의 능력을 **감추어라**

‖

> 그러므로 충분히 해낼 능력이 있으면서도 능력이 없는 것처럼 보이고, 작전을 수행하고 있으면서도 아무 것도 하고 있지 않는 것처럼 보여라. 적과 가까운 거리에 있을 때는 멀리 떨어져 있는 것처럼 느끼게 하고, 멀리 떨어져 있을 때는 가까이 있는 것처럼 느끼게 하라.

위의 네 가지 항목은 적을 기만하는 방법에 대한 기술을 다루고 있다. 동쪽을 치는 체하면서 서쪽을 공격하는 성동격서(聲東擊西) 전법, 실체가 없으면서 있는 것처럼 보이거나 실체가 있으면서 없는 것처럼 위장하는 무중생유(無中生有) 전법, 바보처럼 행동하여 난관을 극복하는 가치부전(假痴不癲) 전법 등 다양한 기만책이 있다. 적에 대한 기만이란 어떤 한계가 있는 것이 아니고, 창안하기에 따라 무궁무진한 것이므로 기발한 생각과 창의력이 필요할 뿐이다.

제2차세계대전 당시, 독일군에게 밀리던 전세를 일거에 뒤집은 영미 연합군의 노르망디 상륙작전의 승리는 기만전술의 전범이라 해도 과언이 아니다. 그야말로 기만전술의 백미에 속한다.

독일군에 대한 연합군의 반격은 영국이 주축이 될 수밖에 없었다. 작전의 첫 목표는 프랑스로 진격해 들어가는 상륙작전이었고, 그 지점은 영불 해협을 사이에 둔 프랑스 칼레 해안이 아니면 북부 노르망디 해안이 될 것이라는 사실은 군사 전략의 초보자라도 알 수 있는 노릇이었다.

문제는 과연 어느 지점으로 상륙하느냐는 것이었다.

독일군의 입장에서는 정확한 지점만 안다면 전체 예비대를 모두 그곳으로 전진 배치하여 상륙하는 연합군을 모조리 바다 속으로 밀어 넣을 수 있다고 보았다. 연합군 역시 적이 그러했으니, 자신들이 목표로 한 상륙지점을 미리 알고 집중적으로 방어한다면 상륙 작전이 성공한다는 것은 도저히 불가능했으므로 독일군의 전력을 분산시키는 데 전력투구했다.

이때부터 양 진영의 불을 뿜는 첩보전이 전개되었다. 그러는 사이 연합군은 상륙 지점을 속여야 했고, 독일군은 그 지점을 반드시 알아내야 했다. 연합군 측은 여러 종류의 기만전술을 펼쳐나갔다. 먼저 패튼 장군을 3군사령관으로 임명했다. 그리고 사령부가 칼레 해안과 접한 영국 켄트 주에 있는 것처럼 라디오 시그널을 계속 보내고, 편성도 되지 않은 3군이 상륙 준비를 하고 있는 것처럼 꾸몄다.

패튼 장군은 독일군을 시칠리아에서 몰아낸 용장이었으므로 독일군이 가장 두려워하였고, 상륙작전이 벌어진다면 분명히 그가 선두에 서리라는 것을 예측했기 때문에 이를 역이용한 것이다. 5월 중순에는 몽고메리 사령부를 포츠머스에서 런던 남부로 이동한 것처럼 가장했다. 이 모든 조치들은 연합군이 칼레 해안으로 상륙할 확률이 높다고 판단하도록 유도하기 위해서였다.

이는 없는 것을 있는 것처럼 꾸미는 술책인데, 고무 병기를 이용하는 장면에서 절정을 이룬다. 상륙작전이 임박하다는 사실을 감지한 독일군은 영국 동남부에 대한 정찰 비행을 한층 강화했다. 그때마다 영국 공군이 출격하여 고사포를 발사하였으나 한 대도 떨어뜨리지 못했다. 독일군은 영국 공군의 굼뜬 출격과 엉터리로 쏘아대는 고사포를 비웃으며 마음껏 항공 촬영을 했다.

영국군이 일부러 허술하게 대응했다는 사실을 알 까닭이 없는 독일 공군과 해군은 사진 판독 결과 다음과 같이 결론을 내렸다. 도버 항구에 집결된 상륙용 함정과 같은 배로서는 노르망디까지 가기에는 적합하지 않으므로 칼레 해안으로 상륙하는 것이 분명하다고 판단했다.

켄트 벌판에 집결한 기갑사단은 더욱 가관이었다.

사진에는 엄청나게 많은 전차와 대포, 군용 트럭이 촬영되어 있었다. 그러나 그 병기들은 모두 가짜로, 고무로 만들어 공기를 주입한 모조품에 지나지 않았다. 샤먼 전차는 풍선처럼 공기를 주입하여 조작되었고, 25파운드의 대포는 바람을 뺀 뒤 접을 수 있게 되어 있었다. 이 가짜 무기들은 밤이면 트럭 위에 구겨져 다른 지역으로 실려 갔다. 수많은 가짜 글라이더를 집결시켜 놓고는 숲 속에 전쟁 물자가 가득 차 있는 것처럼 트럭들이 분주히 드나들었다.

없는 것을 있는 것처럼 꾸며 독일군의 판단 착오를 유도한 반면 상륙작전을 위한 진짜 발진 기지와 전투 장비는 철저하게 은폐·위장하였다. 사막의 여우라 불린 롬멜까지 처음에는 노르망디 상륙을 강력히 주장하다가 끝내는 칼레로 헛짚게 되었고, D-데이에 임박해서는 아내의 생일을 축하하기 위해 전선을 이탈하는 뼈아픈 실책을 연출하기에 이르렀던 것이다.

원문 故로 能而示之不能하고 用而示之不用하며 近而示之遠하고 遠而示之近하라

상대를 흔들어라

‖

적에게 작은 이득을 주어 유인하라. 적을 혼란에 빠 뜨린 뒤 습격하여 승리를 거두어라. 적의 군비가 충 실하면 적의 침공에 대비하라. 적의 군세가 매우 강 할 때는 싸움을 회피하라. 적이 화가 나도록 경솔히 행동하게 하라. 자신을 낮추어 적을 교만하게 만들어 라. 편안한 적은 지치게 만들어라. 적이 단합될 때는 이간질하여 분열시켜라.

위의 여덟 가지 항목은 적을 어떻게 다루느냐는 문제를 논하였 다. 적의 현 상황을 어떻게든지 나쁘게 변경시켜 흔들어 놓아야 한다. 한마디로 적에게 혼란을 유도하라는 것이다.

삼십육계의 계책 중에 혼수모어(混水摸魚)라는 것이 있다. 마치 냇가에서 고기를 잡을 때 물을 흐리게 하여 고기들이 혼란에 빠 져드는 것을 기다려 고기를 잡듯 적과 싸워 이기라는 것이다. 적 의 내부에서 발생한 혼란을 틈타 힘을 약화시키고, 우왕좌왕하는 틈을 이용하여 적을 치는 것을 말한다.

잘 정돈된 군대, 군령이 바로 선 군대, 지휘 체계가 확립된 군 대를 상대로 싸워서는 승리를 장담할 수가 없다. 이런 군대는 어떤 수를 써서라도 혼란스럽게 만들어야 한다.

지금 북한에는 18만 이상의 특수전 부대가 있다고 하는데, 이들의 임무는 유사시 우리 후방에 침투하여 주요 군 시설과 철도와 교량, 도로 등 국가의 동맥에 해당하는 시설들을 파괴하거나 언론사, 공공기관을 방화·폭파하는 행위일 것이다. 이들 특수 부대가 그런 짓을 하면 그 자체로도 우리 전력에 많은 손실을 입히는 것이므로 이들을 제압하기 위하여 많은 군대가 투입되어야 한다. 그렇게 되면 전선이 복잡해져서 전 국토가 모두 전쟁터가 될 수 있다. 이것이 북한이 바라는 가장 이상적인 전쟁 양상일 것이다.

적진으로 들어가 유언비어를 흘린다거나 간첩을 침입시켜 적국 내부에 불신을 조장하는 것도 혼란을 부추기는 대표적인 예이다. 그런 면에서 북한은 우리 사회를 혼란에 빠뜨리고, 유사시 그런 인력을 써먹을 수 있도록 많은 공을 들이고 있다는 느낌을 지울 수 없다.

지나치게 한쪽으로 치우친 사람들, 예컨대 정부 발표는 무조건 안 믿고 비아냥거리다가 어디선가 전혀 이치에 맞지 않는 말을 얻어 듣고는 맞장구치는 자들이 있다. 이런 유형의 사람들 외에도 북한의 인권에 대해서는 눈을 감고 김정일 정권에 대해서는 한량없이 너그러워 어떤 방법으로 감싸줘야 할 것인지 몸살을 앓는 자들도 많다. 만일 이 땅에 전쟁이 터진다면 그들이 어떤 행동을 할 것인지, 상상하고 대비해야 할 것이다.

우리 사회생활도 다르지 않다. 감사 경험이 많은 사람의 이야기를 들어보면, 부정과 비리를 저지르는 대부분의 사람들은 일을 간단명료하게 처리하지 않는다는 것이다. 일을 집행하다가 불가피하게 그렇게 된 경우도 있지만 거의 대부분이 고의로 중요한 문서 같은 것을 흩트려 놓아서 정신을 바짝 차리고 꼼꼼히 조사하지 않으면 적발하지 못하게 만든다는 것이다.

이 역시 혼수모어의 수법으로 혼란에 빠뜨려 이득을 취하려는 것이다. 따라서 간단명료하게 처리할 수 있는 일을 공연히 이 법규, 저 규정, 이런 관행, 저런 논리를 끌어대고, 서류를 뒤죽박죽 섞어놓아 일을 복잡하게 만드는 사람은 평소에 눈여겨볼 필요가 있다.

원문

利而誘之하고 亂而取之하고 實而備之하고 强而避之하고 怒而撓之하고 卑而驕之하고 佚而勞之하고 親而離之하라.

상대의 **허를 찔러 공략**하라

적의 방비가 허술할 때 지체 없이 공격하며, 상대가
설마 할 때 기습하여 쟁취하라.

적의 허를 찌르는 기습 공격이 최선이라는 것이다. 전투에 돌
입하기에 앞서 선전포고를 하고말고는 나중의 일이다. 개전의 타
당성 따위를 따진 후 전쟁을 해서는 안 된다는 것이다.

1939년 8월, 폴란드 침공을 앞둔 히틀러는 군 수뇌들을 모아놓
고 이렇게 연설했다.

"지금 전쟁이 타당한가를 물을 때가 아니다. 승리자는 뒤에 가
서 진실을 말했느냐는 질문을 받는 일이 없다. 전쟁을 시작하고
수행하는 데 있어서도 문제는 옳으냐, 옳지 않느냐가 아니라 승
리할 수 있느냐는 것이 중요하다."

대부분의 전쟁은 기습 공격의 역사이다. 제2차 세계대전 당시
폴란드, 프랑스, 소련에 대한 히틀러의 공격은 모두 기습적인 것
이었다. 일본군은 기습 공격의 명수이다. 임진왜란, 청일전쟁, 러
일전쟁은 물론 태평양 전쟁의 발발을 알리는 진주만 공격도 불의

의 기습이었다.

1967년 6월 7일 발발한 중동전쟁도 아침 7시 45분(아랍 시각 8
시 45분)에 이스라엘 공군기의 기습으로 시작되었다. 이스라엘 공
군은 전쟁을 시작하기 오래 전부터 새벽 시간에 시나이 반도를
향해 전투기를 출격시켰다가 국경선 바로 앞에서 기수를 돌리는
일을 반복했다. 아랍 공군도 대응 출격을 했으나 아무런 일도 일
어나지 않았으므로 새벽의 출격과 귀환, 그 뒤의 평화로운 아침
식사는 일상사가 되었다.

삼십육계에 만천과해(瞞天過海)라는 계책이 있다. 적에게 공격
자세를 취하여 적의 방어 태세를 유도하는데, 공격 자세와 대응
방어 태세가 반복되어 일상화되다 보면 방어하는 자의 경계심이
풀어지게 되므로 이때를 노려 기습 공격을 가하는 것을 말한다.
아랍 공군도 그 계책에 말려들었던 것이다. 이스라엘군의 기습
공격을 받은 날도 아랍 공군은 새벽 출격을 끝내고 여유롭게 아
침 식사를 하다가 일을 당하고 말았다.

이스라엘은 사전에 면밀히 계획한 대로 아랍 각국의 공군 기지
를 폭격하는 데 드는 시간을 정확히 측정하여 일시에 전투기를
가루로 날려버렸다. 그리하여 이스라엘은 단 한 번의 기습으로
열세이던 공군력을 일거에 역전시키고, 제공권을 장악하여 승리
의 발판을 마련했던 것이다.

6.25전쟁은 더 말할 것도 없다. 북측은 비밀리에 소련의 무기와
장비를 들여 와서는 인민군을 확대 편성한 뒤 교육과 훈련을 시켜

남침 준비를 착착 진행하고 있었다. 그러면서도 남한에 대해서는 '평화 통일'이라는 기만적 허위 선전 공세를 늦추지 않았다.

1950년 6월 7일, 평양방송을 통해 남북통일을 위한 총선거를 8월 15일날 실시하기 위한 회담을 6월 15~17일 사이에 하자고 제의하는 한편 개성에서 남북 대표자 예비회담을 열자고 하는가 하면, 6월 10일에는 평양방송을 통해 북한에 억류된 조만식 선생 부자와 남한에서 간첩활동을 하다가 체포된 김삼룡, 이주하 두 사람과 교환하자고 제의하기도 했다. 또 19일에는 통일 정부를 위한 남한 국회의 대표를 평양에서 맞이할 용의가 있다고 제의하기도 했는데, 이 모든 것이 25일 남침을 위한 연막 기만전술에 불과했던 것이다.

불의의 기습에 대한 우리의 경계 태세는 지금도 늦추지 말아야 할 중요한 명제이다. 많은 사람들이 생각하기를 인공위성으로, 조기경보기로, 각종 감청 감시 장비로 적의 동태를 파악하고 있기 때문에 쉽게 당하지는 않을 것이라고 하지만 이것으로 안심해서는 안 된다.

불의의 기습이 가장 효과적이기 때문에 군대가 있는 한 기습은 항상 있을 수 있다고 생각해야 한다. 가까이는 천안함 폭침이나 연평 해전, 삼척 울진 공비 침투 사건, 김신조 일당의 청와대 기습 등 모두 우리가 예상하지 못한 상황에서 벌어진 사건들이다.

그리고 우리와 대치하고 있는 상대국의 기질이나 지향하는 바를 정확하게 파악해야 한다. 북한 수뇌부가 우리와 언어와 피를 함께 나눈 동족이기는 하지만 가까이 하기에는 너무 멀리 있는 사람들이다. 그들과 우리는 정치, 경제, 문화 등 이질적인 것이 너무나 많다.

동족이란 공동의 역사를 가져야 하는데 그 역사마저 전혀 달라졌다. 북한은 모든 것이 김일성 위주로 꾸며져 있어서 항일은 김일성 외에는 아무도 활동한 적이 없는 김일성 유일의 업적이며, 6.25전쟁은 남침이 아니라 '미 제국주의와 남조선 괴뢰가 합작한 북침'이라는 것을 굳게 믿으며, 지금 자신들이 겪는 경제적 고통도 미국의 경제 봉쇄 책동 때문이라고 주장하는 사람들이다. 그들의 이러한 역사관은 현실에 대한 인식이 어떠한가를 단적으로 보여주는 것이다. 그들에게 있어 대한민국이란 존재는 언제, 어떤 방식으로든 반드시 없어져야 할 국가이지 공존을 한다거나 평화를 유지하면서 통일을 할 상대가 아니라는 것이다.

또 김정일은 마흔도 안 된 젊은 나이에 그토록 거대한 전쟁을 일으킨 아버지의 아들로서 고임을 받으며 궁정에서 자랐기 때문에 평화와는 거리가 먼 인물이다. 우리와는 DNA 자체가 다른 것이다. 아웅산 테러나 KAL기 폭파 같은 엄청난 사건들은 그의 지시 없이는 불가능한 일들이다.

북한 군부는 6.25전쟁을 거쳐 60여 년의 휴전 기간 동안 휴전선, 서해안, 동해안 가리지 않고 끊임없는 대남 도발을 통해 유지되고 성장한 세력이다. 그들의 대남 도발은 하나의 관성처럼 되어 있기 때문에 언제, 어떤 사건이라도 터뜨려야 존재 의의를 찾을 수 있는 집단이라는 것이다.

어떤 사람은 이런 질문을 할 것이다.

군대가 적을 향한 최선의 공격은 적의 허를 찌르는 기습 공격이라고 했으니, 북한의 대남 도발도 그 군대의 입장에서는 당연한 것이 아닌가 하고 말이다. 이러한 것이 소위 한때 우리를 가소롭게 하던 내재적 접근법이라는 논리의 하나가 아닌가 한다. 그런 논리라면 세계 어떤 군대라도 타국을 기습 공격하여 피해를 입히는 것이 허용되어야 할 것이다.

그러나 여기서 말하는 것은 용병법으로서의 기습 공격의 효용성을 이야기하기 위해 이런저런 예를 든 것이므로, 북한의 대남 도발 행위를 옹호해서는 안 된다는 것이다.

우리는 어느 누구도 타인으로부터, 혹은 타국으로부터 무력으로 인한 침해를 당해 목숨을 잃을 이유가 없다는 사실을 명심해야 한다.

원문 攻其無備하며 出其不意하라.

보안은 최고의 방어책이다

‖

이상과 같은 것은 전쟁에서 승리하는 요건이니 누구
에게도 먼저 알려져서는 안 된다.

보안의 중요성은 아무리 강조해도 지나치지 않다. 기밀 누설
하나로 태산 같은 군대가 허물어지고, 황하 같은 군세가 작은 물
길로 찢길 수 있다.

아무리 훌륭한 작전을 세우고 전략 기술이 뛰어나다 하더라도
아군의 의도나 실행 계획이 적에게 넘어간다면 그런 것은 무용지
물이 되고 만다. 아군 전체가 적의 손바닥 위에 올려져 있는 것이
나 마찬가지이기 때문이다.

적정에 대해 무관심한 지휘관은 존재하지 않는다. 내가 적의
의도나 작전 계획을 알고 싶어 안달이 나는 것과 마찬가지로, 적
도 아군의 기밀을 알고 싶어 몸살을 앓게 마련이다.

우리나라는 예로부터 기밀이 잘 새기로 유명한 나라이다.

조선 후기.

남한산성에서의 치욕을 갚는다는 명분으로 북벌론이 한창 기

세를 떨칠 때였다. 우리 대신 한 사람이 북경에 갔다. 그가 청국 고관 한 사람과 대담하던 중,

"조선은 이제 되지도 않는 북벌이니 뭐니 하는 허황한 짓을 그 만두어라. 너희는 우리를 잘 모르지만 우리는 조선의 움직임을 손금 보듯 훤히 들여다보고 있다."

면서 증거로 조보(朝報) 몇 장을 내보였다. 북벌론이 조보에 나지는 않았지만 그만큼 우리의 정치 상황을 속속들이 들여다보고 있었다는 뜻이다. 이후 그 대신이,

"이것은 간교한 아전들이 돈에 눈이 멀어 나라의 기밀을 팔아 넘긴 것이 분명하다."

라고 분개하는 글을 본 적이 있다. 그 말이 사실인지는 모르지만 그 대신의 정보 마인드는 수준 이하라 해도 과언이 아니다. 정기적으로 한번에 수백 장씩 배포되는 조보가 끝까지 기밀을 유지할 수 있다고 생각했으니 말이다.

구한말의 보안 상황은 더욱 말이 아니었다. 고종의 아관파천은 원래 목적이 황제의 신변 보호였지만, 제국(帝國)이란 황제 자신이 최고의 보안이므로 이미 가장 중요한 보안이 러시아에 맡겨져 있었던 것이다.

어느 외국 특파원의 글에 의하면, 지금도 역시 한국처럼 보안이 허술한 나라도 드물다고 한다. 처음 만난 사람에게는 입을 봉하고 서먹서먹하지만 몇 번 만나 조금 친숙해지면 금방 말문이 열린다는 것이다. 특히 정치적 반대편에 선 사람에 의해 불평불만과 함

께 기밀이 낱낱이 흘러나온다는 것이다. 어떤 사안도 일단 반대부터 하고 보는 정치적 기류와 무관치 않은 것이다.

남북이 대치 상황에 있고, 주변 국가에서 우리의 정보를 빼내기 위해 밤낮을 가리지 않는데, 과거 그 많던 보안 경고 표어들은 다 어디로 갔는지 요즘은 눈을 씻고 찾아보려 해도 없다. 일반인에게 경각심을 일깨우지 않아도 충분하다는 것인지, 간첩은 이제 없다는 것인지 알 수 없는 노릇이다.

알고 보면 첩보를 얻는 것은 정보를 가장 값싸게 얻는 것이고, 잃는 것은 가장 비싼 것을 헐값에 넘기는 것이다. 보안이 최고의 방어책이다.

원문 此兵家之勝으로 不可先傳也라.

승패는 **기획 단계에서 결정**된다

무릇 전쟁을 시작하기 전에 묘산(廟算)에서 승리하는
경우는 승산이 많고, 전쟁을 시작하기 전에 묘산에서
승리하지 못하는 경우는 승산이 적다. 승산이 많으면
승리하고 승산이 적으면 승리하지 못하는 것이거늘
하물며 승산이 전혀 없음에랴! 나는 이것으로 전쟁의
승패를 미리 알 수 있다.

묘산이란 전쟁을 시작하기 전에 그 나라의 임금 및 조정의 대
신과 군 수뇌부가 양편의 전력(戰力)을 비교·분석하여 계량화한
수치이다. 눈금을 보고 일일이 수치화할 수 없다면 비교 항목을
점검하여 상세한 시나리오를 짜보아야 한다.

제2차세계대전 개전을 앞둔 일본의 묘산을 추적해 보자. 그들
이 당시 무엇무엇을 점검하고, 어떤 결론을 얻었기에 전쟁을 시
작했는지 알아보자.

19세기 들어 일본 육군은 러시아를 가상 적국으로, 해군은 미
국을 가상 적국으로 삼아 군비를 증강해 나갔다. 육군은 러시아,
해군은 미국이 당시 세계 최강의 군사국이었는데, 이들 두 나라

를 동시에 가상 적국으로 상정한 것이다.

일본은 국력에 비해 엄청나게 무거운 군비를 부담해야 했고, 그 군대를 운영하기 위해 가상 적국으로부터 석유와 같은 자원을 공급받는다는 모순을 범했으며, 육군과 해군이 각기 다른 가상 적국을 상정함으로써 상호 협조는커녕 견제와 알력을 조장하게 만들었다. 이는 육해공군 합동 작전이 기본이라는 현대전의 원칙과도 거리가 멀었다.

일본이 중국과 인도차이나로 침략의 손길을 뻗치게 되자 미국과 심각한 마찰이 일어났다. 1941년부터는 육군 수뇌부 사이에서 전쟁도 불사해야 한다는 기운이 팽배했다. 그즈음 미국에서 돌아온 이와자제(岩畔) 대령의 가방에는 일본과 미국의 국력을 비교하는 물적 비교표가 들어 있었다.

일본을 1로 잡았을 때 미국의 국력은 다음과 같았다. 석탄 생산 10배, 철강 20배, 알루미늄 6배, 항공기 생산 5배, 자동차 생산 45배, 석유 500배 등이었다. 장기전이 되면 전혀 승산이 없다는 것이 그의 결론이었다. 그러므로 양보를 하더라도 협상을 통해 전쟁을 피해야 했다.

그러나 육군 참모본부의 분위기는 달랐다. 어느 참모가 전쟁은 피할 수 없다고 외쳤고, 승산이 있느냐고 물으면,

"승부가 문제가 아니다. 전쟁은 피할 수 없는 숙명이다."

라고 외치는 실정이었다.

고노에(近衛) 일본 수상이 야마모토(山本) 연합함대 사령관을

비밀리에 불러 물었더니 1년간은 몰라도 그 이상 장기전으로 가면 보장할 수 없다는 것이었다. 해군은 내심 전쟁을 하지 않기를 바랐다. 육군도 마찬가지였다. 그러나 천하무적을 공언하던 해군이 앞장서서 꽁무니를 빼려니 용기가 나지 않았던 것이다. 육군도 만주 사변, 중일 전쟁의 확대, 베트남으로의 진출 등 국민들에게 전쟁열을 잔뜩 부추겨 놓고는 이제 와서 전쟁을 하지 않는 것이 좋겠다고 하기에는 자존심이 허락하지 않았던 것이다.

1941년 10월 20일, 전쟁이냐 협상에 의한 평화냐를 결정짓는 중요한 회의가 열렸다. 해군은 육군이나 수상이 전쟁을 저지해 주기를, 육군은 해군이 전쟁을 하지 않는 것이 좋겠다는 발언을 하지 않는 데 불만을 나타냈다. 이에 대해 해군은 모든 전쟁에 앞섰던 육군이 이제 와서 전쟁 회피의 총대를 자기들에게 지게 하려 한다고 불평했다.

그것을 결정할 권한이 있는 고노에 수상도 전쟁을 하고 싶지 않았으나 결단을 내릴 용기가 부족했다. 그날 그 회의의 참석자 중 아무도 'NO'라고 하지 못했지만 그들 대부분이 속마음과는 전혀 반대의 결정을 내리고 말았다. 전쟁의 시작이었다.

일본으로서는 당시 수뇌부의 어정쩡한 태도가 불행의 불씨였지만 우리로서는 천재일우의 기회였다. 그 전쟁의 결과로 우리가 일본의 식민 지배에서 해방되었으니까.

만약 당시 그들이 미국과의 협상을 통해 전쟁을 하지 않았다면 인도차이나와 중국에서는 철병을 하더라도 만주와 한반도는 그대로 유지할 수 있었을 것이다. 특히 한반도는 1945년 일본이 패망하면서도 어떻게든 내놓지 않으려고 안간힘을 썼던 땅이다.

역사에서 가정은 소용없다고는 하지만 만약 일본이 미국과의 전쟁을 피했더라면 그들은 그 이전에 독일, 이탈리아와 맺은 3국 추축국 동맹에서도 탈퇴하여 영미 전승국의 대열에 섰을 것이고, 대전이 끝난 후에는 UN과 같은 기구에서 안보리 상임이사국의 지위를 얻을 수 있었을 것이다. 그러면 우리는 아직도 일본의 지배에서 벗어나지 못했을 것이다.

> **원문**
>
> 夫未戰而廟算勝者는 得算多也라 未戰而廟算不勝者는 得算少也라 多算勝이고 少算不勝이어늘 而況無算乎아 吾以此觀之면 勝負見矣로다.

제**2**장

—

전략을 세워라

『손자병법』의 작전(作戰, 제2편)에 해당하는 부분이며,

전쟁을 시작하기 위한 준비를 주로 다루었다. 인력과 물자, 재력 등을 점검하고,

재정 위기를 피하기 위하여 속전속결을 중시하였다.

전쟁은 **경제력의 싸움**

손자가 말하였다. 전쟁을 치르려면 네 마리의 말이
끄는 경전차 1천 대, 중무장 전차 1천 대, 갑옷으로
무장을 한 병사 10만 명 정도는 있어야 한다. 또 천
리 밖의 먼 전쟁터까지 물자를 수송해야 할 운송 수
단과 군량미, 국내외에서 소비하는 물자 비용, 외교
사절의 접대비, 군수 물자와 개인 장비의 보수비 등
엄청난 비용이 소요되므로, 이런 것을 감당할 수 있
어야 10만 대군을 동원하여 전쟁을 치를 수 있다.

비용이라는 경제적 측면으로 볼 때 전쟁이 얼마나 엄청난 파괴
를 가지고 오는지 다음과 같은 조사 결과가 있다. (시대 및 연대 – 전
쟁 명칭 – 전쟁 비용 산정 국가명 – 현대 달러로 환산한 금액)

기원전 264~241년 – 1차 포에니 전쟁 – 로마 – 10.2억 달러

기원전 149~146년 – 3차 포에니 전쟁 – 로마 – 2억 달러

552~554년 – 비잔틴의 이탈리아 작전비 – 비잔틴 – 12억 달러

1544년 – 프랑스의 대 영국 · 스페인전 – 프랑스 – 2억1천만 달러

1554년 – 프랑스의 대 스페인전 – 프랑스 – 3억9800만 달러

1566~1654년 – 스페인의 대 네덜란드전 – 스페인 – 150억 달러

우리가 흔히 아는 전쟁으로 옮겨가 보자.

1592~1598년 - 임진왜란 당시 명의 조선출병 - 명 - 14억 달러

1775~1784년 - 미국의 독립전쟁 진압 - 영국 - 121억 달러

1894년 - 청일전쟁 - 일본 - 60억 달러

1904년 - 러일전쟁 - 일본 - 413억 달러

제1차세계대전을 치르면서 전비는 엄청나게 불어난다. 1914년부터 1918년까지 5년간 쏟아 부은 전비가 독일 6,422억 달러, 영국 6,007억 달러, 프랑스 4,125억 달러, 러시아 3,790억 달러, 이탈리아 2,110억 달러, 캐나다 283억 달러, 일본 7억 달러, 미국 3,846억 달러이다.

제2차세계대전 때는 그 비용이 엄청나게 늘어난다. 미국은 현재 통화 가치로 4조 3천억 달러, 독일 2조 5,650억 달러, 영국 1조 4,500억 달러, 소련 1조 1,236억 달러, 일본 4,986억 달러 등이다.

그런가 하면 미국은 6.25전쟁에서 6,510억 달러를 쓰고, 베트남전에서는 6,300억 달러의 전비를 썼다. 또한 영국은 1982년 포클랜드 전쟁에서 104억 3천만 달러를 지출했으며, 1991년 걸프전에서는 미국이 610억 달러의 전비를 썼다. 또한 2001년부터 2007년까지 미국은 대 테러전에서 모두 5,070억 달러를 전비로 썼다는 통계가 있다.

전쟁 중 발생한 사망자와 부상자로 인한 경제적 손실은 계산조차 할 수 없을 정도이다.

전비도 전비지만 더욱 고통스러운 것은 패배 후에 돌아올 결과이다. 크게는 국가가 아예 승전국에게 흡수되어 사라지는 경우인데, 우리도 일제에 의한 병합의 크나큰 고통을 겪어야 했다. 그러나 20세기로 들어와서는 국가를 송두리째 침탈한다든가 식민 지배를 하는 예는 없어졌다. 국가의 존립은 그대로 둔 채 국토의 일부를 할양하는 방식, 혹은 배상금 부과 등이 있다.

특히 독일의 경우는 제1차세계대전의 패전에 따른 막중한 배상금을 견디지 못하여 다시 전쟁이라는 최악의 방법으로 난관을 돌파하려고 한 것이 제2차세계대전이다. 청말 의화단 사건으로 중국 정부가 연합군 8개국에 물게 된 배상금이 원리금까지 합하여 4억만 냥이었다. 이는 국민 1인당 1냥에 해당하는 거금이었다.

제2차세계대전 후, 일본과 독일은 배상금을 한 푼도 물지 않았는데, 이는 전후 복구를 위한다는 명분이 낳은 행운이라고 할 수 있다. 6.25전쟁 이후, 전쟁 도발자인 북한에게도 배상금을 물려야 당연하지만 휴전이라는 어정쩡한 상태로 끝나는 바람에 그 또한 면책이 되고 말았다.

현대전은 단순히 병력과 개인 화기의 대결만이 아니다. 한 국가의 총체적인 안보 능력, 즉 군사 훈련과 무기 생산력 내지 수입 능력, 전투 장비의 생산 능력, 무기와 장비의 유지 · 보수 능력, 물자 조달 및 운송 능력 등 경제 전반에 걸친 힘의 대결이다.

기업도 동원 가능한 자금이나 인적 자원, 기술력 등에 있어 과거와 비교할 수 없을 정도로 대형화되었다. 무슨 업종이든 구멍가게 정도의 영세성으로는 도저히 경쟁을 할 수 없게 되었다. 흔히 자수성가한 기업인을 두고 '맨주먹으로 일어섰다'는 표현을 쓰는데, 그 맨주먹이라는 것이 뜻하는 의미가 날로 달라지고 있다. 6.25전쟁 직후나 70년대까지만 해도 그야말로 맨주먹이었다. 시골에서 차비만 들고 상경하여 어찌어찌 고생을 하다가 돈을 조금 모아 철공소 하나를 차린 것이, 아니면 중간 도매상 하나 낸 것이, 혹은 큰 회사의 하청업을 하다 보니 자신도 모르게 커졌다는 전설 같은 이야기가 있다.

그러나 지금은 그런 사례가 전혀 없다고는 할 수 없지만 주변에서 찾아보기 어려운 경제 여건이 형성되었다. 아무리 벤처기업이라 하더라도 출발 비용이 만만치 않다. 하긴 1900년대 중반, 컴퓨터와 인터넷의 세계 공용 문자판을 만들기 위해 그 방면에서 빈번한 국제 모임이 있었는데, 이른바 UNICODE라고 하는 자판을 만들어 그에 부수되는 영업을 하기 위하여 한 미국인이 LA에 자본금 1천 달러짜리 주식회사를 설립하는 것을 본 적이 있다. 그 회사는 이후 별 재미를 보지 못한 것 같다.

2009년 5월 28일 개정된 상법에 의하면, 100원 이상이면 이론상 주식회사 설립이 가능하기는 하다. 즉, 상법상 주식회사의 주식은 1주 이상이어야 하고, 주식의 1주당 최저 가격은 100원이기 때문이다. 그러나 회사 설립이 어디 장난인가? 그 전 상법상의 최저가인 5천만 원도 많은 것이 아니다.

그러나 고등학생이 주식회사를 만들어 수익을 올리고, 100원으로도 주식회사를 만들 수 있다고 하니 용기를 가져보기 바란다.

孫子曰, 凡用兵之法에 馳車千駟와 革車千乘과 帶甲十萬이요 千里饋糧이면 則内外之費와 賓客之用과 膠漆之材와 車甲之奉이 日費千金이니 然後十萬之師를 擧矣니라.

전쟁은 **속전속결해야**

‖

속전속결로 싸워야 이길 수 있다. 만약 전쟁이 길어
지면 병사들의 감각이 둔해지고 병기가 녹슬 것이요,
성을 공격해도 시기가 길어지면 힘에 부치게 된다.
군대가 너무 오랜 기간 전쟁터에 나가 있게 되면 나
라의 재정이 부족하게 된다.

1967년 6월 7일에 터진 중동전쟁은 속전속결의 표본이다. 형
식은 정규전이지만 게릴라 기습전에 가깝다.

이스라엘과 아랍권의 갈등은 1948년 이스라엘이 국가 수립을
선포하면서 시작된 것이었다. 국가 수립 선포 직후 이듬해까지
이어진 전쟁이 1차 중동전쟁, 1956년 이집트 대통령 나세르가 유
럽 소유의 수에즈 운하를 점령한 뒤 벌어진 전쟁이 2차 중동전쟁
이었다. 두 차례의 전쟁에서 승리를 거둔 이스라엘에 대해 위협
을 느낀 아랍권이 이스라엘을 압박하기 시작했는데, 1967년 초
부터 이스라엘의 마을에 대한 시리아의 포격이 점차 가열되었다.
이에 대한 보복으로 이스라엘 공군이 시리아의 미그기 6대를 격
추하자 나세르는 시나이 국경 부근에 주둔해 있던 이집트 군대를
동원하기 시작했다.

이집트의 움직임을 주시하고 있던 이스라엘이 전격적인 작전을 시작한 것은 1967년 6월 5일이었다. 제3차 중동전쟁, 일명 '6일 전쟁'은 그날 새벽, 기지를 발진한 이스라엘의 미라지 전투기들이 4대씩 편대를 지어 지중해의 수면 위로 날아갔다. 두 시간 후, 압도적인 우위를 자랑하던 이집트의 미그21 전투기들은 대부분 한 번도 날아보지 못하고 땅바닥에서 분쇄되고 말았다. 거의 같은 시각, 시리아와 요르단 전투기도 25분만에 형체도 없이 사라지고 말았다.

6일 간의 전쟁을 치르는 동안 아랍권의 공군기가 이스라엘 본토로 출격하여 공격한 것은 이라크 폭격기 한 대가 나타샤 지역에 세 발의 포탄을 터뜨린 뒤 이스라엘 공군기에 격추된 것이 유일한 기록이었다. 60대 1이라는 엄청난 수적 열세를 극복한 완벽한 승리였다. 이 전투를 두고 항공기가 전쟁에 출현한 이후 가장 완벽한 기습전이라 일컬어지고 있다.

이러한 속전속결은 어떻게 가능했는가? 이것은 단순히 적이 무방비 상태로 있었거나 잠을 자고 있을 때를 기다려 기습한다고 가능한 것이 아니다. 상대 진영에는 거미줄 같은 레이더망이 깔려 있는데다가 광막한 사막에도 그것이 수십 개로 나누어져 있었기 때문에 먼저 비행기를 띄웠다고 성공할 수 있는 게 아니다.

유명한 이스라엘 정보부인 모사드가 활약하여 제공한 정보가 작전의 바탕에 깔려 있었던 것이다. 즉, 그들은 아랍 공군 기지 레이더 요원들의 근무 시간과 근무 습관, 조종사의 가족 사항까지 파악하여 작전에 활용했다. 물론 이스라엘 공군의 기상천외한 전략과 조종사의 뛰어난 기량도 빼놓을 수 없는 승리 요인이었다.

전쟁 결과 아랍 국가들은 구 예루살렘 시, 시나이 반도와 가자지구, 웨스트뱅크로 알려진 요르단 강 서안의 요르단 령, 이스라엘-시리아 국경지대의 골란고원을 잃었다. 특히 시나이 반도를 손에 넣은 이스라엘은 완충지대를 두어 아랍권의 공격을 방어할 수 있었으므로, 전략적으로도 아주 중요한 땅을 얻었던 것이다. 이스라엘은 속전속결 전략을 통하여 최소한의 전쟁 비용으로 최대한의 전리품을 얻은 셈이다. 그리고 무엇보다 중요한 것은 속전속결을 통해 이스라엘은 엄청난 수적 열세을 딛고 일어선 자신감일 것이다.

중국에는 '7대 병법서'가 있는데, 우리가 잘 아는 『손자병법』과 『오자병법』을 비롯하여 제나라 사마양이 저술한 『사마법』, 주나라 울료가 쓴 『울료자』, 주나라 강태공의 『육도』, 한나라의 황석공이 썼다는 『삼략』, 당나라 이정(李靖)이 지은 『이위공문대(李衛公問對)』가 그것이다. 이를 흔히 '무경칠서(武經七書)'라고 한다.

그중 『이위공문대』라는 책은 저자인 이정이 당 태종 이세민과 정치·군사에 관해 나눈 문답을 엮은 책이다. 그는 당나라 개국의 명신으로서 수많은 전투에서 승리를 거둔 명장이었다. 그의 전투 모습을 보자.

당(唐)나라 무덕(武德) 4년. 천하를 통일하기 위한 정벌전이 한 창인 시대였다. 양자강 중류와 강남 일대에 웅거한 소선(蕭銑)을 토벌하기 위해 나섰다. 사령관 격인 행군총관에 임명된 이정은 강을 건너기 위해 전함을 만들어 훈련을 거듭했다.

때는 장마철. 연일 쏟아진 비로 말미암아 둑이 넘칠 정도로 강 물이 불어나고, 도로도 물에 잠겼다. 이정의 군사가 건너오지 못 할 것이라고 판단한 소선은 병사들을 쉬게 하고 방어도 허술하게 했다. 이정이 군사들을 이끌고 계곡으로 내려가 진격하려고 할 때 휘하의 장수들이 입을 모아 말렸다.

"강물이 워낙 거세니 물이 빠질 때까지 병사들을 쉬게 하는 것 이 좋습니다."

그러자 이정이 말했다.

"싸움은 신속함이 첫째이다. 기회를 잃어서는 안 된다. 우리가 군사를 모아 움직이는 것을 소선은 모르고 있을 것이다. 지금 저 물줄기를 타고 내려가 적을 공격하면 불의의 기습을 당한 소선은 당황하여 아군을 막을 방법을 찾지 못할 것이다. 오래 끌기보다 빨리 공격하면 소선을 생포할 수 있을 것이다."

전함 2천여 척을 이끌고 강물을 타고 동쪽으로 내려가 곧장 형 문(荊門)과 의도(宜都) 두 성을 함락시키고, 이릉(夷陵)에 이르렀 다. 그때 소선의 장수 문사홍은 정병 수만 명을 이끌고 청강에 주 둔하고 있었다. 기주 총관 이효공(李孝恭)은 내친걸음으로 문사홍

의 군대를 공격하려고 했다. 이때 이정이,

"문사홍은 소선이 믿는 장수이고 군사도 훈련이 잘 되어 있으며, 지금 성을 잃은 군사들이 복수를 다짐하고 있으니 공격은 신중하게 생각하는 것이 좋습니다. 강 언덕에 일시 정박하고 있다가 저들의 기세가 꺾이는 것을 보아 공격해도 늦지 않을 것입니다. 만약 지금 급히 공격한다면 적은 온힘을 다해 죽기 살기로 덤빌 것입니다. 특히 초나라 군사는 겁이 없어서 우리에겐 힘든 상대입니다."

하고 말렸으나 이효공은 말을 듣지 않고 군사를 이끌고 공격했다. 이효공의 군대는 이정의 예상대로 패하여 겨우 남으로 내려갔는데, 기습을 당한 소선의 군대는 배를 버리고 도망갈 준비를 하느라 분주했다. 이정은 때를 놓치지 않고 군사를 진격시켜 크게 격파한 후 여세를 몰아 강릉으로 진입하여 천하 통일의 첫걸음을 내디뎠던 것이다. 이정은 이처럼 속전속결을 중요시하면서도 상황에 따라 완급을 달리했던 것이다.

원문 其用戰也勝하니 久則鈍兵挫銳하고 功城則力屈하고 久暴師則國用이 不足이라.

신속하게 일을 처리하라

∭

무릇 병사가 피로하고 예기가 꺾이고 전투력이 쇠해진 상태에서 식량까지 바닥이 나게 되면 이웃 제후들이 이런 피폐한 틈을 타서 공격해 올 위험이 있다. 이쯤 되면 아무리 지혜로운 자라 해도 사태 수습이 용이하지 않을 것이다.

전쟁 상태가 오래 지속되면 경제가 파탄에 이르러 결국에는 나라가 위태로워진다는 것은 고금의 철칙이다. 전쟁에서 승리하여 적으로부터 많은 전리품을 획득한다 하더라도 피폐해진 경제를 일으켜 세우기에는 역부족이다. 전리품이나 배상금은 고사하고 장기간을 휴전·정전 상태를 지속한 결과 국가 재정을 전쟁에 쏟는다면 나라가 어찌 무사할 수 있겠는가?

사마의의 진(晉)나라는 귀족 사회 내부의 갈등과 북방민족의 침략을 견디지 못하여 무너졌으며, 남송도 금나라에게 오랫동안 시달려 국력이 거의 바닥난 상태에서 몽골이라는 더 강력한 적을 만나게 되자 맥없이 주저앉고 만 것이다. 명나라의 패망도 왜적을 막으려고 조선으로 출병했다가 국가 재정이 거덜나고, 전쟁을 치르는 동안 만주족을 감시하지 못한 것이 원인이었다. 고구려의

멸망도 수나라, 당나라와의 오랜 전쟁을 치른 것이 첫째 원인이
었다.

이런 사례는 멀리서 찾을 것도 없으니 지금의 북한이 바로 대
표적인 예이다.

북한의 경제가 어느 정도 위기라는 것은 만천하가 다 아는 사
실이다. 그들은 실패작으로 공인된 사회주의 경제체제를 그대로
유지하면서 김일성, 김정일, 김정은 3대에 걸친 권력 독점 체제
가 낳은 경직된 정치체제를 고수하고 있다. 그것도 모자라 모든
인적·물적 자원을 전쟁 준비에 몰아넣고 있다가 경제가 말할 수
없이 어려워졌음은 물론이고, 국민을 수백 만명이나 굶겨 죽이는
재난을 당했다.

10년이라는 군대 복무 기간만 해도 그렇다. 군인으로 쓸 수 있
는 인적 자원이 부족하기 때문에 복무기간을 오래 잡으면 숙련된
전투원을 기르고, 국방비를 줄이는 이점이 있기는 하겠지만 병사
들이 피로에 지칠 것은 뻔한 노릇이다. 아무리 정신교육으로 무
장시킨다 하더라도 젊고 발랄한 20대 청년을 병영에 가두어둔다
는 것은 개인의 일생이나 국가적으로도 엄청난 손실이다.

20대는 사고가 유연하여 창의성을 발휘하기 가장 좋은 나이이
며, 사회의 주역으로 자라날 수 있는 인생 최고의 황금기이다. 그
런 사람을 모조리 병영에 몰아넣었으니 그 사회가 활력을 잃지
않을 수 있겠는가. 복무 기간 10년은 그들 스스로 묶은 족쇄이다.

1994년 북경에서 필자가 만난 한 중국 동포는 이런 이야기를

들려주었다. 고향이 평북인 그 사람은 60년대 말경 문화혁명이 격화되자 당시로서는 먹고 살기가 중국보다 나은 북한으로 가서 잠시 지내기로 했다고 한다. 그가 북한에서 노임을 받고 한 일은 평북 강계(지금은 자강도)의 깊은 산속으로 들어가 장교 휴게실이라는 시설의 땅굴을 파는 일이었다. 수년간 그 일을 계속했는데, 지금 생각해 보면 왜 그런 어려운 일을 해야 했는지 이해할 수 없다고 술회하는 것이었다.

천안함이 북한 어뢰에 의해 격침된 이후, 자강도의 지하 군수 공장에서 만든 중어뢰를 해안 기지로 운반한 적이 있다는 한 탈북자의 증언이 나왔다. 그리고 남침 땅굴을 비롯하여 해안포, 장사정포를 숨기는 동굴 등 북한 전 지역은 벌집 쑤시듯 파놓은 땅굴로 어지러울 지경이다.

또 다른 정보에 의하면, 김일성이 죽은 뒤 총리이던 연형묵을 자강도의 도 당책임비서로 내려보낸 것은 강등이 아니라 중요한 일을 맡기기 위해서라고 하는데, 중요한 일이란 제2의 평양을 만들기 위한 지하 요새를 파려는 것이었다 한다. 이 모든 것을 원시적인 방법, 즉 곡괭이와 삽으로 해결했으니 노동력에 이용된 백성은 심신이 지칠 대로 지치고 말았을 것이다.

북한의 입장에서 볼 때, 전쟁을 일으켜 남한을 일거에 점령할 수 없다는 판단을 빨리 내렸어야 했다. 전쟁으로 모든 걸 해결하겠다는 집착이 오늘날의 비극을 부른 원인인 것은 두말할 필요도 없을 것이다. 지금이라도 늦지 않았으니 전쟁 상태를 종식시키고 일상으로 돌아가서 국가 경제를 튼튼히 하는 것이 북한으로서는 최상의 선택일 것이다.

「식량까지 바닥이 나게 되면 이웃 제후들이 이런 피폐한 틈을 타서 공격을 해 올 위험이 있으니」라는 구절이 있는데, 지금 북한이 그렇다. 경제가 어렵고 국력이 날로 쇠해지니까 혹시 그 틈에 남한과 미군이 쳐들어오지 않을까 겁을 먹는 것이다. 한국과 미국은 먼저 전쟁을 일으킬 생각은 전혀 하지 않는데도 북한이 그런 망상에 젖어 있는 것은 결국 국력이 쇠해 가기 때문이다.

원문 夫鈍兵挫銳하고 屈力殫貨면 則諸侯가 乘其弊而起하리니 雖有智者라도 不能善其後矣라.

교묘한 방법을 사용하라

전쟁은 다소 서툴더라도 빨리 해치워야지 교묘한 전략을 세운답시고 승리하는 경우를 본 적이 없다. 무릇 전쟁을 오래 끌어서 나라가 이롭게 된 예는 본 적이 없다. 그러므로 전쟁을 오래 끄는 것의 폐해를 속속들이 알지 못하면 전쟁을 속전속결로 치르는 것의 이로움도 충분히 알 수 없을 것이다.

대우 그룹의 창업자 김우중은 6.25전쟁 기간을 대구에서 보냈다. 어려운 피난시절, 고학생으로 공부하며 가족의 먹을거리도 책임져야 했는데, 그가 한 일은 신문팔이였다. 당시는 하나의 신문사에서 조간과 석간을 겸해서 발행했는데, 아마 석간신문을 받아 판매에 나섰던 모양이다.

신문 뭉치를 옆구리에 낀 채 "대구매일신문이요!" 혹은 "영남일보요!" 하며 길거리로, 상점으로 뛰어다니면서 한 부씩 팔았는데, 방천시장 같은 변두리 시장을 누비고 다녔던 모양이다. 거기도 경쟁은 있게 마련. 다른 신문을 들고 다니는 신문팔이보다 한 부라도 더 팔기 위해 고안해 낸 것이 그다운 상재(商才)였다.

시장 안 점포 사이를 뛰어다니며 신문을 볼 것인가 말 것인가 묻지도 않고 무조건 한 부씩 던져주기로 한 것이다. 그러고는 오던 길을 되돌아가면서 수금을 했는데, 대부분이 사 주었고, 사지 않겠다고 할 경우 돌려받은 신문은 그것대로 팔면 되었다. 그렇게 하여 그는 남보다 더 빨리, 더 많이 팔 수 있었다고 한다.

그렇게 던져놓은 신문 가운데는 사라져버린 것도 있었을 것이다. 판매로서는 거칠다고 할 수 있다. 그렇다고 그가 남과 같이 일일이 살 것인가, 말 것인가를 확인한 뒤 한 부씩 건네주고, 돈을 받는 방식을 고집했다면 판매 부수가 형편없었을 것이다.

바둑에는 '선수(先手)'라든가 '선착(先着)의 효(效)'라는 것이 있다. 빈 바둑판 위에 상대보다 먼저 바둑알을 놓는다는 것은 먼저 그 땅을 점령하는 것이 되고, 공수 관계로 볼 때 공격에 해당한다. 호선 바둑에서 흑을 쥐고 먼저 두는 편이 계가할 때 '6호반'을 공제하는 것은 선수로서 공격의 이점을 누리고, 선착의 효를 거두었다고 보기 때문이다. 한 발 앞서 나간다는 것이 이처럼 중요한 것이다.

신제품 개발도 다르지 않다. 새로운 상품을 내놓기 위하여 경쟁사와 시간을 다툰다면 일단 먼저 상품을 생산하여 선점하는 것도 좋은 방법이다. 아주 완벽한 상품을 내놓기 위해 시간을 질질 끌다가 상대 회사에게 기선을 빼앗기면 곤란하게 된다. 또 제품 기밀이 새어나가 상대에게 제압당할 염려도 없지 않다. 선발주자가 되는 것이 중요하다.

특정 품목의 선발주자로서 확고한 브랜드 이미지를 구축한 상품은 후발주자가 아무리 노력해 봐야 좀처럼 깰 수 없는 것이 철칙처럼 되어 있다. 오래 전 삼성의 미풍이 미원을 이기지 못했고, 럭키치약도 한때는 부동의 1위였다. 미원이 조미료의 대명사가 되었는가 하면 GMC가 트럭으로, 캐터필러가 전차로, IBM이 컴퓨터로, XEROX가 복사기 또는 복사의 대명사처럼 쓰이기 때문에 후발주자가 웬만큼 뛰어난 제품을 내지 않고는 따라잡기가 어려운 것이다.

원문
兵聞拙速하고 未睹巧之久也라 夫兵久而國利者가 未之有也니라. 故로 不盡知用兵之害者면 則不能盡知用兵之利也니라.

113

남의 것을 내 것으로 만들어라

‖

전쟁을 잘 수행하는 자는 장정을 두 번 다시 징집하
지 않으며, 군량도 세 번 이상 징발하지 아니한다. 무
기와 장비는 본국의 것을 써야 하지만 군량은 적에
게서 빼앗는 까닭에 군량을 충분히 댈 수 있어야 하
기 때문이다.

장정을 두 번 징집하는 것은 그만큼 충원해야 할 군사의 수가
많다는 것이니, 이는 사상자를 많이 냈다는 뜻이라고 할 수 있다.
아니면 전쟁 기간이 길어져서 어쩔 수 없이 사병을 교체하지 않
을 수 없는 경우이다. 처음 징집할 때는 가장 튼튼한 장정을 뽑게
마련. 두 번째는 아무래도 처음에 비해 허약할 것이다.

군량을 세 번 이상 징발해서는 안 된다는 것은 그렇게 식량을
빼내면 백성들이 먹을 것이 부족하게 되는 것도 문제지만 가장
큰 문제는 군량 수송의 어려움에 있다. 아무리 정신력이 뛰어나
고 훈련이 잘된 군대라도 먹여야 싸울 게 아닌가. 옛날 군대는 군
량과 장비, 말먹이 등을 실어 나르는 부대인 치중 부대를 두었다.
지금으로 치면 군수부대에 해당하는 부대가 있기는 하지만 그들
수송부대 또한 먹고 입어야 하니 군수 보급이란 보통 어려운 것

이 아니었다.

한때 세계를 호령하던 로마의 보병 병사는 창과 칼, 활 등 개인의 기본 무기 외에 톱, 손도끼, 보통도끼, 갈고리 모양의 낫, 가죽끈, 바구니, 그리고 3일분의 식량을 휴대하고 다녔다. 얼마나 많은 물건들을 힘에 겨울 정도로 가지고 다녔던지 그들은 짐을 싣는 짐승으로 비유되기도 했다. 동양도 그와 별 차이가 없었을 것이다.

그래서 무기와 장비는 손에 익은 제 나라의 것을 가져다 쓰지만 먹는 것은 현지, 곧 적으로부터 빼앗아 해결하라는 것이다. 제1차세계대전 때, 사면으로 포위된 독일군은 참호에서 전투를 치르면서 토끼, 양, 물고기 등을 길러서 허기를 면하였다. 현지에서 식량을 원활하게 조달할 수 없었기 때문이다.

마오쩌둥은 한 술 더 뜬다. 중일전쟁 당시 그는 "중공군의 병기창은 오사카[大坂]와 야하다[八幡]에 있다."라고 하는가 하면 6.25 전쟁 때 중공군을 파병하고서는 "우리의 병기창은 뉴욕과 디트로이트"라고 큰소리쳤던 것이다. 그런가 하면 1936년 발표한 그의 '중국 혁명 전쟁의 전략'이라는 논문에서는 이렇게 주장했다.

"우리의 기본 방침은 제국주의와 국내의 적(장제스의 국민당 군대)의 군수공장에 의존하는 것이다. 우리는 런던과 한양(漢陽)의 군수공장에 대한 권리를 갖고 있는데, 고맙게도 적의 수송대가 이것을 운반해 준다."

실제 중공군은 자체 군수산업이 열악했으므로, 대부분의 무기와 장비를 국민당 군에 의존했다. 국민당 군은 매우 부패하여 미국, 영국에서 도입한 전쟁 물자를 중공군에게 팔아넘겼으므로 그것을 사서 썼다. 또 상당수는 전략적 선택에 의하여 노획해서 사용했던 것이다.

원문 善用兵者는 役不再籍하고 糧不三載하며 取用於國하고 因糧於敵이라. 故로 軍食을 可足也니라.

전쟁은 결국 **재력의 싸움**이다

> 국가가 전쟁으로 말미암아 빈곤해지는 것은 군수물
> 자를 멀리 수송하기 때문이니, 이로 인해 백성이 빈
> 곤해진다. 그러나 군대가 너무 가까이 주둔하고 있으
> 면 물가가 올라가게 된다. 물가가 오르면 백성들의
> 재물이 고갈되고, 재물이 고갈되면 물자 조달이 어려
> 워진다.

근래 미국의 국력이 쇠퇴해졌다는 진단이 거리낌 없이 나오고
있다. 주요 원인은 오래된 미국의 쌍둥이 적자, 즉 경상수지 적자
와 무역 적자에 있고, 2008년에 터진 뉴욕 발 금융위기에 있다.
또 간과할 수 없는 것은 이라크 전쟁과 아프간 전쟁을 치르면서
들어간 막대한 전쟁 비용이라는 것이다.

두 전쟁을 치르는 비용이 가뜩이나 어려운 미국 경제를 짓누르
고 있다. 그래서 어떤 학자는 미국 중심의 세계가 끝났다고 하는
가 하면 아직은 유효하다는 식으로 얼마간 시간적 여유를 가지는
이도 있다. 전쟁 비용이 문제는 문제인 셈이다.

물론 현대의 전쟁 비용이라는 것이 단순히 소모적인 것만은 아
니다. 포탄을 쏘면 쏘는 만큼, 비행기를 띄우면 띄우는 만큼 고스

란히 그 비용이 들어가는 것은 아니다. 그런 무기와 장비를 만들고 보충하기 위해서는 어차피 공장이 가동되어야 하므로 경제에 도움이 전혀 안 되는 것은 아니다.

그렇다고 하더라도 현대전은 과거처럼 약탈전이 아니고, 영토 확보를 위한 전쟁은 더더욱 아니다. 전쟁에 이긴다 한들 배상금을 받을 수 있는 것도 아니다. 이라크의 경우는 후세인 정권을 축출하기 위한 전쟁이었으므로 현 정권에 대해 무엇을 요구할 형편도 아니었다. 이라크의 유전 같은 것에 대한 기득권을 얻을 수 있을지 몰라도 더 이상의 이득은 없다.

아프간의 경우는 더욱 열악하다. 거친 사막과 험악한 돌산이 국토의 대부분을 차지한 나라이니 무엇을 넘볼 수 있겠는가. 거의 빈손으로 나와야 한다. 국가적 전략 차원에서는 의미가 있겠지만 미국 경제에 주름이 가게 하는 것은 틀림없는 사실인 것 같다.

원문

國之貧於師者는 遠輸니 遠輸則百姓貧하고 近師者는 貴賣니 貴賣則百姓財竭하고 財竭則急於丘役하리라.

재물이 **고갈되기 전에** 싸움을 끝내라

‖

지장(智將)은 힘써 적에게서 식량을 얻으니 군량 1종
(鍾, 부피의 단위)은 나의 20종에 해당하며, 말먹이 1
섬은 나의 20섬에 해당한다.

현대그룹 정주영 회장이 박 대통령의 중공업 입국 시책에 내몰
리어 당시 허약하기 짝이 없는 우리 정부의 지급보증서 한 장과
허허벌판 모래사장을 찍은 사진 한 장만 달랑 들고 해외로 나간
것은 한 편의 모험담이다. 영국으로 가서 버클레이 은행의 부총
재와 면담하던 중 한국의 조선 경험을 묻자 500원짜리 지폐에 그
려진 거북선을 내보이고, 선주를 물색하기 위해 백방으로 뛰다
가 선박왕 오나시스의 처남인 리바노스와 선박 주문 계약을 맺
고 그 계약서를 담보로 은행으로부터 조선소를 지을 돈을 빌렸
다. 그리고 그 조선소는 오늘날 세계 최고의 조선소가 된 것이
다. 이 일은 한국 산업사에 두고두고 자랑스러운 일화로 남게 될
것이다.

정주영 회장의 조선업은 남의 나라에 가서 돈을 빌리고, 기술

과 자재를 제공하는 사람이 주문자인 선주까지 물색해 주었으니
정말 그의 말대로 허허벌판 모래사장을 찍은 사진 한 장만 들고
시작하게 된 것이었다. 전쟁으로 치면 적에게서 무기와 장비, 식
량과 말먹이까지 빼앗아 전쟁을 치러 이긴 것과 같다.

원문 智將은 務食於敵이니 食敵一鍾이면 當吾二十鍾이
요 기(忌)秆一石이 當吾二十石이라.

정신을 **다스릴 수 있어야** 한다

> 적을 죽이려면 병사들의 적개심을 키워야 하고, 적의
> 무기나 장비를 노획한 자에게는 상으로 격려해야 한
> 다. 전차전에서 적의 전차를 10대 이상 노획한 자가
> 있으면 먼저 노획한 자에게 상을 주어야 한다.

인간은 감성적이고 이기적인 동물이다. 상대를 왜 이겨야 하는지 그 당위성을 혀가 닳도록 설명하기보다는 이기지 못하면 우리 자신이 얼마나 비참하게 되는지, 어떤 불이익이 돌아오는지 알려주는 것이 낫다. 가령 우리 회사가 경쟁 회사의 제품을 능가하는 것이 국가 경제에 얼마나 도움이 되고, 얼마나 친환경적인지 따지는 것은 그다지 먹히지 않는다. 그보다는 상대 회사에게 밀리게 되면 우리의 시장이 얼마나 잠식되고, 그렇게 되면 우리는 얼마나 불행한 처지에 빠지게 되는가를 설명하는 편이 낫다는 것이다.

전쟁도 마찬가지이다. 북한과 싸우는 것은 민족 정통성의 차원, 민주주의 수호의 문제, 우리가 누리는 자유에 대한 문제라고 할 수 있다. 정신 무장이 필요하다. 그러나 무엇보다 중요한 것은

북한의 기본 인권이 얼마나 열악한지 알려주며, 그것이 우리에게도 올 수 있다는 것을 알리는 것이 낫다.

북한에는 언론의 자유, 집회 결사의 자유, 거주 이전과 통행의 자유 등 인간의 기본권이 말살된 사회이며, 더욱 중요한 것은 빈곤으로부터 해방될 수 있는 자유가 보장되지 않은 사회라는 것을 알릴 필요가 있다. 그것이 공산주의의 허구나 북한 김씨 왕조의 기만책을 이야기하기보다 훨씬 더 효과적일 것이다.

리더는 이러한 현실을 꿰뚫어보고 병사를 설득해야 한다.

1766년 프랑스 공화국 정부로부터 이탈리아 원정군의 사령관으로 임명된 나폴레옹은 당시 27세밖에 되지 않는 젊은 장군이었다. 그의 부하 중에는 늙은 장군도 여럿 있었고, 군자금도 넉넉하지 못했다. 그를 출정시키면서 육군 장관 카루노는 이렇게 말했다.

"나는 당신이 부하 노장들을 통솔하기에는 너무 젊은 것이 염려되오. 그리고 지금 우리 프랑스는 혁명을 치른 지 얼마 되지 않아 재정 상태가 좋지 못하므로 군자금을 줄 수 없는 것을 유감으로 생각하오."

나폴레옹은 걱정하지 말라는 말을 남기고 장도에 올랐다.

대군을 거느리고 이탈리아 국경을 넘어 전장에 도착해 보니 군대 형편이 말이 아니었다. 중도에 도망치거나 뒤쳐진 결과 남은 것은 병사 3만 6천 명, 기마 4천 필, 은화 30만 프랑, 그리고 반 달분의 군량이 전부였다. 병사와 말은 모두 지치고 굶주려 있었고, 사기도 말이 아니었다. 이에 나폴레옹의 유명한 훈시가 나온다.

"친애하는 프랑스 장병들이여! 지금 귀관들은 먹고 싶어도 먹을 빵이 없고, 입고 싶어도 입을 옷이 없다. 그런 가운데서도 귀관들은 무기를 베개로 삼아 조국을 위해 싸웠다. 그 용기는 칭찬받기에 충분하다. 그러나 우리 공화국 정부는 재정 형편이 열악하기 때문에 그에 걸맞은 보답을 해주지 못하고 있다.

그러나 장병들이여! 이제 안심해도 좋다. 나는 귀관들을 지휘하여 이 지구상에서 가장 풍요로운 롬바르디아로 쳐들어가려고 한다. 수많은 금은과 재물은 모두 귀관들이 빼앗아서 가지고 싶은 대로 가져라. 이제 조금만 참고 견뎌라. 그리고 나와 함께 전진하자. 진격하는 곳에는 명예와 영광과 부(富)가 기다리고 있다. 귀관들! 전진할 용기가 없는가?"

적진에서의 약탈을 공공연하게 지시하는 연설이다. 그러나 어려운 처지에 놓인 나폴레옹으로서는 그렇게 유혹하는 방법밖에 없었다. 이 연설이 적중하여 군대는 일시에 사기가 올랐고, 유럽인은 그의 말발굽 아래에서 무릎을 꿇어야 했다.

건강한 군대라면 적지에서의 약탈과 강간을 극력 피해야 한다. 자칫 상대국 국민들의 반발을 불러일으켜 전투원이 아닌 백성 전체와 싸워야 하는 신세가 되고 만다. 군기를 엄정하게 하여 절대 민간인의 재물과 부녀자는 건드리지 않는 것이 옳다. 그러나 군대의 사기를 돋우고, 전투의 동기를 부여하기 위해서는 아주 조심스럽게 사용할 필요가 있다.

殺敵者는 怒也요 取敵之利者는 貨也라 車戰에 得車
十乘以上이면 賞其先得者한다.

상대방을 **내편으로 만들어라**

노획한 전차는 아군의 깃발로 바꾸어 달고, 그 전차
를 아군의 전차 대열에 편입시키며, 적의 병사를 우
대하여 아군으로 만들어 병사로 양성해야 한다. 이것
이 이른바 이기면 이길수록 더욱 강해지는 것이다.

중국의 국공내전 당시 마오쩌둥이 즐겨 쓰던 전법이다. 국민당
정부군을 공략한 다음 그 부대원들에게 고향으로 돌아가고 싶은
사람은 가게 하고, 그렇지 않고 남아서 홍군에 들겠다고 하면 받
아들였던 것이다. 이런 것은 동족이나 언어가 통하는 군대에서나
있을 수 있는 일이다.

당시 국공내전을 오래 치렀지만 치열한 전투는 그렇게 많지 않
았다. 중국은 예로부터 죽기 살기로 전투를 벌이는 법이 없었다
고 한다. 적군과 맞붙어 싸우다가 질 것 같으면 무기를 버리고 달
아나고, 그러면 그 적을 악착같이 뒤쫓지 않고 놓아준다. 또 성을
포위해도 목숨을 걸고 농성하는 법이 없었다. 외부의 도움이 없
고, 포위망을 뚫기에 벅차다 싶으면 슬며시 항복한다는 것이다.

그래서 그런지 중국에는 외적이 쳐들어왔다고 하면 황제가 직

접 전쟁터에 나섰다. 친정(親征)을 하는 셈이다. 그에 비해 고려 시대부터 우리나라 역대 왕들은 어떤 전쟁, 어떤 외적이 쳐들어 와도 장수만 내보낸 채 꼼짝하지 않았다. 서로 역사적 특수성이 있기 때문일 것이다.

원문 而更其旌旗하여 車雜而乘之하고 卒善而養之니 是 謂勝敵而益强이라.

성공을 만들어낼 줄 알아야 한다

|||

그러므로 전쟁을 잘 아는 장수는 백성의 생명을 맡
은 것이요, 국가의 안위를 좌우하는 주인공이다.

수많은 전투 가운데 오직 승패를 결정짓는 하나의 전투가 중요
하듯이 수많은 장군 가운데 오직 최후의 승리를 획득할 수 있는
한 사람의 뛰어난 장군이 필요하다. 마케도니아 병사들은 알렉산
더 대왕이 통솔하자 비로소 열 배가 넘는 적군을 격파할 수 있었
다. 로마의 군대는 카이사르라는 탁월한 지휘관을 만나면서 막강
한 군대로 거듭날 수 있었다. 카르타고 군대의 용맹심은 한니발
이라는 영웅을 빼놓고는 설명할 수가 없다. 끊임없는 혁명과 정
변으로 시달리던 프랑스 군대는 출정했다 하면 깨지기 일쑤였으
나 코르시카의 청년 장군 나폴레옹의 휘하에 들어가고부터는 전
혀 다른 군대가 되었다.

임진왜란 당시의 우리 수군을 보라. 이순신 장군이 통솔하여
싸운 수군과 원균이 통솔하여 싸운 수군이 어떻게 다른가를 이
내 알 수 있을 것이다. 그러므로 장수는 한 나라 백성의 생명을

맡은 사람이며, 국가의 안위를 책임진 사람이다. 군인에게 다른 모든 것을 잊게 하고, 오직 군인 본연의 임무에 충실하라는 의미가 바로 거기에 있다. 군인에게 명예와 국토방위라는 신성한 임무를 부여한 다음 유사시에는 잔칫날의 돼지처럼 희생을 요구하기 때문이다.

기업도 다르지 않다.

원문 故로 知兵之將은 民之司命이요 國家安危之主也니라.

제 **3** 장

—

싸우지 않고 이겨라

손자병법의 모공(謀攻, 제3편)에 해당한다.

전쟁을 치를 때에도 싸우지 않고 이기는 것이 최선이다.

그러기 위해서는 적을 이기기 위한 계책이 미리 마련되어 있어야 하는데,

이는 전쟁 이전에 정치와 외교적으로 적을 굴복시키는 것(不戰而屈人之兵)이 최선임을

주장한다. 막상 싸우더라도 부분적인 승리보다는 전승(全勝)을 최선으로 여긴다.

상대를 망하게 하기보다는
지배하라

‖

손자가 말하였다. 무릇 전쟁을 하는 최선의 방책은, 적국을 온전히 보존한 채 굴복시키는 것이 최상이요, 적국을 파괴하여 굴복시키는 것은 차선이다. 또 적의 군(軍; 2천5백 명)을 온전히 보존한 채 굴복시키는 것이 최상이요, 그들을 격파하여 굴복시키는 것은 차선이다. 적의 여(旅; 5백 명)를 온전히 둔 채 굴복시키는 것이 최상이요, 그들을 파괴하여 굴복시키는 것은 차선이다. 적의 졸(卒; 1백 명)을 온전히 둔 채 굴복시키는 것이 최상이요, 그들을 파괴하여 굴복시키는 것은 차선이다. 또 적의 오(伍; 5명)를 온전히 둔 채 굴복시키는 것이 최상이요, 그들을 파괴하여 굴복시키는 것은 차선이다.

병법서의 하나인 『삼십육계』의 '이대도강(李代桃僵)'이라는 계책이 있다. 칼로 적의 뼈를 자르기 위해서는 나의 살점에 적의 칼을 받아들이지 않을 수 없다는 것이 계책의 핵심 전략이다. 뭔가 대가를 치르지 않고는 승리를 획득하기 어렵다는 뜻이다.

전쟁에는 그만한 희생이 따른다. 전군이 전투를 벌이면 그 규모만큼, 일개 사단이 전투를 벌이면 그 규모만큼 피해를 입게 마련이다. 아무리 일방적·압도적으로 거둔 승리라 하더라도 피해가 없을 수 없다. 전쟁 뒤에는 승자로서 패자를 껴안아야 하는 부담도 없지 않다. 따라서 전쟁을 치르지 않고 상대를 굴복시킬 수 있으면 그게 최선이라는 것이다. 상대보다 월등히 강한 군사력을 보유하여 감히 전쟁을 도발할 수 없는 상황, 어쩔 수 없이 평화를 선택하는 상태, 그리하여 아예 전의를 상실하게 하는 것, 곧 전쟁억지력의 유지가 최선이라는 것이다.

이는 지금 대한민국이 북한에 대하여 추구하는 정책이기도 하다. 어떻게 해서라도 전쟁의 길로 들어서지 않도록 관리하면서 통일의 기회를 엿보는 것이 우리의 한결같은 소원이다. 이런 방법이 아닌 북한을 파괴하여 굴복시키려 한다면 크든 작든 전쟁을 치르지 않을 수 없다. 또 동족끼리 피를 흘려야 하고, 국토와 삶의 터전을 파괴해야 한다. 이것이 차선책이기는 하지만 절대 선택해서는 안 될 차선책이다.

사실 우리로서는 최선의 방책만 생각해야 한다. 역사가 인간의 희망과 이상대로 흘러가는 것은 아니지만 물길이 그렇게 흐르게 하는 노력만은 포기하지 말아야 한다.

전쟁 억지력보다 더 좋은 것이 없다. 억지력이란 북한이 감히 전쟁을 감행하면 우리를 당할 수 없으며 바로 패망에 이른다는 두려움을 느끼는 상태인데, 이것은 장기간에 걸친 군비 경쟁을 통하여 얻어진 결론에 의한 것이다. 그들은 아직도 군비 경쟁에 열을 올려 핵과 미사일과 화생방무기로 무장하고 있지만, 가장 좋은 것은 그들이 그런 군비 경쟁의 유혹에서 벗어나 아예 그것을 버리고 공동 번영의 길로 들어서는 것이다. 이른바 창칼을 녹여 보습을 만든다는 것과 같다.

힘들이지 않고 상대를 공략하거나 손쉽게 목적한 바를 이루는 것을 두고 흔히 '총 한 방 쏘지 않고' 또는 '피 한 방울 흘리지 않고' '무혈입성' 따위의 말을 쓴다.

원문

孫子曰 凡用兵之法에 全國爲上이요 破國次之하고, 全軍爲上이요 破軍次之하고, 全旅爲上이요 破旅次之하고, 全卒爲上이요 破卒次之하고, 全伍爲上이요 破伍次之니라.

싸우지 않고 이기는 것이 진정한 승리다

‖

백 번 싸워 백 번 이기는 것이 최선의 방법은 아니다. 아예 싸움을 하지 않고 적군을 굴복시키는 것이 최선의 방법이다.

VTR이 처음 세상에 선을 보이면서 구동 방식에 따라 VHS방식과 BETA방식으로 갈라졌다. 전자회사에서 각기 다른 방식으로 계발했기 때문에 둘 사이에 절충이란 있을 수 없었으므로, 어느 하나는 국제 표준에서 사라져야 했다.

이때 SONY는 BETA방식을 채택하고 있었는데, 독자적인 제품 생산과 독점적 판매를 위해 아성을 쌓아나갔다. SONY는 기술도 공개하지 않고 제휴하는 회사도 두지 않았다. BETA방식이 표준으로 채택된다면 SONY와 함께 하지 않은 회사는 VTR 분야에서는 죽음, 즉 패망에 이를 수밖에 없었다.

반면 VHS방식을 개발한 JVC 쪽에서는 과감히 기술을 이전하여 세계 각처에서 생산·판매되도록 부추겼다. 다른 전자회사도 살 수 있도록 하면서 주도권을 장악하자는 작전이었다. 결과는

VHS방식을 개발한 JVC의 승리였다. 범용성을 가진 만큼 기기 생산이 촉진되고 비디오테이프의 제작도 늘어났으므로 세계표준이라는 세(勢)의 싸움에서 이길 수 있었던 것이다.

BETA 방식을 고집한 SONY는 적에 해당하는 경쟁사를 완전히 파괴하는 작전을 쓴 반면 VHS방식을 개발한 JVC는 경쟁사와 더불어 살아가면서 주도권을 쥐려는 것으로 요약할 수 있다. JVC는 적을 살려두고, 즉 싸우지 않고 시장의 주도권을 장악하려 했던 것이 정확하게 먹혀 들어갔다.

원문 是故百戰百勝, 非善之善者也, 不戰而屈人之兵, 善之善者也.

상대의 **계략을 파악한 뒤**
공격하라

그러므로 최상의 방책은 적의 전쟁 의도를 분쇄하는
것이고, 차선책은 적의 동맹국과의 유대를 끊어 고립
시키는 것이며, 그 차선책은 군대를 동원하여 공격을
시작하는 것이며, 최하의 방책은 적의 성을 공격하는
것이다. 공성전(功城戰)은 어쩔 수 없을 때에 쓰는 것
으로, 방패와 공성용 수레와 와거(臥車)를 수리하여
장비를 갖추는 데 석 달이나 걸린다. 또한 성을 넘보
기 위한 흙을 쌓아올리는 데도 석 달이 걸린다. 그동
안 장수가 개인적 분노를 이기지 못하여 준비도 없
이 사졸들을 개미떼처럼 몰고 성으로 기어올라 공격
하게 한다면 사졸을 3분의 1이나 죽이고도 성을 함
락시키지 못할 것이니 이것이 공성책의 재앙이다.

서로 경쟁하는 기업끼리 하는 가장 극단적인 공격은 기업의 적
대적 M&A(merger and acquisition: 기업인수·합병)가 아닌가 한다. 기
술력, 상품의 질, 브랜드 가치, 보유 자산의 형태 등 자질구레한
문제를 일거에 해소할 수 있는 방법이다.

인수 합병에는 합병 당사자인 모든 회사가 해산하고, 동시에
새로운 회사를 설립하여 해산회사의 사원과 재산을 새로운 회사

에 포괄적으로 승계시키는 신설 합병이 있다. 또, 인수하는 회사가 존속하면서 피인수 회사를 해산하여 그 재산과 사원을 존속하는 회사에 포괄적으로 승계하는 흡수합병이 있는데, M&A의 정석으로 불린다. 어떤 경우에는 실질적인 인수 기업이 소멸되면서 피인수 기업이 존속하기도 하는데, 이를 '역합병(reverse merger)'이라고 한다.

하여간 이 모든 것이 상대 기업으로 하여금 아예 경쟁하고자 하는 의지 자체를 말살해 버리는 것은 물론, 상대의 존재조차 없애는 것이다. 이것이 벌모(伐謀)에 해당한다.

이 경우 M&A의 대상이 된 피인수 기업은 흡수 합병되는 비운을 맛보지 않고, 경영권을 방어하기 위해 백방으로 노력한다. 또한 가능한 한 소유 지분을 늘리고 우호적인 주주를 찾아 나서게 마련이다. 이것은 벌교(伐交)에 해당하는 셈인데, 한 나라로부터 공격을 받으면 주변의 우호적인 국가가 지원군을 보내거나 우호적인 국제 여론을 조성하여 적을 막는 방법이다. 춘추 전국시대에 빈번하게 쓰이던 방식이다. 지금도 국가 간에 서로 분쟁이 일어나거나 한 국가가 다른 국가로부터 침공을 당하게 되면 이를 유엔 안보리로 가지고 가면서 치열한 외교전을 전개하는 것과 같다.

인수 합병이라는 공격을 당하는 기업으로서는 죽을힘을 다해 우호 세력을 찾아 나서지만 끝내 적당한 방어 수단이 없을 경우에는 적대 세력을 피해 현 경영진에 우호적인 제3의 매수 희망자를 찾아 나서게 된다. 경영권을 지켜줄 우호적인 주주를 흔히 백기사(白騎士; white knight)라고 부르는데, 그에게는 매수 결정에 필요한 각종 정보와 편의를 제공해 주면서 가능한 한 경영권을 빼앗기지 않으려 안간힘을 쓴다. 이렇게 하여 경영권을 지키게 되면 전투는 치르지 않았으나 자신의 중요한 경영 정보를 빼앗기게 되었으니 벌병(伐兵)에 해당한다고 보아야 할 것이다.

적대 세력의 공격을 끝내 차단하지 못하고 인수 합병되는 수가 있다. 이때 적대적 M&A를 시도하는 사람이나 기업이 단독으로 필요한 주식을 취득하는 것은 현실적으로 무리가 있을 때가 있다. 이때 자기에게 우호적인 제3자를 찾아 도움을 구하게 되는데, 경영권 탈취를 돕는 제3자를 흔히 '흑기사(黑騎士; black knight)'라고 부른다. 즉, 흑기사는 경영권 탈취를 돕는 제3자를 말한다.

이처럼 백기사와 흑기사가 등장하는 경우는 인수에 성공했다 하더라도 별 실익이 없다. 백기사, 흑기사 모두 제3의 경쟁 기업이므로 경영 정보가 이미 많이 넘어간 상태이다. 이런 경우 대내외적으로 많은 공격과 상처를 입게 되므로 이겼다 하더라도 상처뿐인 영광이다. 이것은 최하책에 해당하는 공성(攻城)으로 보아야 한다. 즉, 피아간에 많은 사상자를 내면서 성을 공격하여 빼앗는 것과 다를 바가 없는 것이다.

故로 上兵은 伐謀하고 其次는 伐交하고 其次는 伐
兵하고 其下는 攻城이니라. 攻城之法이 爲不得已니
修櫓轒轀하고 具器械를 三月而後成하고 距堙을 又
三月而後已니 將不勝其忿하여 而蟻附之면 殺士卒
三分之一하되 而城不拔者는 此攻之災也라.

상황에 맞게 전략을 구사하라

> 전쟁을 지휘하는 원칙은 다음과 같다. 나의 군대가
> 적보다 열 배가 많으면 적을 포위하고, 다섯 배가 많
> 으면 적을 정면으로 공격하고, 곱절이 많으면 적을
> 분산시켜 공격하고, 적과 대등하면 전력을 다해 싸우
> 고, 적보다 군사가 적을 경우에는 달아나야 하고(싸
> 우지 말고 방어해야 하고), 그 정도도 되지 않을 경
> 우에는 싸움을 피해야 한다. 그러므로 열세한 군사로
> 써 굳이 싸우려고 하면 우세한 적군에게 사로잡히고
> 말 것이다.

역사적으로 유명한 전쟁은 수적 열세를 극복한 사례들이다.

기원전 216년, 4만 2천 명의 한니발 군이 7만 2천 명의 로마군
을 양편에서 교묘하게 포위하여 6만 명을 죽음으로 몰아넣은 칸
네 전투, 제1차 세계대전 초기인 1914년 독일군 12만 명이 러시
아군 15만 명을 포위하여 전상자 3만 5천 명, 포로 9만 명을 획득
한 타넨베르크 전투, 정유재란 당시 원균의 거듭된 패전으로 겨
우 남은 전선 13척을 거느리고 왜선 133척을 격침시킨 이순신 장
군의 명량 대첩이 그것이다. 이처럼 수적 비대칭을 극복한 확실
한 승리만이 전사에 남는 것이다.

적보다 10배가량 많은 병력으로 적을 포위하여 섬멸한다는 것은 전혀 자랑스럽지 못한 전쟁으로, 당연히 이길 수 있는 전쟁을 이긴 것이다. 다섯 배의 병력을 이끌고 적을 공격하는 것도 이긴 전쟁이 아니다. 5대 1로 이길 수 없는 전쟁이라면 아예 전쟁을 시작하지 말아야 한다. 따라서 이처럼 수적 비대칭에 의한 전쟁이란 거의 존재하지 않는다고 보아야 한다.

병력의 숫자나 무기로 보아 아군보다 우수한 적을 이길 수 있는 전략을 개발해야 하고, 전술에 능해야 한다. 유능한 군대의 지휘관은 힘의 열세를 극복할 수 있는 사람이다.

마이크로 소프트의 성공이나 애플의 빛나는 활약은 IBM이라는 골리앗과 싸워 이긴 결과이다. 이들 두 회사는 종업원의 숫자는 물론 자본금, 브랜드 가치 등 모두가 상대의 수십 대 1, 혹은 백 대 1밖에 되지 않았다. 이처럼 엄청난 비대칭임에 불구하고 두 회사가 IT세계를 제패할 수 있었던 것은 상황에 맞게 전략을 구사한 덕분이다.

애플의 출현은 개인도 컴퓨터를 소유할 수 있도록 한 파격적인 시도였다. 8Bit의 애플 컴퓨터가 없었다면 컴퓨터는 영원히 학교나 관공서와 같은 거대한 기관에서 큰 방을 차지하며 돌아가는, 신기하고 기이한 기계에 지나지 않았을 것이다. 일반인으로서는 도저히 접근할 수 없는 IT의 세계에 애플이 출현함으로써 IBM 독점의 컴퓨터 체제가 무너진 것이다. 이것은 전쟁사로 말하면

칸네 전투나 명량 대첩에 비할 만한 사건이다.

마이크로 소프트도 초기에는 하나의 DOS 개발업체에 지나지 않았다. 당시 MS-DOS, IBM-DOS(MS가 IBM사에 납품한 OEM용 DOS), PC-DOS, DR-DOS, K-DOS 등 여러 개의 개발업체가 경쟁하고 있었다. 그런 회사에게 IBM이 컴퓨터의 운영 체제를 맡긴 것인데, 그게 IBM으로서는 치명적인 실수가 될 줄 몰랐다.

당초 마이크로 소프트는 IBM에 비해 형편없이 작은 회사였으나 상황에 맞게 기민하게 대처함으로써 세계 굴지의 기업으로, 나아가 컴퓨터 업종의 대표 주자로 클 수 있었던 것이다.

원문

故로 用兵之法이 十則圍之하고 五則攻之하고 倍則分之하고 敵則能戰之하고 少則能逃(守)之하고 不若則能避之니라. 故로 小敵之堅은 大敵之擒也.

능력을 **조직 속에서 배양**하라

> 무릇 장수란 국가를 움직이는 큰 수레바퀴와 같은
> 존재이니, 수레바퀴가 원활하게 움직이면 국력이 반
> 드시 강해지지만 수레바퀴가 삐거덕거린다면 국력이
> 약해지게 마련이다.

전국시대 위(魏)나라 문후 때의 일이다. 정승으로 전문(田文)이
라는 사람이 뽑히자 여러 전쟁에서 많은 공을 세운, 오자병법으
로 유명한 오기(吳起) 장군이 속이 상하여 정승 전문에게 물었다.

"당신과 내가 누가 이 나라를 위해 더 공을 세웠는지 따져봐도
좋겠소?"

"좋소. 그렇게 해봅시다."

"대군을 거느리고 죽음도 두려워하지 않고 적진으로 진격하게
하는 것을 누가 더 잘합니까?"

"당신이 나보다 낫소."

가시 돋친 오기의 질문에 전문은 흔쾌하게 대답했다.

"백관을 다스리고 백성들과 허물없이 지내며 나라의 곳간을
충실히 채우는 것은 누가 더 잘 하겠소?"

"당신이 나보다 낫소."

"서하(西河)를 굳게 지켜 진(秦)나라 군대가 감히 침범하지 못하게 하고, 한(韓)나라와 조(趙)나라가 우리를 따르게 하는 것은 누가 더 잘합니까?"

"당신이 나보다 낫고말고요."

"그렇다면 묻겠소. 이 세 가지 중요한 일을 당신이 나보다 못하는데도 당신이 왜 나보다 윗자리에 앉아 있습니까?"

전문이 정색을 하고 되물었다.

"지금 우리 임금은 어리고 국정은 안정되지 못하였으며, 대신들이 서로 화합하지 못하고 백성들은 조정을 신뢰하지 않고 있소. 이러한 때에 정승의 자리를 내게 맡기겠소, 아니면 장군에게 맡기겠소?"

한참 동안 아무 말없이 생각에 잠겨 있던 오기가 대답했다.

"당신에게 맡겨야 할 것 같소."

오기는 자신의 출세를 위해서라면 어떤 일도 할 사람으로 낙인이 찍힌 인물이었다. 그는 본래 위(衛)나라 사람인데, 노(魯)나라로 가서 벼슬을 살았다. 때마침 제(齊)나라가 노나라를 침공하려하자 노나라에서 오기를 장군으로 삼으려고 하였다. 오기가 노나라의 병권을 장악할 수 있는 절호의 찬스였다. 그런데 이 계획을 반대하는 사람이 있었다. 그는 오기의 아내가 제나라 출신이므로 적국의 여자를 데리고 사는 사람을 믿을 수 없다는 것이 반대 이유였다. 출세에 지장이 된다는 것을 안 그는 마침내 아내를 죽임으로써 노나라에 지극한 충성심을 보였다. 그는 노나라의 장군이 되어 제나라와의 싸움에서 대승을 거두었다. 그러나 결국 그는 잔인하고 박덕한 사람으로 몰려 노나라를 떠나지 않을 수 없었는데, 그런 그를 받아준 곳이 위나라였다.

전문과의 문답이 있는 뒤, 먼 훗날이기는 하지만 오기는 위 문후로부터 의심을 받아 그 나라를 떠나지 않으면 안 되었다. 자신의 직위에 불만을 품은 오기가 정승이 된 전문은 물론 다른 대신들과도 잘 어울리기 어려웠던 것이다. 오기는 위나라라는 큰 수레바퀴를 굴리면서 삐거덕거리게 했던 것이다.

그 뒤 오기는 초나라로 가지만 거기서도 대신들과 어울리지 못한다. 초의 도왕이 죽자 대신들이 난을 일으켜 오기를 살해하고 말았다. 그의 성급한 개혁과 효율성 위주의 정책으로 말미암아 기득권을 잃게 된 대신들의 반격에 대항이 어려웠던 것이다.

오기는 개인적인 능력이 매우 뛰어난 인물이다. 전략과 전투에 능했고, 국정의 우선순위와 부국강병책에 관해서도 뚜렷한 목표를 가지고 있었다. 그는 단순히 전쟁에만 능한 지휘관이 아니었다. 위 무후와 주고받은 대화를 보더라도 한 국가의 진정한 힘이 어디서 나오는지를 명확하게 알고 있었다.

한번은 무후와 함께 서하에서 배를 타고 물길을 따라 아래로 내려가고 있었다. 주변 산천을 둘러보던 무후가 오기를 보고,

"아름답구나, 우리 산천이 험준하여 지키기 쉬우니 이것은 우리 위나라의 보배지요."

라고 하자 이렇게 대답했다.

"국가를 지키는 것은 군주의 덕이지 산천의 험준함에 있지 않습니다. 옛날 삼묘씨가 좌로는 동정호, 우로는 팽례를 두었지만 덕과 의를 닦지 않았기 때문에 우임금에게 멸망되었습니다. 하왕조 걸왕의 도읍지가 좌로는 하수와 제수를 경계로 하고, 우로는 태산과 화산이 막아주었고, 남쪽에는 이궐이 있었으며, 북쪽에는 양장산이 있었지만 어진 정치를 펴지 않은 까닭에 탕 임금에게 쫓겨났습니다. 또 은 왕조 주왕의 도읍지가 좌로는 맹문, 우로는 태항산을 경계로 하였으며, 북에는 상산이 있고, 남에는 대하가 가로막혀 있었지만 덕정을 펴지 않은 까닭에 무왕에게 죽임을 당했습니다."

역대 왕조의 도읍지치고 천혜의 요새지가 아닌 곳이 없었던 것이다. 오기는 이를 구체적인 예로 들어 상기시키면서 다음과 같이 결론을 맺었다.

"이로 미루어 보건대 국가를 방비하는 관건은 군주의 덕에 있지 산천의 험준함에 있지 않습니다. 만약 군주가 덕으로 나라를 다스리지 않는다면 이 배에 타고 있는 사람까지도 모두 적국의 사람이 될 것입니다."

듣기에 따라서는 무시무시한 말이지만 무후는 그의 말을 좋은 교훈으로 받아들였다.

이처럼 오기는 뛰어난 무장이었지만 문치와 인덕의 힘이 얼마나 큰지 알고 있었던 것이다. 다만 그는 조직에서 너무 튀고 앞서

가는 인물이었기 때문에 비명에 죽고 말았다.

　대체로 보면 능력이 뛰어난 사람이 조직에는 잘 융화하지 못하는 경우가 있다. 이런 사람은 가능하면 조직의 일원이 되기보다는 개인적인 일로 실력을 발휘하는 것이 좋다.

원문 　夫將者는 國之輔也니 輔周則國必强하고 輔隙則國必弱이라.

위임된 부하의 권한에
간섭하지 말라

> 임금으로서 군대에 해를 끼치는 것이 세 가지가 있
> 다. 군대가 진격해서는 안 되는 상황을 알지 못한 채
> 진격을 명하며, 군대가 물러서서는 안 되는 상황을
> 알지 못한 채 퇴각을 명하는 것이니 이런 것을 일컬
> 어 미군(麇軍)이라 한다.

1597년(선조 30) 정유재란 당시, 이순신 장군의 신출귀몰한 능력에 질린 왜군이 이중간첩을 몰래 침투시켜 이렇게 거짓 정보를 흘렸다.

"곧 가토 기요마사[加藤淸正]가 바다를 건너온다. 그자를 생포할 수 있는 절호의 기회다."

이것을 사실로 믿은 조정에서는 빨리 출동하여 왜장을 생포하고 적선을 격멸하라는 명령을 내렸다. 이것은 왜군이 흘린 거짓 정보이며, 가토 기요마사는 이미 여러 날 전에 조선에 상륙했다는 것을 안 이순신 장군은 출동하지 않았다. 이 일로 이순신은 명령 불복종으로 적장을 놓쳤다는 모함을 받고 파직되어 서울로 압

송되어 투옥되었다.

후임으로 임명된 원균이 거느린 우리 수군은 7월 칠천해전에서 왜군에게 참패하여 그 막강하던 전선을 거의 다 잃었다. 장수인 원균마저 전사하여 일시에 제해권을 왜군에게 내주고 말았다. 이상은 우리가 익히 알고 있는 이순신 장군에 관한 전사이다.

당시 군 통수권자인 선조 임금의 조정은 일선에 나가 싸우는 장수에게 해서는 안 될 명령을 내린 것이다. 군대에 해를 끼치는 명령을 내려 군대와 전세를 망친 대표적인 사례이다.

나폴레옹 이야기

이탈리아 원정을 떠난 나폴레옹이 오스트리아군을 격파하여 밀라노에 입성한 뒤 만토바를 점령하는 등 연전연승을 거두자 원정군 총사령관인 그의 명성은 날로 높아졌다. 나폴레옹은 본래 식민지인 코르시카 섬 출신으로서 주류 프랑스 인으로부터 홀대받던 인물이었다. 중앙 군부는 물론 중앙 정부의 관료 사회에서도 이질적인 존재였으므로 그의 득세가 썩 반가운 것은 아니었다. 이에 불안감을 느낀 프랑스 정부에서 케라만 장군을 파견하여 원정군의 지휘권을 양분하여 나누어 가지라고 명령했다. 그러자 나폴레옹이,

"두 사람의 현명한 장수에 의하여 군이 지휘되기보다는 한 사람의 어리석은 장수에 의하여 지휘되는 것이 훨씬 낫다."

라고 단호히 거부했는데, 이것은 나폴레옹이나 할 수 있는 명언이자 진실이다.

군대는 그 나름의 특수한 조직 원리와 시스템으로 작동한다. 중요성으로 말하면 국가의 안위와 국민의 생명을 담보로 하는 곳이므로 그 자체로도 군인은 항상 목숨을 내걸고 살아가는 집단이라고 할 수 있다. 다른 어떤 조직과도 다르기 때문에 특수성을 인정해야 한다.

한나라의 개국 명신인 장량이나 당나라의 현신인 위징 같은 사람은 전쟁터 천리 밖, 휘장 친 막사에 앉아 작전을 짜고 군사를 요리했다. 그들은 군사들의 모든 행위를 손금 보듯 훤히 보면서 전략을 짰다.

이토록 군사에 밝은 사람도 구체적인 군사 행위, 곧 진격과 후퇴 같은 것에는 거의 관여를 하지 않았다. 당장 벌어지고 있는 전투를 장기전으로 끌고 갈 것인가, 아니면 속전속결로 해결할 것인가, 혹은 제3의 대안을 찾을 것인가 하는 것은 전투 현장과의 유기적인 협의에 따라 결정했던 것이다.

전투가 조금 불리하게 전개된다고 지레 겁을 먹고 퇴각하게 한다거나 유리하다고 하여 급히 공격하라고 하지는 않았던 것이다. 오직 현장, 곧 전쟁터에서 싸우는 한신 같은 장수에게 판단을 맡겨두었다.

외국에 투자한 기업에게 있어 현지화 전략은 필수적인 과정이다. 문화와 역사적 배경과 언어와 사회 구조가 다르고, 국민의 심성이 다른 나라에 대해 깊이 알지 못하고는 사업을 성공적으로 이끌 수가 없다. 흔한 이야기이지만 태국 같은 곳에 가서 귀엽다고 아이의 머리를 쓰다듬어 준다거나 이슬람교도가 있는 사업장에서 돼지기름을 쓰는 것은 큰 실수이다.

외국에 투자한 기업이 현지에 직원을 파견할 때는 현지 사정에 밝은 사람을 보내야 하는 것은 두말할 나위가 없다. 그와 함께 현지에서 충분히 활동할 수 있도록 대폭 권한을 완화해야 한다. 현장에서 천리 밖, 만리나 떨어진 사무실의 탁상에서 내리는 지시는 가급적 피해야 한다.

원문

故로 軍之所以患於君者三이니 不知軍之不可以進하고 而謂之進하며 不知軍之不可以退하고 而謂之退을 是謂縻軍이요.

부하에게 직무를 일임했으면
간섭하지 말라

‖

군대의 기본 업무를 알지 못하면서 군무(軍務)를 간섭하게 되면 군사들이 혼란스러워한다. 또 군대의 권변(權變)을 이해하지 못하면서 임무를 맡으면 군사들이 불신하게 된다.

조직을 망치는 지름길은 부하 직원에 대한 상사의 시시콜콜한 간섭이다. 부하 직원이나 하부 조직에서 하는 일에 대하여 한 마디라도 입을 열지 않으면 자신이 직무를 태만히 하는 것 같은 착각에 빠지는 상사가 왕왕 있다. 아랫사람들이 하는 일에 대해서 무슨 훈수라도 두지 않으면 답답해서 견디지 못하는 유형이다.

인간의 일반적인 병통은 남 앞에 서서 남을 가르치고 싶어 하는 데 있다. 어떤 자리, 어떤 일이라도 항상 주도적으로 발언하고 논의를 자기 방식대로 이끌어야 성이 차는 것이다. 맹자의 말을 빌리면 선생님 병이다.

이 세상 어떤 사람도 전지전능하지 않는데도 잠시도 선생님 행세를 하지 않으면 견딜 수 없어 하기 때문에 그런 사람은 결국 선생님을 넘어서서 신이 되고 만다. 끊임없이 지도하고 교시하기 때문에 북한의 김일성이나 김정일은 선생님을 넘어서 결국 신이 되고 말았다.

오늘날 북한이 세계적 빈민국이 된 것도 결국 한두 사람이 선생님 노릇을 너무 오래 했기 때문이다. 그들은 산업 현장이나 공사장에 나가서 항상 교시하고 지시한다. 사전에 브리핑도 받고 준비도 하겠지만 그것조차 측근에서 올리는 협소한 지식이요 일방적인 지시일 뿐이다.

그 선생님의 말이라면 감히 어떤 반론도 펴지 못하는 전제 사회에서는 선생님의 가르침 자체가 곧 법이기 때문에 그릇되게 흘러가더라도 쉽게 고칠 수가 없는 것이다. 바둑에서 악수가 악수를 부르듯 그릇된 일이 또 다른 그릇된 일을 부르기 때문이다.

그런 사회에는 믿음이 없고 혼란스러우며 서로 의심이 많아 의혹으로 가득 차게 된다. 조직의 정점에 있는 사람일수록 늘 조심하고 절제해야 한다, 선생님 노릇을.

원문
不知三軍之事하고 而同三軍之政이면 則軍士가 惑矣오 不知三軍之權하고 而同三軍之任이면 則軍士가 疑矣니라.

153

상대방의 **취약한 부분을 공격**하라

‖

> 승리를 판단할 수 있는 조건에는 다섯 가지가 있다.
> 싸울 수 있는 경우와 싸워서는 안 될 경우를 아는 자
> 는 승리한다. 많은 병력과 적은 병력을 구분하여 운
> 용할 줄 아는 자는 승리한다. 윗사람과 아랫사람이
> 추구하는 목적이 같으면 승리한다. 싸울 준비를 갖춘
> 상태에서 준비를 갖추지 못한 적을 상대하면 승리한
> 다. 장수가 유능하며, 그 장수를 통치자가 간섭하지
> 않으면 승리한다. 이 다섯 가지는 승리를 미리 알 수
> 있는 방법이다.

싸우기 전에 다음 다섯 가지를 명심해 두어야 한다.

첫째, 적과 당장 싸워야 할 것인가, 아니면 승리할 수 있을 때
까지 기다려야 할 것인가, 또는 아예 싸움을 회피하여 도망가야
할 것인가 하는 것을 정확히 판단하는 것만으로도 절반 이상은
이기고 시작하는 것이다.

논어에도 "아는 것을 아는 것이라 하고, 모르는 것을 모르는 것
이라 하는 것이 바로 아는 것이다"라는 말이 있듯이 진정으로 자
신이 무엇을 얼마나 알고 있는지 모를 경우가 많다.

역사상 수많은 전쟁이 오판에 의해 저질러지는 예가 많았는데,

병자호란과 같은 것이 대표적인 예이다.

당시 조선으로서는 절대 전쟁을 해서는 안 될 형편이었다. 전례에 없는 길고 참혹한 임진왜란이 끝난 지 40년도 채 되지 않았으므로 전후 복구라는 것은 엄두도 못 낼 만큼 국력이 피폐한 상황이었다. 그 시기에 광해군 집권기의 국정 혼란이 있었고, 인조반정에 이은 이괄의 난으로 말미암아 국왕이 반란군에게 쫓겨 수도 서울을 버리고 공주까지 피난을 가는 고초를 겪은 터였다.

왜란과 이괄의 난 이후 아무리 급격하게 국방력을 기른다 해도 한계가 있게 마련이었다. 그 힘의 현실적 한계를 조금만 예리하게 직시했어도 최악의 상황은 피했을 것이다. 그러나 당시 조정은 오랑캐인 만주족의 무리한 요구에 자존심이 상하여 감정적으로 대응하기에 바빴다. 교섭을 맡은 사신과의 약속도 어기고 당당하지도 못했으며, 결연하게 싸울 태세도 갖추지 않은 상태에서 극단적인 의견을 쏟아냈다. 막상 청군이 쳐들어오자 평소 그토록 큰소리치던 조정 대신 가운데 어느 누구도 나가 싸울 용기를 내지 못했다. 무장 또한 목숨을 걸고 싸운 적이 없었다.

국가의 전체적인 기류가 이러했으므로 어떻게 하든지 전쟁을 회피했어야 했다. 손자가 말하는 싸울 수 있는 경우와 싸워서는 안 될 경우를 알지 못한 예이다.

둘째, 상대하는 적에 따라 어느 정도의 병력을 동원해야 하는 것을 알아야 한다.

진시황이 6국을 평정하기 시작할 무렵 조, 연, 위 등을 격파한 이후 내친 김에 초나라까지 쳐서 멸망시킬 결심을 했다. 진시황이 필요한 병력이 얼마면 되느냐고 묻자 이신(李信)이라는 젊은 장수가 20만 명이면 충분하다고 대답했다. 그래서 곁에 있던 왕전(王翦)이라는 장수에게 또 물었더니,

"60만 명은 되어야 합니다."

하는 것이었다. 왕전은 전국시대 4대 명장에 들만큼 유능한 장수였으나 진시황은 귀담아 들으려 하지 않았다.

"장군도 이제 늙었구려. 초나라를 왜 그리 겁낸단 말이오?"

진시황은 이신과 장군 몽염에게 20만 병력을 주어 초나라를 치게 했다. 이에 나이 많은 왕전은 병을 핑계로 관직을 버리고 고향으로 돌아가 쉬고 있었다.

20만 대군을 거느린 이신과 몽염이 초나라로 쳐들어가 승승장구하면서 수도까지 격파했다. 그런데 초나라 영토 깊숙이 들어간 진나라 군대를 초나라 장수 항연이 뒤따르고 있었는데, 3일 밤낮으로 뒤를 밟아오다가 마침내 이신과 몽염의 진영을 덮쳤다. 불의의 기습을 당한 진군은 7명의 도위가 전사하면서 대패하여 병사들이 뿔뿔이 달아났다.

이 보고를 받은 진시황은 대노하여 왕전이 귀향한 번양이라는 곳으로 직접 찾아가서 젊은 이신의 말을 들은 결과 이처럼 대군이 패배하게 되었음을 사과한 다음 출정할 것을 종용했다. 왕전은 늙었다는 핑계로 출전을 사양하다가,

"정 노신을 쓰신다면 60만 대군을 주셔야 합니다."

하고 자신의 의사를 관철시켰다. 60만 대군을 거느리고 초나라로 진격한 그는 초군을 만나도 싸우지 않고 매일 사병과 함께 같은 상에서 같은 음식을 먹고 함께 뒹굴었다. 초군이 자주 싸움을 걸어왔으나 사병들을 배불리 먹이기만 할 뿐 여전히 딴청만 부렸다. 그러던 어느 날, 초군 사병들이 놀이에 빠져 있다는 보고가 들어왔다. 알아보게 했더니 사병들이 무료한 나머지 돌을 던지며 내기를 한다는 것이었다.

이때다 하고 전군을 출동시킨 그는 회오리바람처럼 휘몰고 들어가 초군을 격파하고, 가는 곳마다 승전을 거두어 마침내 초나라를 멸망시켰다. 그가 편 정복전에서 60만 대군은 전혀 과장된 숫자가 아니었던 것이다.

여기서 한 가지. 명장은 단순히 전투만 잘한다고 해서 되는 것이 아니다. 아군의 후방으로부터 근심이 되는 일을 사전에 예방하는 선견지명도 있어야 하는 법이다.

왕전을 출정시키면서 진시황은 몸소 국경까지 나가 전송했는데, 출발하면서 그는 진시황에게 많은 토지와 좋은 집과 잘 가꾼 정원을 달라고 요구했다. 진시황이 물었다.

"장군이 공을 세우고 돌아오면 무슨 상인들 안 주겠는가? 궁색하게 살게 하지는 않을 텐데 무엇이 부족해서 그러오?"

"폐하의 장수로서 공을 세우고 온 사람은 많지만 작위와 땅을 받은 사람은 보지 못했습니다. 지금 소신이 폐하와 가까이 있을 때 많은 상급을 받아 놓는 게 좋을 것 같습니다. 왜냐하면 그래야 뒷날 소신의 자손들이 먹고 사는 데 어려움이 없을 것입니다."

왕전의 대답에 진시황이 크게 웃으며 그렇게 하겠다고 약속하고 떠나 보냈다. 그 뒤 왕전은 다섯 차례나 사자를 조정으로 보내어 약속한 토지를 채근했다. 이를 보고 있던 부하 한 사람이 물었다.

"대왕에게 다섯 차례나 사람을 보내 토지를 요구하는 것은 너무 지나친 처사가 아닙니까?"

"대왕은 성품이 거칠고 의심이 많은데, 지금 온 나라의 병력을 모두 집결시켜 내게 맡겼으니 어떤 생각을 가지고 있겠는가? 내가 많은 토지와 가옥을 달라고 한 것은 나의 관심은 오직 재물과 그 재물을 자손에게 나누어 줄 생각밖에 없다는 것을 보임으로써 나에 대한 대왕의 의심을 덜 수 있기 때문이다."

자손을 위해 국내에 많은 재물을 확보함으로써 다른 마음을 품지 않는다는 것을 보인 것이니 이 또한 작전 못지않은 원모심려에서 나온 것이 아닌가? 왕전은 그 후 무성후(武成侯)에 봉해졌으니, 그는 처세에서도 승리한 셈이다.

셋째, 국민 각계각층의 마음이 같아야 한다.

전쟁을 하기 위해서는 공통의 목적, 적에 대한 공통의 적개심, 전쟁 수행에 대한 당위성 등에 이의가 없어야 한다. 국론이 통일되지 않으면 아무것도 할 수가 없다.

6.25전쟁과 베트남 전쟁에서 보인 미국의 국론 분열이 좋은 예이다. 빨리 전쟁을 끝내고 싶은 미국 국민의 조급증 때문에 전 국토와 백성을 파괴와 죽음으로 몰아넣은 김일성이 살아남을 수 있었고, 정부의 일에 끊임없이 반대를 일삼던 사이공 정부 치하의 언론인, 종교인 때문에 전쟁을 수행하기 어려워 월남에게 완전한 승리를 헌납했던 것이다.

천안함 폭침 사건 이후에도 끊임없이 반대와 괴담과 이견을 내놓는 것은 국론 통일이라는 과제를 놓고 볼 때 아주 우려할 만한 일이다. 아무리 진실을 이야기해도 아예 믿으려 들지 않는 부류가 많은 이상 국가는 무엇을 해도 힘을 발휘할 수가 없다. 무슨 일이건 우선 반대부터 하고, 그것이 일부라고는 하지만 지지를 받고, 무작정 반대와 거짓말과 억지를 쓰는 행위가 아예 직업이 되고, 나아가서는 출세의 발판이 되는 사회에서 비상사태가 발생한다면 그들이 어떤 행동을 취할지 예상해 보아야 한다.

넷째, 군대는 항상 전투 준비를 갖추고 있어야 한다. 언제 어떤 적이 기습 공격을 하더라도 막아낼 준비가 되어 있어야 한다. 적의 동태에 대해 한시도 감시의 눈을 떼지 말아야 한다. 그래서 '작전에 실패한 군대는 용서할 수 있어도 경계에 실패한 군대는 용서할 수 없다' 는 말이 있다.

적을 효과적으로 감시하고, 그에 맞서 항상 전투 준비를 하고 있다면 적에게 패할 이유가 없다. 그런 의미에서 6.25전쟁은 적

의 동태를 감시하지 못한, 즉 경계에 실패한 대표적인 사례라고
할 것이다.

남침을 준비하기 위하여 김일성이 소련에 가서 무기를 구걸하
고, 중국으로 가서 지원병을 요청한 것을 전혀 눈치 채지 못했다.
소련으로부터 장갑차와 대포 등 고성능 무기가 대량으로 들어온
사실을 감지하지 못한 것이다. 그 첩보를 제공받았지만 그것이
군 내부의 대비 태세로 이어지지 못한 것은 뼈아픈 실수가 아닐
수 없다.

전쟁 발발 당일, 오랫동안 휴가와 외박이 없었다고 하여 3분의
1의 병력을 휴가로 내보내기까지 했다. 개전 3일만에 수도 서울
이 맥없이 무너진 것은 임진왜란이나 병자호란에 버금가는 참패
가 아닐 수 없다. 이는 평소 우리가 국가 안보를 바라보는 태도가
어떤지에 대해 진지하게 되돌아보게 한다.

다섯째, 유능한 장수와 그 장수의 지휘권을 간섭하지 않는 통
치자가 필요하다. 통치자는 장수에게 임무를 명확하게 부여하고,
그 임무를 수행할 수 있는 병력과 무기 및 각종 보조 수단을 제공
할 뿐 임무에 대한 구체적인 실천 방법론은 장수에게 일임해야
한다. 지휘권을 간섭하는 것은 보통의 통치자가 흔히 범하는 어
리석음이지만 히틀러 같은 경우는 도를 지나쳐도 한참 지나쳤다.

히틀러의 나치군이 소련을 침공한 것은 나폴레옹의 모스크바
침공과 함께 전사에 길이 남는 대실패의 하나이다. 1943년 2월,

파울로스가 이끄는 28만 명의 독일군은 지독한 추위와 굶주림에 시달리다가 겨우 남은 9만1천 명만이 포로수용소로 끌려 갔고, 거기서 살아남아 다시 조국 땅을 밟은 사람은 5천여 명에 지나지 않았다. 역사상 이처럼 처절한 패배를 기록한 예는 흔치 않다.

스탈린그라드의 비극이라 불리는 이 참상의 책임은 전적으로 히틀러의 몫이었다. 기세등등하게 소련을 침공한 독일군은 도처에서 출몰하는 소련군의 기습에 발이 묶이기 일쑤였고, 예정보다 훨씬 늦게 스탈린그라드로 접근했으나 그들을 기다리는 것은 혹독한 추위와 굶주림이었다.

대군이 길게 전선을 형성하면서 싸우다 보면 지역에 따라 적에게 밀리기도 하고, 적을 밀고 올라가기도 하게 마련이며, 또 서로 이어진 전선이 일정 부분 끊어지기도 한다. 이 전선을 이어 너무 앞서간 곳은 뒤로 물려서 전선을 이어 재편성하여 전투에 유리하도록 조정하게 마련인데, 이는 현지의 최고 사령관이 상황을 파악하여 결정하여야 한다. 그러나 히틀러는 전선에서의 사소한 진퇴까지 모두 관여하고 있었다. 그는 독일 제6군이 스탈린그라드로부터 돈 강 만곡부까지 철수하여 전선을 재편성하는 것조차 허락하지 않았던 것이다.

한 발 한 발 조여 오는 소련군의 포위망에서 벗어나 스탈린그라드에서 탈출할 수 있는 마지막 기회가 없었던 것은 아니었지만 그것도 허락하지 않았다. 자이츨러가 히틀러에게 30만 파울로스의 군대를 구원하는 최후의 기회라고 아무리 간청했으나 소용이 없었다.

1943년 1월 8일, 소련군에서 장교 3명을 보내어 항복을 권유해 왔다.

—러시아의 혹독한 추위는 이제 시작일 뿐인데, 귀하의 군대는 아직 동복도 지급하지 못했다. 추위와 굶주림과 질병은 귀하의 군대가 넘어야 할 절망적인 재앙이다. 더 이상 저항하는 것은 무의미하다. 불필요한 유혈을 피하기 위해서 다음과 같이 제안한다. '모든 포로에게 정상적인 식량을 지급하겠다. 부상자, 병자, 동상환자는 응급 진료를 해주겠다. 모든 포로는 계급장, 훈장과 사유물을 보유할 수 있다.' 24시간 안에 답을 주기 바란다.—

군대로서 받아야 할 공정한 조건이었다. 이 문서를 그대로 총통부에 보냈으나 한 마디로 각하되고 말았다. 28만 대군을 살리기 위해서 '행동의 자유'를 달라고 피맺힌 호소를 했지만 돌아온 것은 현장 방어요, 사수였다.

24시간이 지난 1월 10일, 소련군 진지에서 5천 문의 대포가 일제히 불을 뿜기 시작했다. 독일군은 임시로 가설한 활주로마저 잃어버렸으므로, 최소한의 양으로 수송되던 의료품마저 끊기고 말았다. 아무런 보급이 없는 혹한의 상황은 신도 구제할 수 없었다. 또다시 소련군에서 항복을 요구했다. 그러나 발광 상황에 직면한 히틀러에게서는 똑같은 대답만 들릴 뿐이었다.

처음 항복 요구를 받은 날로부터 불과 1개월이 못 되어 독일군은 불길이 꺼진 뒤 재가 식어가듯 모조리 죽거나 항복하거나 포로로 끌려가다가 죽음을 맞이했던 것이다. 히틀러가 현지 지휘관에게 지휘권을 맡겼더라면 그토록 참담한 패배는 없었을 것이다. 독일인이 히틀러와 나치에 대해 그토록 증오심을 품는 것도 이유가 있다 하겠다.

> **원문**
>
> 知勝이 有五하니 知可以與戰과 不可以與戰者는 勝하고 識衆寡之用者는 勝하고 上下同欲者는 勝하고 以虞待不虞者는 勝하고 將能而君不御者勝이니 此五者는 知勝之道也이라.

나를 알고 상대를 알면
절대 지지 않는다

‖

적을 알고 나를 알면 백 번을 싸워도 위태롭지 않고, 적을 모르고 나를 알면 한 번은 이기고 한 번은 지며, 적도 모르고 나도 모르면 싸울 때마다 반드시 패한다.

우리에게는 '지피지기(知彼知己)면 백전백승(百戰百勝)'이라는 말로 널리 알려진 구절의 원문이다.

손자가 절대 지지 않는 완벽한 승리를 강조하지만 사실 전쟁이란 어느 한쪽의 일방적인 승리란 있을 수 없다. 그래서 손자로서도 백전백승이라는 표현은 하기 어려웠을 것이다. 이 말이 일반인에게 알려지면서 백전백승으로 둔갑하게 되었는데, '백 번 싸워도 위태롭지 않다'는 말에 비하면 매우 단정적이고, 확신을 주는 것이기 때문에 더 잘 먹힌 것 같다. 표현을 바꾼 것 또한 전략적 사고, 즉 어떤 책략이 숨겨져 있다고 할 것이다.

'적을 모르고 나를 알면 한 번은 이기고 한 번은 진다'고 했는데, 이 말도 따지고 보면 조금 문제가 있다. 진정으로 자신을 아는 사람이 적을 모를 수가 있겠는가. 자신을 안다는 것, 곧 자신에 대한 평가는 어떤 기준에 의한 절대적 평가, 독립적 평가가 아니라 항상 적과 비교하는 상대적인 평가, 비교 우열을 가리는 평가이기 때문에 엄밀한 의미에서 자신만의 절대적 평가를 할 수 없는 것이다. 적을 모른다는 것은 자신을 모르는 것이고, 자신을 모르는 것은 곧 적을 모른다는 말과 다르지 않다고 생각한다.

그런 의미에서 두 번째의 '부지피이지기(不知彼而知己)면 일승일부(一勝一負)'라는 글은 문장의 흐름에 따라 쓴 것이 아니면 단순한 논리에 의해 나온 것이 아닌가 한다.

진실로 자신을 안 뒤라야 남을 알 수 있는 것이다. 그래서 전략가는 부단한 자기 성찰이 필요하다. 항상 자신을 점검하고 반성하며, 주변의 형세와 상대의 위치와 역량을 관찰하고 조사하면서 다시 자신을 돌아보는 자세가 필요하다.

원문 知彼知己면 百戰不殆하고 不知彼而知己면 一勝一負하고 不知彼不知己면 每戰必殆니라.

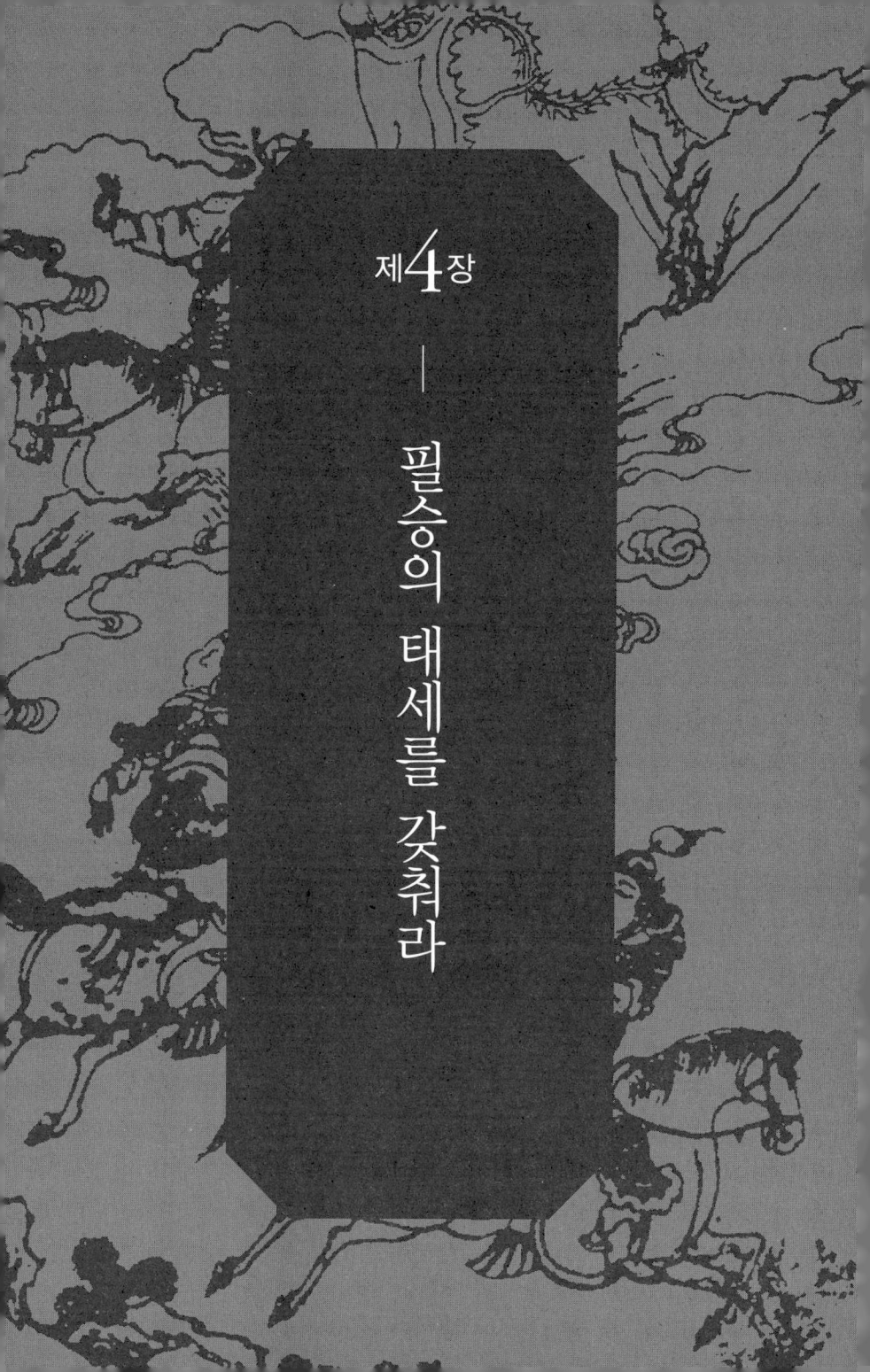

제4장

—

필승의 태세를 갖춰라

『손자병법』의 군형(軍形, 제4편)에 해당하는 부분이다.

군의 형태는 고정된 것이 아니라 적의 동태에 따라 변해야 하는 것이므로

아군의 역량을 최대한 발휘할 수 있도록 태세를 갖추어야 한다는 것을 설명하고 있다.

준비하면서 적의 **허점을 노려라**

손자가 말하였다. 옛날 용병을 잘하는 자는 먼저 적
이 승리하지 못하도록 한 뒤에 아군이 승리할 수 있
는 기회를 기다렸다.

전국시대 말, 조(趙)나라에 이목(李牧)이라는 장군이 있었다. 그
가 북방의 안문이라는 요새를 지키며 강성한 흉노와 대치하고 있
을 때의 일이다.

그가 변방에 부임하여 처음 한 일은 군의 조직을 현지 사정에
맞게 적절히 개편한 다음 후방에서 공급되는 물자를 모두 군대
안으로 가져오게 하여 사졸들을 위해 쓰게 했다. 그리고 날이면
날마다 소를 잡고 활쏘기 시합이나 시키면서 놀게 했다. 간혹 흉
노가 집적거리는 일이 있어도 상대를 하지 않고 피하기만 했다.
이쪽에서 그렇게 나오자 흉노도 대규모 병력을 동원한 침략은 하
지 않고 소수의 병력으로 살짝살짝 건드려보는 정도였다.

사졸들을 항상 잘 먹이고 전투를 하지 않는 대신 첩자를 많이
풀어 적의 동향을 살피는 것은 세심하게 했다. 이때 이목은 장병
들을 모아놓고 이렇게 명령했다.

"흉노가 쳐들어와 노략질을 하면 급히 각자가 맡은 성곽과 요새로 들어가 꼼짝 하지 말고 지키기만 하라. 함부로 흉노를 잡게 되면 큰 전투가 벌어질 것이니 절대 흉노를 포로로 잡을 생각은 하지 말라."

흉노로서는 아무리 싸우고 싶어도, 싸워서 크게 이기고 싶어도 기회가 오지 않았다. 적이 승리하지 못하도록 원천적으로 봉쇄한 셈이다.

그러기를 몇 해. 흉노는 조나라 군대를 은근히 두려워하게 되었다. 처음에는 상대가 겁이 나서 싸움에 응하지 않는다고 생각했지만 몇 년을 두고 철저히 수비만 하고, 싸움을 기피하자 상대에게 비밀스런 전략이 있는지 궁금해지면서 겁이 났던 것이다. 그 반면 조 나라 군대의 사졸들은 날마다 잘 먹고, 상도 자주 받았으나 쓸 곳이 없었다.

"이게 뭐야. 군대란 건 싸워야 군대지. 날마다 먹고 연습만 하니 답답해서 원."

"그러게 말이야. 몸이 근질거려 살 수가 있어야지."

이때 전군에 동원령을 내린 이목은 불시에 적진으로 쳐들어가 10여 만 흉노 기병을 몰살시켜버렸다.

승리란 사실 알고 보면 별 게 아니다. 상대가 나에게 승리하지 못하게 하는 것이 승리를 준비하는 것이고, 기회를 보아 치면 된다.

병법에 이일대로(以逸待勞)라는 것이 있다. 삼십육계의 한 계책인데, 상대를 지치고 방심하게 하면서 나는 힘을 비축했다가 일격에 무너뜨리는 것이다.

60년대, 아프리카 자이레의 킨샤사에서 세기의 대결이 벌어졌다.

프로복싱 헤비급 세계 참피언전. 링에 오른 사람은 무하마드 알리와 죠지 포먼. 복싱 팬의 기억에도 생생한 그 한판에서 물론 알리가 이겼다. 8회 KO승. 아무도 예측하지 못한 결과였다.

도박사들은 대부분 포먼에게 돈을 건 상태였다. 포먼은 그 당시 무려 KO 40승에 가까운 철권을 휘두르고 있었다. 반면 알리는 한때 링을 떠난 적이 있고, 나이도 많아 한물 간 복서로 치부되었던 것이다.

알리를 승리로 이끈 전략은 이일대로. 상대가 자신을 이기지 못하도록 한 다음 자신이 상대를 이길 수 있는 기회를 기다렸던 것이다.

그는 아웃복싱에는 능했지만 링 안에서 많이 뛰어다녀야 하기 때문에 체력 소모가 심하다고 하여 그날은 피했다. '나비처럼 날아서 벌처럼 쏜다'는 자신의 명언을 잊은 듯 주로 로프에 기대어 철저한 안면 커버와 페인트 모션으로 상대의 공격을 피해 나갔다. 반면 포먼은 처음부터 주먹을 마구 휘두르며 무차별 돌진해 들어갔다. 그는 엄청나게 많은 주먹을 뻗었으나 대부분 알리의 커버에 걸려 충격을 주지 못했다. 그 대신 포먼은 시간이 흐를수록 피로만 쌓여갔다.

후반 들어 그는 자신이 휘둘러댄 주먹 때문에 지쳐 있었다. 그러나 알리는 로프에 기대어 힘을 비축하고 있었으므로 위력적인 주먹을 언제나 뻗을 수 있었다. 겉으로 보기에는 쉴 사이 없이 공격하는 포먼이 경기의 주도권을 잡고 있는 것처럼 보였지만 사실은 철저히 방어만 한 알리가 주도권을 쥐고 있었다.

8회에 알리에게 그 기회가 오자 놓치지 않고 단 몇 방에 포먼을 KO시켜버렸던 것이다. 이 한 경기로 전설적인 알리의 신화가 펼쳐졌다.

원문 孫子曰 昔之善戰者는 先爲不可勝하고 以待敵之可勝이리라.

여유 있게 공격하고 투자하라

‖

적이 아군을 이길 수 없는 이유는 준비를 철저히 한 아군의 방비에 있고, 아군이 적을 이길 수 있는 이유는 준비를 하지 않은 적의 허점을 노리는 데 있다. 그러므로 용병을 잘하는 자는 적이 아군을 이기지 못하게 하면서 적에게는 반드시 승리한다는 확신을 갖지 못하게 한다. 그러므로 승리를 예견할 수 있다 하더라도 조건이 충분히 갖추어져 있지 않은 상황에서는 함부로 공격해서는 안 된다. 적을 이길 수 없을 경우에는 방어해야 하고, 이길 수 있을 경우에는 공격해야 한다. 방어하는 것은 적보다 군사력이 약하기 때문이요, 공격하는 것은 여유가 있기 때문이다.

임진왜란 당시 이순신 장군이 거느린 조선의 수군은 육군과는 달리 형편이 그리 나쁘지 않았다. 당시 우리의 조선술이 일본보다 앞섰으므로 수군의 전함은 왜선보다 견고하고 컸다. 전함에 장착된 대포도 왜적보다 성능이 좋았다. 그리고 무엇보다 큰 무기는 거북선이었다. 당시 해전은 자군의 전함을 적의 전함에 가까이 붙인 다음 불을 던져 화공을 편다든가 군사들이 적의 선박 위로 건너가서 공격하는 방식이었다. 거북선은 배 위를 나무판자로 덮어씌운 뒤 삐쭉삐쭉한 대못을 세워놓았기 때문에 접근이 아예 불가능했다. 거북선의 우수성과 함께 이순신 장군은 지리와 지형지물과 수로(水路)와 조수 간만의 차라는 자연 조건 등에 매우 밝았다. 또 조선의 다른 군대와 달리 평소 훈련이 잘된 수군을 거느리고 있었다.

그러나 많은 경우 왜적에 비해 우리의 선박이 수적 열세에 직면해 있었다. 왜군이 퍼뜨린 역정보에 속은 조정이 왜적을 속히 공격하라는 명령을 어겼다 하여 이순신 장군은 삼도수군통제사에서 파직되어 죽음을 기다리는 죄인이 될 정도로 지위도 불안했다.

그러나 이순신 장군의 전투를 자세히 살펴보면 한 번도 자신이 불리한 여건에서는 싸우지 않았다. 어떠한 경우라도 유리한 조건을 만들어 싸웠던 것이다. 전함의 수적 열세를 극복하기 위해 적의 함대를 토막 내어 공격하거나 굴곡이 심한 해안선을 이용하거나 또는 매우 빠른 물살을 이용하여 적을 수장하는 방법을 쓰는 등 아주 치밀한 전략으로 싸움에 임했다. 왜장 가토 기요마사가 흘린 정보가 조선 수군을 수장시키려는 무서운 함정이라는 것을 간파하고는 전투를 회피했다.

나폴레옹도 절대적 우세를 확보한 다음에야 전투를 한 장수로 유명하다. 절대적 우세가 어려우면 차선책으로 적의 병력을 견제하여 여러 곳으로 분산시킨 뒤 결전장에서는 자군의 병력과 화력을 집중하여 적의 주력을 향해 퍼부었던 것이다.

언젠가 그의 부장인 모로가,

"폐하께서는 언제나 소수를 가지고 다수를 이겼습니다."

라고 하자 나폴레옹의 반응은 이러했다.

"그렇지 않다. 나는 언제나 다수를 가지고 소수를 이겼다."

신규 투자나 기업 상호간의 경쟁도 세의 우위를 확보한 뒤에 하는 것이 옳다. 당장 투자를 해야 할 만큼 시급하고, 어쩔 수 없이 경쟁에 뛰어들어야만 한다면 상대방을 열세에 놓이도록 한 뒤 점차 우위를 확보해 가도록 상황을 개선해 나가야 한다.

원문

不可勝은 在己하고 可勝은 在敵이니라. 故로 善戰者는 能爲不可勝이요 不能使敵之必可勝이니라. 故曰 勝可知而不可爲니라. 不可勝者는 守也요 可勝者는 攻也니 守則不足이요 攻則有餘니라.

명승부, 대승을 기대하지 말라

‖

예로부터 용병에 능하다는 장수는 쉽게 이길 적에게
이기는 것이다. 그러므로 용병에 능하다는 장수의 승
리에는 지혜롭다는 명성도 없고 용맹하다는 공로도
없다.

선수가 관중을 의식하여 경기를 치르는 것은 진정한 스포츠 정
신이 아니다. 선수의 모든 행동은 자연스러운 것이어야지 관중의
관심을 끌기 위해 독특한 동작을 해보이거나 박수를 받기 위해
야릇한 몸짓을 하는 것, 웃음을 자아내기 위해 코믹 연기를 하는
따위, 또는 경기 상황이 불리할 때 관중으로부터 동정을 받기 위
한 행위 등을 해서는 안 되는 것이다.

전쟁에는 관중이 있을 수 없고, 스타플레이어도 필요 없다. 오
직 승패만 있을 뿐이다. 장수는 오직 이길 수 있는 적을 이겼다는
평가만이 중요한데, 이는 전투에 임하기 전에 모든 상황을 자신
에게 유리하게 만들어 놓고 전투를 한다는 것이다. 그래서 막상
그 장수의 전투 내용은 대수롭지 않을 수 있다. 이길 수 있는 적
과의 싸움에서 일방적으로 이겼으니까.

흔히 역사에 남는 명장이란 명승부를 펼치거나 대승을 거둔 장수를 일컫는 말인데, 곰곰이 따져보면 그게 그렇게 바람직한 것은 아니다.

명승부를 펼쳤다고 하는 것은 서로 대등한 전력으로, 고단수의 작전과 기발한 전술을 창안하여 장군 멍군을 주고받으며 치열하게 싸우다가 미세한 전력 차이로 승부가 결정되는 것을 말하는 것이 아닌가? 그러자면 얼마나 많은 전투원이 피를 흘리고, 얼마나 많은 전쟁 물자가 소비되었겠는가?

대승이니 대첩이라는 것도 그렇다. 적을 일방적으로 깨트려서 절반 이상의 전투원을 죽음에 몰아넣는 경우를 지칭하는데, 이 또한 생각해 보면 끔찍하기 이를 데 없는 것이 아닌가.

결과적으로 이겨서 나쁠 것은 없지만 손자가 말하는 좋은 장수라는 것은 그런 것이 아니다. 우선 전투 개시 전에 확실히 이길 수 있는 여건을 마련해 놓아야 한다. 주변 환경과 전투 조건에서 확실한 우위를 확보함으로써 적이 심리적으로 위축되어 전의를 상실하게 하는 것이 최선의 방법이다. 어쩔 수 없이 전투를 치르더라도 적이 전의를 상실했으므로 크게 충돌하지 않고 빨리 승부가 결정나는 것이 가장 좋은 결말이 되는 것이다.

인생살이나 기업 경영도 마찬가지가 아니겠는가. 대박을 기대하지 말라는 것이다. 당장 호박이 넝쿨째 굴러 떨어져서 내 인생의 빛깔과 무게를 단숨에 바꾸어놓는 꿈은 꾸지 않는 게 좋다. 많고 많은 사람 중 당신의 주변 인물 가운데에 로또 1등 당첨자가 없다는 것이 무슨 뜻인지 한번 생각해 보라.

　명승부, 대승의 의미가 그저 그렇듯이 대박의 꿈도 일장춘몽일 뿐이다. 조금씩 약간씩 당신의 수입을 늘려나가는 지금의 생활이 가장 아름답다.

원문 古之所謂善戰者는 勝於易勝者也니 故로 善戰者之勝也는 無智名하고 無勇功이니라.

지려야 **질 수 없게** 만들어라

> 용병을 잘하는 자는 아군이 질 수 없는 위치를 차지
> 하여 적이 패배할 수밖에 없는 상황을 놓치지 않는
> 다. 요컨대 승리하는 군대는 먼저 승산을 확인한 뒤
> 에 전장에 임하고, 패배하는 군대는 먼저 싸움부터
> 한 다음 승리를 구하려고 한다.

　승리가 손바닥 위에 있지 않거든 절대 싸움을 걸지 말고, 전쟁
터에 나가지도 말라는 의미이다. 확실히 이길 수 있도록 모든 준
비를 갖추라는 것인데 그게 말처럼 쉽지는 않다. 아무리 불의의
기습을 가한다 하더라도 적을 정말 감쪽같이 속일 수는 없는 일
이다. 가령 가장 친한 친구인 관중이 포숙의 집으로 칼을 가지고
들어가고, 백사 이항복이 한음 이덕형에게 화살을 쏘며, 내일 미
국이 영국 본토를 폭격하는 미친 짓이면 모를까 그렇지 않은 상
태에서, 적어도 전쟁까지 갈 만큼 서로 적대 관계에 있는 국가와
국가 사이에서는 전혀 방비가 없게 한다는 것은 거의 불가능한
일이다.

　적의 기습에 대한 대비를 약간이라도 하고 있는 상대를 공격한
다는 것은 백 퍼센트 승리를 확신할 수 없다. 그래서 전쟁이 어려

운 것이다. 또 단기전에는 이길 수 있다 하더라도 전쟁 국면 전체를 장악할 수는 없다.

태평양전쟁에서 일본의 경우가 그러하다. 진주만 기습 하나만 보면 대승을 거둔 셈이다. 그러나 미국이라는 거대한 나라와의 장기전에서 승리를 한다는 것은 있을 수도 없는 일이다.

일설에는 일본이 진주만 기습 작전을 성공적으로 완수하여 미국의 해군력을 완전히 괴멸시킨 뒤 미국과 협상을 통해 전쟁을 종결지으려는 의도가 있었다고 한다. 미국의 공업 생산력으로 미루어 보아 항공모함을 포함한 다수의 전함이 침몰·파괴되더라도 곧 복구할 수 있으므로 그 기간 안에 일본이 유리한 위치에서 협상을 할 수 있을 것이라는 계산이었다. 전투에서는 이기더라도 전쟁에서는 질 수 있다고 생각했다는 것이다.

그러나 일본의 의도가 정말 그러했다면 상당히 문제가 많은 전략이었다. 처지를 바꾸어서 일본이 타국으로부터 진주만 기습과 같은 치욕적인 결과를 맞는다면 과연 그 나라를 상대로 열세에 처한 협상을 할 수 있겠느냐는 것이다.

당시 일본은 미국에 비해 국력 면에서 10분의 1에도 못 미치는 나라였다. 그래서 당시의 사태를 냉정하게 보는 사람은 양보를 하더라도 협상을 통해 전쟁만은 피했어야 했다는 것이다. 그러나 일본의 육군 참모본부는 전쟁으로 몰고 가는 분위기가 지배적이었다. 어떤 참모는 미국과의 전쟁은 피할 수 없다고 떠들고 다녔다. 승산이 있느냐고 물었더니,

"승패가 문제가 아니다. 전쟁은 피할 수 없는 숙명이다."
라고 외쳤던 것이다.

이것만 놓고 보면, 당시 일본 군부는 이성보다는 감정이 앞섰고, 상호 전력을 비교·분석하기보다는 미국이라는 나라에 대한 적개심이 앞섰다. 일본은 마침내 '패배하는 군대는 먼저 싸움부터 한 다음 승리를 구하려 한다' 는 손자의 말을 그대로 따라 하면서 패배의 전쟁길로 들어섰던 것이다.

원문

善戰者는 立於不敗之地하여 而不失敵之敗也니라.
是故로 勝兵은 先勝而後求戰하고 敗兵은 先戰而後
求勝하느니라.

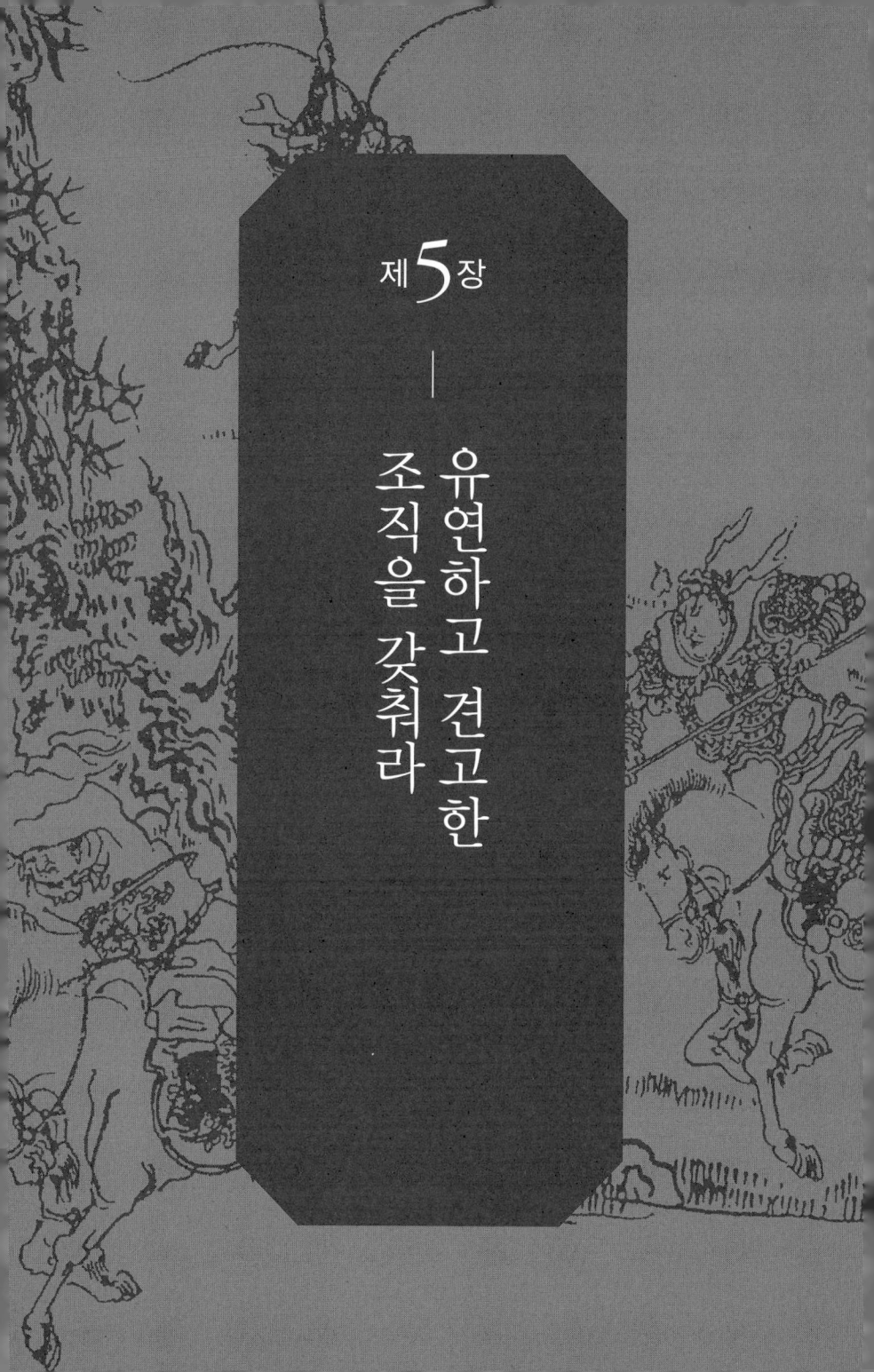

제 5 장

—

유연하고 견고한
조직을 갖춰라

『손자병법』의 병세(兵勢, 제5편)에 해당하는 부분이다.

병세란 적을 깨뜨릴 수 있는 힘이나 기세, 또는 환경적 조건 등의 형세를 가리키는 말이다.

정공법과 기묘한 책략을 교차하거나 적절히 배합하여 공격과 방어를 자유자재로 구사하여

승리를 쟁취해야 한다는 것이다.

지휘와 통솔 시스템을
항상 검점하라

‖

손자가 말하였다. 무릇 많은 무리를 다스리더라도 마
치 소수의 사람을 지휘하듯 하는 것은 군사를 나누
어 부대를 편성했기 때문이다. 많은 무리와 싸우면서
도 마치 소수의 군사와 싸움을 하는 것처럼 하는 것
은 신호와 명령 전달 체계가 잡혀 있기 때문이다.

하나의 보병 사단이 사단장 한 사람의 명령에 따라 일사불란하
게 움직일 수 있는 것은 조직이 피라미드형으로 편성되어 있기
때문이다. 약 1만 5천 명을 거느린 사단장은 사단 참모와 부관,
연대장, 배속 부대장 등 많아야 수십 명만 상대하여 명령을 내리
면 된다. 사단장의 명령을 받은 연대장은 대대장에게, 대대장은
중대장에게, 중대장은 소대장에게, 소대장은 분대장에게, 분대장
은 말단 병사에게까지 정확하고 신속하게 명령이 전달된다. 이
명령체계는 내려가다가 중간에서 끊어지지 않아야 하고, 중도에
서 변질되거나 왜곡되지 않아야 한다.

군대의 부대 편성이란 높은 산의 계곡을 흐르는 물과 같아서

산정의 물이 폭포를 이루어 아래로 떨어져 계곡을 따라 흐르다가 또 폭포가 되어 떨어지는 것과 같다. 높은 산과 그 계곡이 부대의 편성이라면 폭포를 이루어 떨어지면서 흐르는 물은 군대의 신호와 명령 전달 체계와 같은 것이다.

큰북을 둥둥 두드리면 전면적인 전진, 작은 북을 동동동 두드리면 열 걸음 전진, 또 큰 징을 쿵쿵 울리면 전원 후퇴, 꽹가리를 난타하면 스무 걸음 후퇴, 범이 그려진 검은 깃발을 좌우로 흔들면 북쪽으로 전진. 이것이 과거 전투에서는 멀리 있는 아군에게 할 수 있는 신호요 명령 방식이었다.

모든 장병은 한 사람이 움직이듯이 일사불란하게, 그러면서 유기적으로 움직이는 것은 각 단위의 부대가 체계적으로 편성되어 있기 때문이고, 하나하나 가르치거나 구체적으로 지시하지 않고 몇 마디의 간단한 명령이나 신호만으로도 차질 없이 움직이는 것은 평소에 작성된 교범이 있고, 매뉴얼이 있기 때문이다. 이것이 잘 갖추어져서 모든 장병이 항상 숙지하고 어김없이 실행하는 군대야말로 강한 군대이다.

기업도 마찬가지. 기업의 경쟁력에는 여러 가지 요소가 있다. 독보적인 기술, 경쟁 상대가 따라오기 어려운 상품의 질, 효율적인 경영과 경영자의 능력, 브랜드 가치, 기업의 사회적 이미지 등 여러 요소가 복합적으로 작용한다. 그 가운데 가장 중요한 것을 꼽으라고 한다면 그것은 바로 이상적인 경영 조직일 것이다. 시스템으로 움직일 수 있도록 조직화해야 한다는 의미이다.

개개인이 본분에 충실할 수 있도록 명확한 임무가 부여되어 있어야 하고, 위의 명령이나 지시가 어김없이 전달되어 따르는 상명하복(上命下服), 아랫사람들의 의사가 단절되지 아니하고 윗선에까지 전달되어 정책으로 반영되는 하의상달(下意上達)의 체계가 살아 있는 경영 조직을 말한다. 이것은 마치 우리 몸을 흐르는 혈류와 같아서 심장에서 나오는 피가 동맥을 거쳐 신체 곳곳의 정맥으로 퍼졌다가 다시 심장으로 들어가는 것처럼 각 핏줄은 모두 건강하고, 서로 유기적으로 움직이는 건강한 사람의 피돌림과 같은 것이다.

삼성, LG, 현대, 포스코, SK, 유한양행과 같은 국내 유수의 기업은 모두 강력하고 효율적인 기업 조직과 경영 노하우를 가지고 있다. 수천, 수만의 종업원을 거느린 사업장이 원활하게 움직이며 성과를 내는 것은 그만한 조직과 경영 체제를 정비하고 있기 때문이다.

원문 孫子曰, 凡治衆如治寡는 分數가 是也라 鬪衆如鬪寡는 形名이 是也라.

중장기적인 계획과 임기응변을 병행하라

삼군(三軍)의 병력이 적의 공격을 받아도 싸워서 패하지 않게 하는 것은 편법과 정공법을 번갈아 활용하기 때문이다.

'패장은 말이 없다'는 격언이 있는데, 전쟁에서 패한 장수는 어떤 변명도 허용되지 않는다는 뜻이다.

전쟁에서는 오직 이기는 것만이 목적이요 정도이다. 전쟁이 스포츠와 같다면 그렇게 피비린내가 나지도 않을 것이며 처절하지도 비극적이지도 않을 것이다. 정한 룰에 따라 움직이면 되니까. 그러나 전쟁은 인간의 생명과 재산, 국가의 존망을 가르는 것이기 때문에 어떤 것은 하면 되고, 어떤 것은 하지 말아야 한다는 것이 있을 수 없다. 이길 수 있는 수단과 방법을 다 동원해서 무조건 이겨야 한다.

다만 비전투원인 무고한 시민을 살상한다든가, 적이 밉다고 하여 도시와 산업시설, 문화재들을 파괴하는 행위, 적에게 핵이나 화생방물질을 투하하는 행위는 엄격히 금해야 한다. 포로의 처우에 관한 제네바 조약을 위반하여 비인간적으로 대하는 행위 따위도 전쟁 범죄로 책임을 물어야 한다. 이러한 것을 제외하고는 어떤 작전도 전쟁에서는 정당화되게 마련이다.

기奇란 편법, 의외의 수, 상대의 허를 찌르는 것, 게릴라전 등을 뜻하고, 정正이란 정공법, 전투 교범에 충실한 공격이나 방어, 정규전 등을 뜻한다. 기와 정은 고대 병법 가운데 가장 중요한 개념으로서, 특수하고 기이한 방법을 기라고 하고, 일반적이고 상식적인 것을 정이라고 한다. 기와 정은 동전의 앞뒷면과 같아서 어느 것이 우선이며 정상이고, 어느 것을 더 많이 써야 승리할 수 있다는 보장은 없다. 아군의 여러 조건과 적의 상황, 자연과 지형 등 제반 형편을 검토하여 유리한 것을 택해야 한다.

가령 적의 후방으로 일부 병력을 침투시켜서 게릴라전으로 적을 혼란에 빠뜨릴 수 있는 일임에도 불구하고 굳이 정공법을 고집하는 것은 어리석은 일이다. 반면에 정공법으로 적을 공격해도 충분히 승산이 있는 데도 위험이 많이 따르는 게릴라전을 펴기 위해 적의 측면을 기습했다가 기다리고 있던 복병에 걸려 전군이 위태로워져서도 안 된다.

우리의 일상 생활에도 이러한 원리가 적용된다. 인간으로서, 선량한 시민으로서 하지 말아야 할 도덕적·법적 제한을 지키는 한 어떤 일도 할 수 있다. 이를 잘 구사하는 것이 지혜로운 삶이다. 우리 삶에서 정(正)이란 자신이 정한 인생의 원칙, 장기적인 목표, 그 목표를 달성하기 위한 수단과 방법이 될 수 있을 것이다. 이를 달성하기 위해 노력하다 보면 장애물도 생길 수 있고, 계획했던 것과는 달라진 상황을 맞을 수 있다. 이를 돌파하는 것이 그때그때 상황에 맞게 대응하는 임기응변의 활용이다. 이를 기(奇)라고 할 수 있을 것이다. 기와 정을 적절히 배합하며 살아가야 한다.

원문 三軍之衆을 可使必受敵而無敗者는 奇正이 是也라.

내실을 다지면 항상 이긴다

‖

병사가 적을 향해 진격하는 것이 숫돌 같은 돌멩이
로 달걀을 치는 것처럼 하는 것은 충분한 병력으로
적의 허점을 공략하기 때문이다.

　6.25전쟁 당시, 중공군의 인해전술로 우리 국군과 유엔군이 크
나큰 희생을 치렀다고 흔히 말한다. 그들의 군대가 한반도를 덮
을 만한 대병력임은 틀림이 없었는데, 그들은 꼬리에 꼬리를 물
고, 앞선 동료의 시체를 밟고 또 밟으며 꾸역꾸역 고지를 향해 올
라왔던 것이다. 그래서 인해전술인데, 이것이 중공군의 대명사처
럼 되고 말았다.

　6.25전쟁의 영웅 백선엽 장군의 회고록에 의하면, 인해전술이
라는 것이 단순히 병력의 많음에 있지 않다는 것이다. 아군의 병
력이 적게 집결해 있는 곳, 비어 있는 곳, 부대와 부대가 이어지는
접경 지역과 같은 곳은 약하기 마련인데, 이런 지점을 중공군은
귀신처럼 찾아내어 공격해 왔다는 것이다. 그들은 그런 공격 지점
을 정해 놓고 집요하게 그곳만 거듭 공격을 가해 왔다고 한다.

　수적 열세에 놓인 아군이 적의 집요한 공격을 받게 되자 적의

숫자나 병력이 더 커 보일 수밖에 없었다. 그것도 한밤중에 기괴한 음률로 피리를 여러 곳에서 불어대어 심신이 지친 아군 병사들을 공포에 떨게 한 다음 고지를 향해 오르고 또 올라오니 실제 이상으로 많아 보였다는 것이다.

그들이 노린 것은 아군의 허점, 느슨한 부분이었다. 한 곳을 선택한 그들은 투입할 수 있는 한의 병력을 집중적으로 쏟아 부어 공격했다. 바로 선택과 집중인데, 그것이 인해전술로 보였다는 것이다.

내실이 다져진 군대로 허점투성이 군대를 치는 것은 돌멩이로 달걀을 치는 것처럼 쉽다.

원문 兵之所加에 如以碬投卵者는 虛實이 是也라.

창조력은 어디서나 존중받는 재능이다

‖

무릇 전투라고 하는 것은 정공법으로 적과 맞서 싸우다가 얻어낸 기발한 계책으로, 승리하는 것을 말한다. 그러므로 기모(奇謀)를 잘 쓰면 그 전술적 변화의 무궁무진함이 천지의 변화와 같고, 장강이나 바닷물과 같이 좀처럼 고갈되지 않는다.

송나라 때, 북방의 금(金)나라와 싸워 많은 공을 세운 장수로서 필재우(畢再遇)라는 장군이 있다. 적과 마주친 그는 적을 유인하기 위하여 갑자기 전진했다가 느닷없이 후퇴하기를 여러 번 반복하여 적을 이리저리 몰고 다니며 하루 종일 골탕을 먹였다. 여기까지가 정에 속한다.

해가 질 무렵, 그는 미리 준비한 볶은 콩을 땅바닥에 뿌린 뒤에 싸우는 척하다가 후퇴해 버렸다. 그러자 기세등등하게 추격해 오던 적이 한순간에 발걸음을 딱 멈추어버렸다. 종일 헐떡거리며 적을 쫓아다니던 금나라의 말들은 잔뜩 굶주려 있었다. 그런 지친 말의 앞길에 말들이 가장 좋아하는 콩을 뿌려놓자 냄새만으로 미친 듯 식욕이 동하여 땅바닥에 흩어진 콩을 핥아먹느라 아무리 채찍질을 해도 움직이지 않았던 것이다. 더구나 그 콩에는 말들이 좋아하는 향료까지 첨가되어 있었다. 이것이 기에 해당한다.

이때 필재우가 대군을 이끌고 역습하여 대승을 거두었음은 물론이다.

앞의 '전쟁은 속임수를 정당화하는 행위이다(兵者, 詭道也)'라고 하는 곳에서, 진지에 병사가 있다는 것을 위장하면서 적 몰래 도망가기 위하여 살아 있는 양을 북에 매달아 밤낮없이 치게 한 것도 필재우의 작품이다. 이런 기발한 전술을 구사할 수 있는 장수라면 얼마든지 새롭고 창의적인 전술을 창안해 낼 수 있을 것이다.

그리하여 정과 기의 끊임없는 교차를 손자는 이렇게 비유했다.

– 끝났다가 다시 시작하기는 해와 달과 같고

終而復始, 日月是也

죽었다가 다시 살아나기는 네 계절과 같다

死而復生, 四時是也 –

이어 정과 기의 배합으로 생기는 무궁무진한 변화의 수(數)를 이렇게 비유했다.

– 소리는 오음(五音)에 지나지 않지만 오음의 배합으로 변화하는 것은 무궁하여 귀로 모두 들을 수 없다

聲不過五, 五聲之變, 不可勝聽也

색은 오색(五色)에 지나지 않지만 오색의 배합으로 변화하는 것
은 무궁하여 눈으로 모두 볼 수가 없다

色不過五, 五色之變, 不可勝觀也

맛은 오미(五味)에 지나지 않지만, 오미의 배합으로 변화하는 것
은 무궁하여 혀로 모두 맛볼 수가 없다

味不過五, 五味之變, 不可勝嘗也 –

그리하여 손자가 말하기를, 전장에서 전투의 양상이란 기와 정
두 가지에 불과하지만 그 두 가지가 어우러져 배합하면서 일으키
는 변화는 무궁무진하여 그 끝을 헤아릴 수 없다는 것이다. 기와
정의 상생은 마치 고리가 맞물려 돌고 돌아 끝이 없다고 했다.

문제는 기발한 착상과 창의적인 전략 전술의 구사에 있다. 창
조력은 전장에서는 물론 어디서나 존중받는 재능이다.

원문 凡戰者는 以正合하며 以奇勝하니 故로 善出奇者는
無窮如天地요 不竭如江海니라.

기회를 만나면 **우물쭈물하지 말라**

> 빠르게 흐르는 물이 돌멩이를 뜨게 하는 것은 물살이
> 매우 세기 때문이요, 빨리 나는 독수리가 새의 살과
> 뼈를 꺾고 부수는 것은 힘을 모아 정확하게 공격하기
> 때문이다. 그러므로 전쟁을 잘하는 자는 그 기세가
> 맹렬하고, 공격이 짧다. 기세는 시위를 힘껏 당긴 쇠
> 뇌와 같고, 공격은 화살이 시위를 떠날 때와 같다.

어떤 일을 하기 위하여 사전에 검토에 또 검토, 재삼 검토, 장고에 장고를 거듭하는 걸 흔히 본다. 신중한 것은 좋다. 그러나 전투 상황에서는 오래고 굼뜬 생각이 전체 전세를 망치는 경우가 흔하다. 세상 모든 일은 기회와 적절한 타이밍이 있게 마련이고, 또 모든 결정에는 득실이 따르게 마련이다. 그래서 최선의 결정을 위하여 요모조모 재고, 이리저리 이해득실을 따지게 된다. 일이란 살아 있는 생물처럼 항상 움직이기 때문에 타이밍이 그처럼 중요하다.

지휘관이나 CEO가 중요한 타이밍을 자주 놓친다면 크나큰 결함을 가지고 있다고 볼 수 있다. 어떤 결정이든 내려야 할 때 내리지 않고 우물쭈물하는 것은 나쁜 결정을 내리는 것보다 더 나

쁘다는 말이 있다.

가령 공격을 하기는 해야겠는데 공격로를 어느 코스로 택해야 할까 하고 여러 코스를 검토하면서 장고를 거듭하다가 그 기미를 적이 알아차리게 되면 어떤 일이 벌어지겠는가. 최선의 선택지를 얻기 위해 우물쭈물하기보다는 차라리 조금 마음에 들지 않는 코스라도 빨리 결정하여 행동에 옮겨야 한다는 것이다.

도요타 자동차에서 페달 결함이 발견되어 전 세계가 법석을 떨 때의 일이다. 당시 도요타는 소비자로부터 결함이 있다는 제보를 진작 받았기 때문에 발 빠르게 대책을 수립하여 시장에 무엇인가 답을 내놓아야 했다. 그러나 그들은 발표를 미적미적 미루면서 장고를 거듭하다가 사태를 점점 악화시켰다.

그러다가 결국은 미국에서 생산된 차량의 거의 대부분을 리콜하고, 사장이 미 의회의 청문회에 불려나가고, 판매고가 뚝 떨어지는 등 한동안 진통을 겪은 후에야 가까스로 사태를 수습할 수 있었다. 만약 그들이 사건 초기에 좀 더 발 빠르게 움직였다면 그런 진통을 겪지 않아도 되었을 것이다. 우물쭈물한 것이 일을 크게 만든 요인이다.

지금은 경영 상태가 좋지 않지만 동아건설은 우리나라의 대표적인 건설회사의 하나였다. 동아건설의 창업자 최준문 회장은 건설업으로 일생을 마친 기업인이다. 건설업에 남다른 애착을 갖고 있던 그도 잠시 싫증이 났던지 건설회사를 그만두기로 마음먹은 적이 있었다. 지금은 고층 빌딩이 들어서서 형체조차 없어진 광

화문 네거리의 국제극장과 동아건설을 맞바꾸기로 했던 것이다.

그런데 며칠 지나서 다시 생각하니 이만저만한 실책이 아니었다. 물려야 했다. 그러나 어쩌겠는가. 계약서는 이미 작성되었고, 물리려 해도 상대가 물려주지 않을 것은 불을 보듯 뻔했다. 부랴부랴 변호사를 동원해서 계약서를 검토하도록 했다. 혹시나 계약을 파기할 방법은 없는가 하고. 최씨로서는 천우신조인지, 서류에 계인이 찍혀 있지 않았으므로 무효라고 주장할 수도 있다는 법적 자문을 받았다. 즉시 그는 계약 무효를 선언했다.

상식적으로 있을 수 없는 일이었다. 입회인이 보는 앞에서 서명 날인한 계약서가 아닌가? 그러나 그의 태도는 단호했다. 세상의 비난이나 조소 따위는 문제가 되지 않았다. 이런 부분이 바로 최준문 개인이나 동아건설로서는 기회요 승부처였던 것이다. 건설업을 절대 놓쳐서는 안 된다는 판단과 지킬 수 있는 기회는 오직 이 대목밖에 없다는 절체절명의 위기감, 그리고 이것이 일생을 좌우하는 최대의 승부처라는 인식이 강하게 작용했던 것이다. 그는 결국 자신의 뜻을 관철하여 동아를 지켰다.

최준문 개인으로 봐서는 어려운 상황에서 던진 승부수가 아닌가 한다. 그는 기회를 놓치지 않고 과감하게 승부수를 던졌으므로, 이후 6,70년대의 개발붐에 편승하여 재벌기업으로 발돋움할 수 있었던 것이다. 만일 그 당시 우물쭈물했더라면 그는 자신의 극장에 앉아 가끔 영화나 감상하며 노후를 보냈을 것이요, 오늘날 20세기의 대역사라 불리는 리비아의 대수로 공사도 있을 수 없었을 것이다.

승부수를 던져야 할 기회가 왔을 때 우물쭈물하지 말고, 맹렬히 달려들어 단숨에 승부를 결정지어라.

激水之疾이 至於漂石者는 勢也요 鷙鳥之疾이 至於毀折者는 節也니라. 是故로 善戰者는 其勢險하고 其節短하니 勢如彍弩요 節如發機니라.

혼란 속에서도 조직이
허물어지지 않아야 한다

‖

> 서로 물고 물려서 난전(亂戰)을 벌리며 싸우더라도
> 혼란에 빠지지 말아야 하며, 서로 뒤엉켜 혼전(混戰)
> 을 벌리며 싸우더라도 진형을 갖추어 패배하지 않아
> 야 한다.

지휘자는 어떤 경우라도 냉정을 잃지 말아야 한다. 지휘자와
전사의 차이는 전체 판세를 보는 냉정의 유무에 달려 있다.

축구 선수는 경기에 몰입하여 다른 생각을 하지 않고 뛰는 것
이 좋지만 감독은 경기에만 몰입해서는 안 된다. 한 발 물러서서
냉정한 자세로 경기 전체의 흐름을 짚어보는 능력이 있어야 한
다. 양편이 뒤엉켜 물고 물리는 혼전을 벌리더라도 상대의 공격
스타일이 어떤 것인지, 주 공격로는 어느 코스인지, 어떤 선수를
경계해야 하며, 그 대비책은 무엇인지, 우리 선수가 적절히 수비
하고 있는지 냉정하게 살피고 평가할 수 있어야 한다. 역으로 우
리 선수의 공격 또한 그렇다.

바둑을 두어본 사람은 경험했을 것이다. 한 판의 바둑에는 부

분마다, 국면마다 많은 전투가 벌어진다. 하나의 전투가 주변의 돌과 어우러져 전투가 커지다가 급기야는 전판을 휩쓸기도 한다. 아무리 좁은 지역에서의 전투라도 전체적인 국면의 한 부분으로 작용하게 마련이다.

하수일수록 빠지기 쉬운 것은 한 부분을 쟁탈하여 승리한 것에 매몰되어 전체적인 국면을 그르치는, 이른바 작은 것을 탐내다가 큰 것을 잃는 소탐대실의 함정에 빠지기 쉽다는 것이다. 혹은 상대의 사석 작전에 말려들어 상대의 말을 조금만 잡는 대신 상대에게 큰 집을 허용하기도 한다.

이러한 모든 것이 난전과 혼전 속에 매몰되어 조직을 허무는 것이다. 훌륭한 지휘자, 바둑의 고수는 본래의 조직을 허물지 않는 냉정한 관찰력과 판단력을 가져야 한다.

우리의 삶도 그러하다. 사소한 부분에 몰입되고 침잠하여 정말로 중요한 것, 정말로 놓쳐서는 안 될 것, 버려서는 안 될 것을 잃고 있지는 않는지 자신을 자주자주 돌아보는 지혜가 필요하다.

원문 紛紛紜紜하여 鬪亂而不可亂이요 渾渾沌沌하여 形圓而不可敗也니라.

어떤 상황에서도 **통제가 가능하도록** 하라

|||

혼란은 질서 속에서 생기고, 비겁은 용기에서 생기며, 약함은 강함에서 생긴다. 질서가 잡혔느냐 혼란스러우냐는 군의 조직 문제이며, 비겁한가 용맹스러운가는 군의 사기 문제이며, 강한가 약한가는 군의 태세와 배치의 문제이다. 적을 잘 조종하는 자는 아군의 위장된 허점을 보여주어 적이 아군의 의도에 말려들게 하고, 적에게 이익을 주는 척하여 적이 덤벼들게 하고, 눈앞의 이익에 매몰된 적을 유인하여 아군의 군대로 하여금 공격의 기회를 기다리게 하는 것이다.

혼란, 비겁, 나약함이라는 것은 군대가 그래야 한다는 것이 아니라 적에게 그렇게 보여야 한다는 것이다. 남이 보기에는 혼란스럽고, 겁에 질려 있고, 나약하게 보이지만 사실은 그 반대로 질서가 잡히고, 용맹스럽고, 강성해야 한다는 것이다.

스스로를 혼란, 비겁, 나약함으로 위장된 모습을 보이기 위해서는 더욱 잘 잡힌 질서와 용맹과 강성함으로 무장시켜야 한다. 질서가 잡힌 군이라야 상대에게 혼란스럽게 보일 수 있고, 용맹한 군이라야 상대에게 겁에 질린 모습을 보일 수 있으며, 강한 군이라야 상대에게 나약하게 보일 수 있다.

이처럼 군대를 철저히 위장하기 위해서는 군대의 조직을 빈틈없이 하고, 사기를 진작시키고, 군의 배치를 효율적으로 해야 한다. 이것은 지휘관이 해야 할 일이다.

자신의 본 모습을 숨기는 것은 생각만큼 쉬운 일이 아니다. 크게 현명한 사람이라야 어리석게 보일 수 있다. 대지약우(大智若愚), 즉 크게 지혜로운 사람은 어리석은 사람처럼 보인다는 말이 있다. 대단히 용맹한 사람은 겉으로는 겁을 먹은 사람처럼 보인다. 모두가 처세의 한 방법이다.

도요토미 히데요시가 만년에 측근들만 모인 어느 술자리에서 자기가 죽은 뒤 누가 천하를 잡을 것 같으냐고 물은 적이 있다고 한다. 쇼군(將軍)이라는 대권은 아들 상속으로 이어지는 것이 관습인데 천기를 누설하는 이러한 말을 누가 물으며, 비록 묻는다고 하더라도 누가 감히 대답할 수 있을까마는 전해지는 이야기는 이러하다.

대부분이 도쿠가와 이에야스, 모리 데루모토 등 당대 가장 세력이 강한 다섯 대로(大老)의 범위를 벗어나지 않았다. 그러자 히데요시는,

"모두 틀렸다. 구로다 간베에다."

라고 선언하고, 그 이유를 다음과 같이 설명했다.

"나는 수많은 전투를 겪으면서 어려운 국면을 여러 번 경험했다. 힘겨운 상황에서 어떻게 하면 좋을지 망설여질 때마다 간베에와 상의하면 즉시 결론을 내릴 수 있었는데, 그의 판단은 늘 옳았고, 내가 미처 생각하지 못한 훌륭한 판단도 많았다. 그는 마음이 굳세고, 신임할 만한 사람을 신임하며, 사려 깊고 도량이 넓다. 내가 살아 있더라도 그가 원하기만 한다면 천하를 손에 넣을 수 있는 인물이다. 그는 겸손하여 못난 다이묘와 만나도 우대하며 친하게 지내고, 재능이 있는 사람이면 비천하더라도 홀대하지 않기 때문에 모두 그를 위해 죽음도 두려워하지 않는다. 더욱 놀라운 것은 전기가 무르익어 승리할 가능성이 있는 전투에서는 맹렬히 돌진하여 단숨에 승부를 결정짓는다는 것이다."

이 말을 전해들은 구로다 간베에는 크게 낭패한 얼굴로,

"나무아미타불……. 이것은 멸문의 화를 당할 징조다. 히데요시에게 주목받는다면 자손을 위해서라도 대책을 세워야 한다."

면서 곧 주변을 정리했다. 그는 평소 자신이 어리석게 보이지 못했음을 한탄하며 머리를 깎고 은둔생활에 들어갔다. 그리고 여수(如水)라는 호를 지어 물과 같이 살다가 일생을 마쳤다고 한다.

亂生於治하고 怯生於勇하고 弱生於强하니 治亂은 數也요 勇怯은 勢也요 强弱은 形也니라 善動敵者는 形之에 敵必從之하고 予之에 敵必取之하여 以利動之하고 以本待之니라.

상승의 흐름,
대세(大勢)를 타야 한다
|||

전쟁에 능한 장수는 승리를 전세(戰勢)에서 찾고, 병
사들에게 책임을 묻지 않는다. 이들은 인재를 선택하
여 적재적소에 배치하고 나머지는 전세에 맡기는 것
이다. 전세에 맡긴 자는 장병들을 싸우게 하되 나무
나 돌을 굴리는 것처럼 한다. 나무나 돌의 성질은 편
편한 곳에 두면 정지하고, 경사지게 두면 움직인다.
모나면 정지하고 둥글면 굴러간다. 그러므로 전쟁을
잘하는 사람의 세는 천 길 낭떠러지에서 둥근 돌을
굴리듯 하는 것이니 이것이 전세이다.

병사 한 사람 한 사람의 능력에는 한계가 있다. 그 각각의 힘은
열 사람일 경우에는 10의 힘밖에 나오지 않는다. 그러나 이 개인
을 단결된 힘으로, 집단화된 조직체의 힘으로 바꾼다면 열 사람
의 10이 아니라 15, 혹은 20의 힘을 얻을 수 있다. 이것이 집단
화 · 조직화된 힘의 원리이다.

전쟁에서 전세라는 것도 그렇다. 공동의 이상과 목표, 굳센 결
의, 고귀한 사명감, 백절불굴의 의지, 전우에 대한 뜨거운 사랑과
신뢰. 이런 요소들을 하나의 응집된 힘으로 묶는 것이 훌륭한 지

휘관의 지도력이다. 거기에 지휘관의 뛰어난 작전 능력과 고결한 인품이 빛을 발하여 부하 장병들로부터 한없는 신뢰와 존경을 받을 수 있다면 그 힘은 더욱 커진다. 그런 상황에서 군의 사기는 치솟고 용기는 배가되어 적과의 웬만한 수적 열세나 무기의 열등함도 이겨낼 수 있는 것이 전세의 마력이다.

가령 항우와 같은 강한 적을 맞이한 한 나라의 장군 한신이 솥을 깨어 부셔버리고 배수의 진을 쳐서 이길 수 있었던 것도 전세를 탈 수 있도록 지휘를 잘했기 때문이다. 여러 차례에 걸친 이순신 장군의 승리도 뛰어난 작전 능력과 함께 부하 수군으로부터 한량없는 신뢰와 존경을 받지 않았으면 어려운 일이다.

세계 역사상 손꼽히는 영웅은 예외 없이 이런 전세를 만들어 활용할 줄 아는 탁월한 지도력을 가지고 있었다. 그 지도력이란 장병들을 매혹시켜 사지에도 겁 없이 뛰어들게 할 수 있는 인간적인 매력, 이른바 강력한 카리스마를 갖추고 있었다고 볼 수 있다.

전세를 타게 되면 모가 난 나무나 돌은 그 모양대로, 둥근 나무나 돌은 그 모양대로 전장에 내놓아도 제 구실을 하게 마련이다. 일단 한번 전세를 탄 부대가 적을 향해 치고 나가는 힘은 천 길 낭떠러지에서 둥근 돌을 굴리듯 거침이 없다. 응집된 힘과 그 힘을 적에게 폭포수를 내려 붓듯이 퍼붓는 거센 흐름은 이렇게 중요하다.

선거에도 전세는 적용된다. 흔히 대세를 타야 한다는 것이 바로 그것이다. 선거 기간 중 지지율의 높낮이가 중요한 것이 아니라 지지율의 흐름이 중요하다고 전문가들은 말한다. 현재 지지율이 상대보다 높다 하더라도 내리막에 들어서는 지지율이면 위험하고, 지금 부진하더라도 꾸준히 치고 올라가는 지지율이라야 전망이 밝다는 것이다. 대세를 누가 장악하고 있느냐는 것이 문제의 핵심이다. 그래서 선거 기간 중에는 "대세는 이미 나에게로 결정되었다"는 선전을 남발한다.

기업에서도 CEO는 항상 대세를 탈 수 있도록 조직원을 관리해야 한다. 상승의 흐름, 긍정의 흐름, 화합의 흐름, 창의와 성실함의 대가가 내게 돌아온다는 믿음의 흐름을 만들어내야 한다. 기업 전체가 항상 상승의 흐름을 탈 수 있도록 노력해야 할 것이다.

원문

善戰者는 求之於勢요 不責於人이라 故能擇人而任勢니 任勢者는 其戰人也를 如轉木石하니 木石之性은 安則靜하고 危則動하며 方則止하고 圓則行하니라 故善戰人之勢는 如轉圓石於千仞之山者가 勢也니라.

제6장

—

내실을 다져라

손자병법의 허실(虛實, 제6편)에 해당하는 부분이다.

허(虛)는 병력의 분산이나 취약함을 뜻하며, 실(實)은 병력의 집중과 강성함을 뜻하는데,

허실은 중국 고대 용병술에서 매우 중요한 개념이다. 자신을 충실하게 만들어

상대의 허점을 찾거나 허점이 생기도록 만들어 공격해야 한다.

상황을 **유리하게** 바꾸어라

‖

손자가 말하였다. 전장을 선점하여 적을 기다리는 자
는 편안하고, 뒤에 전장에 나타나 싸우려 하는 자는
힘들게 마련이다. 그러므로 전투에 능한 자는 상대를
내게로 오게 하지 내가 상대에게 이끌려 가지 않는다.

적을 공격하는 전투라도 일단 전장을 선점하려면 그 지점에서
만은 방어적인 자세를 취해야 한다. 적을 공격하여 이기기 위해
서는 3배, 혹은 5배의 전력이 필요하다는 것이 일반적인 이론이
다. 그러나 방어는 적에 비해 3분의 1, 혹은 5분의 1의 전력밖에
소요되지 않는다. 방어가 공격보다 그만큼 쉬운 것이다.

3배를 3분의 1로 상황을 유리하게 바꾸는 것은 지휘관의 몫
이다.

러·일 전쟁. 만주에서 일본군에게 연전연패한 러시아는 그간
의 열세를 단숨에 만회하기 위하여 본국의 함대를 총동원하여 동
해로 진격했다.

1905년 5월 27일. 러시아 연합함대는 쓰시마 해협에서 일본의
도고 헤이하치로가 이끄는 연합함대에 전멸당했다. 일본이 '쓰

시마 해전'이라 부르는 해전이다.

이 해전의 승패는 일본 함대가 적진에서 돌연 90도 방향으로 뱃머리의 앞쪽을 돌려 러시아 함대를 T자형으로 제압하여 집중 포화를 퍼부은 도고 헤이하치로 대장의 새 전법의 위력에 있었다. 그러나 러시아가 패배한 근본적인 원인은 전장의 선점과 관련이 있다. 러시아 함대가 피로에 지쳐 있었던 반면 일본 함대는 편안한 가운데 전력을 비축할 수 있었던 것이다.

러시아 함대는 일본 함대에 비해 함정 수가 훨씬 많았으나 신구식 함대의 혼성부대였고, 장거리 항해로 말미암아 모든 구성원이 지친 상태였다. 1904년 10월, 본국에서 출항하여 약 3만5천km의 먼 바다를, 그것도 두 번이나 적도를 넘나드는 고된 항해 끝에 해를 넘겨 7개월 만에 가까스로 동해 입구로 진출했다. 위풍당당한 외양과는 달리 군사들은 지칠 대로 지쳐 있었던 것이다.

이와는 대조적으로 일본 함대는 그해 1월 1일 노기 마레스케의 제3군이 혈투 끝에 여순 요새를 함락시켰기 때문에 여순항 봉쇄라는 무거운 짐에서 해방되어 홀가분한 기분으로 전체 함대를 한반도 남부에 집결할 수 있었다. 이어 밤낮으로 훈련과 정비에 힘쓴 결과 문자 그대로 만반의 태세를 갖춘 상태였다. 이처럼 조건이 현격한 군대의 전쟁은 전쟁 이전에 이미 승패가 결정된 것이나 마찬가지였다.

『전쟁론』의 저자 클라우제비츠(1780~1831년)는,

"방어는 공격보다 더 견실한 전투 방식이다."

라고 했다. 방어하면서 적을 공격하는 것은 그만큼 위험 부담을 덜고 싸우는 것이 된다.

孫子曰, 凡先處戰地하여 而待敵者는 佚하고 後處戰地하여 而趨戰者는 勞하니라. 故로 善戰者는 致人而不致於人이라.

미끼를 이용해 접근시켜라

> 적이 자발적으로 공격해 오도록 하려면 이익을 줄 것처럼 유인해야 하고, 적이 아군에게 오지 않는다면 해가 돌아갈 것처럼 해야 한다. 그러므로 적이 한가할 때는 힘들게 만들어야 하고, 배불리 먹을 때는 굶주리게 만들어야 하고, 안정되어 있으면 동요하도록 만들어야 한다.

필자의 관찰에 의하면, 북한은 각종 병법서, 동서양의 전쟁사와 전투의 기록, 각 시대의 음모와 책략 등을 연구 · 분석하여 도발과 책동을 창안해 내는 브레인 집단이 있는 것 같다. 북한 수뇌부가 『손자병법』의 이 대목을 보았다면 아마 속으로 다음과 같이 중얼거렸지 않았을까 한다. 이들에 대한 교시의 한 대목을 구성해 본다.

– '우리 민족끼리' 라는 말이나 '북남 통일' 이라는 구호처럼 명분상 거부하기 어려운 미끼를 남조선 멍청이들에게 던져 그들이 우리 북으로 와서 쌀과 비료와 달러를 바치도록 해야 한다. 말을 잘 안 들으면 전쟁을 포함한 '무서운 후과(결과)' 가 있을 것이라 어르고 으름장도 놓는 거지.

또 '남조선 괴뢰'들이 세계 십몇 번째 경제 대국이라고 뻥을 치면서 한가롭게 외국 관광이나 다니며 빈둥거리는 것은 눈이 시려 못 보겠으니 무슨 방법을 써서라도 힘들게 만들어 보아라. 재들이 좀 잘 산다고 으스대는데, 사촌이 논 사는 것만큼 배 아픈 게 없다. 어떻게 재들의 경제가 파탄 나도록 해 볼 수가 없겠나? 재들이 안정을 누리게 되면 가뜩이나 잘 나가는 놈들이 범탄 기세로 설칠 것이니, 서해나 연평도에서 끊임없이 도발해야 한다. 그것도 가능하면 중요한 스포츠 경기가 있는 날을 가려서 하는 것이 좋다. 그래야 재들은 김이 빠지고 심리적으로 동요할 게 아닌가. –

원문
能使敵人으로 自至者는 利之也요 能使敵人으로 不得至者는 害之也니라. 故로 敵佚能勞之하고 飽能飢之하고 安能動之니라.

블루오션을 찾아라

‖

적이 나타날 만한 곳에는 달려가지 않으며 달려갈
때에는 적이 예상하지 못하게 하라. 천리를 가도 지
치지 않는 것은 적이 없는 곳으로 가기 때문이다. 공
격하여 반드시 빼앗는 것은 적이 수비하지 않는 곳
을 공격하기 때문이요, 방어하여 반드시 견고한 것은
적이 공격할 수 없는 곳을 지키기 때문이다.

적이 있지 않는 곳, 적이 전혀 예상하지 못한 곳으로 가는 길은
천리를 달려도 무인지경이므로 지치지도 위험하지도 않다. 적이
없는 곳을 공격하여 점령하고, 적이 도저히 공격할 수 없는 곳을
선택하여 방어한다면 못 이길 전쟁이 없다.

현실 생활에서는 이것이 바로 블루오션이다. 이미 경쟁 상대가
벌려놓은 상품이나 서비스가 아닌 전혀 새로운 어떤 것, 경쟁 상
대가 없는 시장에서는 아무리 시장을 확장해도 문제 될 것이 없
다. 경쟁이 거의 없으니 시장 점유율을 높이기도 쉽고, 상대가 도
저히 따라올 수 없는 기술과 아이템으로 상품을 만듦으로 성공하
지 못할 이유가 없을 것이다.

누구나 블루오션을 갖기를 원한다. 경쟁 상대 없이 마음 놓고

적어도 한 십 년은 하나의 상품, 하나의 업종으로 부를 쌓을 수 없을까 하고 말이다. 새로운 기술 개발과 한 단계 높은 상품 개발, 시장 반응에 대한 초조감, 경쟁 상대의 반응 등 기업인을 옥죄는 갖가지 조건과 제약을 일거에 털어버릴 수 있기 때문이다.

이것이 모든 기업인의 꿈이기는 하지만 쉽게 잡히는 것도 아니요, 허투루 이루어지는 것도 아니다. 가장 중요한 것은 시장을 새로운 눈으로 볼 수 있는 통찰력이다. 전혀 새로운 아이디어, 남이 흉내 낼 수 없는 것을 만들 수는 있을지 몰라도, 그것이 꼭 시장에서 성공한다는 보장은 없는 것이다.

필자의 한 지인은 약 40년 전에 아령 하나를 제작하려고 했다. 기존의 아령은 쇳덩이를 둥글게 깎은 것이기 때문에 마구 굴러다녀 불편하다는 것이 그의 지론이었다. 아령의 양쪽을 사각형, 혹은 육각형이나 팔각형으로 만들면 여러 모로 편리할 것이라고 역설했다.

지인은 새로운 아이템으로 아령 시장을 일거에 제패하겠다는 꿈을 안고 접근했는데, 결론은 불가능하다는 것이었다. 그 아이디어의 가장 큰 결점은 제작 원가가 엄청나다는 것이었다. 당시 아령이란 대충대충 만든 둥근 금형 거푸집에 쇳물을 녹여 부었기 때문에 원형이 울퉁불퉁하여 일정하지 않고 표면도 매우 거칠었다. 그것을 육각형, 팔각형으로 찍어내려면 금형 거푸집도 훨씬 정교해야 했으므로 제작 원가가 높아졌고, 좀 더 고급 기술이 필요했다. 주물로 생산하지 않고 깎아서 육각형, 팔각형을 만드는 것은 더 힘이 드는 일이었다. 굳이 제품으로 만들어 시장에 내놓아도 비싼 가격 때문에 아무도 거들떠보지 않으리라는 것이 상인들의 판단이었다.

결국 그것은 당시 한 개인의 아이디어 차원에서 머물렀고, 그 아이디어를 낸 사람은 두고두고 아쉬워하고 있다. 이후 그의 아이디어가 시장에서 좋은 평가를 받고 거래가 되었기 때문이다. 지금 시중에는 육각형, 팔각형의 날씬하고 멋진 아령이 상품 진열대에 놓여 있다. 그 제품들은 재질이 무쇠가 아닌 스테인리스강 종류로서 아주 잘 만들어져 있으며, 가격 또한 별반 높지 않다.

세상일이란 모두 때가 있게 마련이다. 그 때란 주변 여건이 조성되어야 이루어진다는 의미이다.

『손자병법』의 여러 교훈도 이 범위에서 벗어나지 않는다. 공격과 방어를 위해 자신에게 유리한 주변 여건을 조성한 뒤 기회를 포착하라는 충고가 도처에 깔려 있다.

우리가 블루오션을 잡는 것도 이 범위에서 벗어나지 않는다. 항상 새로운 것에 눈뜨고 주변 여건을 조성하며 기회를 기다려야 한다.

원문

出其所不趨하고 趨其所不意니라. 行千里而不勞者는 行於無人之地也니라. 攻而必取者는 攻其所不守也라 守而必固者는 守其所不攻也라.

자기의 정체를 **잘 숨겨라**

‖

그러므로 공격이 능한 자는 적이 어느 곳을 방어해
야 할 것인지 알지 못하게 하고, 방어가 능한 자는
적이 어느 곳을 공격해야 할 것인지 알지 못하게 한
다. 미묘하고 미묘하도다, 그 형체가 없어도 볼 수 있
음이여! 신비하고 신비하도다, 그 소리가 없어도 들
을 수 있음이여! 그러므로 적군의 목숨은 아군의 손
에 달려 있다. 적진으로 진격하되 적이 막을 수 없는
것은 적의 허점을 찌르기 때문이요, 아군이 퇴각하더
라도 적이 추격할 수 없는 것은 아군의 움직임이 재
빨라 따라올 수 없기 때문이다.

인천상륙작전은 세계 전사에 길이 남을 작전이다. 이를 주도한
맥아더 장군의 선택과 기획은 탁월했다.

인천으로 상륙 지점을 설정한다는 것은 많은 위험을 내포하고
있었다. 셔먼 제독의 보고에 의하면, 인천은 모든 지리적 환경 및
해군 작전상의 악조건을 모조리 갖추고 있었다. 길고 넓은 갯벌,
긴 조수간만의 차 등으로 인해 상륙이 가능한 시점은 극히 제한
되어 있었다. 상륙 시간의 제한은 유엔군의 작전을 그만큼 어렵
게 하였고, 위험도 매우 컸다. 자칫 시간을 잘못 맞추었다가 전함
이 갯벌에 얹히게 되는 불상사를 당할 수 있었다. 반면 북한군으

로서는 상륙 시점을 점치기가 수월하여 방어가 그만큼 쉬웠던 것이다.

또 하나 큰 문제는 당시 치열한 공방전을 벌이고 있던 낙동강 전선과의 거리가 너무 멀어서 어렵사리 상륙에 성공하더라도 자칫 적에게 포위될 위험이 있었던 것이다. 사력을 다해 낙동강 전선을 압박하는 북한군의 보급로를 차단하고, 뒤에서 협공하여 적의 숨통을 조이겠다는 목표가 역으로 작용할 수 있다는 것이다.

그러나 인천을 손에 넣고 서울을 장악하는 것은 전쟁 양상을 뒤집는 중요한 포인트가 되었으므로, 맥아더 장군은 그 작전을 결행하였다. 수도 서울을 탈환한다는 정치적·심리적 의미와 한반도의 중간 부분을 잘라 적의 통로를 차단하는 것이 성공한다면 전세를 일거에 뒤집을 수 있기 때문이었다.

당시 북한군 수뇌부는 인천상륙작전에 대해 가능성을 점치고는 있었지만 워낙 자연 조건이 좋지 않았기 때문에 반신반의한 상태였다. 인천을 방어할 병력도 많지 않았지만 상륙이 불가능하다는 것이 대체적인 의견이었다. 맥아더 장군이 그 허를 찌른 것이다.

'공격이 능한 자는 적이 어느 곳을 방어해야 할 것인지 알지 못하게' 하는 것이고, '적진으로 진격하되 적이 막을 수 없는 것은 적의 허점을 찌르기 때문' 이었던 것이다.

그런 의미에서 맥아더 장군은 『손자병법』에도 충실한 명장이라고 할 수 있다.

故로 善攻者는 敵이 不知其所守하고 善守者는 敵이 不知其所攻하나니 微乎微乎인저 至於無形하고 神乎神乎인저 至於無聲이라 故로 能爲敵之司命이니라. 進而不可禦者는 衝其虛요 退而不可追者는 速而不可及也니라.

221

선택하고 **집중하라**

‖

적의 형태를 드러나게 하고 아군의 형태는 드러나지
않게 하면 아군은 뭉치게 되고 적은 분산하게 되니,
아군은 하나로 뭉치고 적은 열로 나누어지게 된다.
이는 열 명의 아군이 적 한 명을 공격하게 되는 것이
니 아군은 다수가 되고 적은 소수가 된다. 다수로써
소수를 치게 되니 아군과 싸우는 적은 항상 약하게
된다.

　현대 군사학 용어에 집중의 원칙(Principle of Concentration)이라는
것이 있다. 결정적 지점에 사용 가능한 최대의 전투 역량을 투입
하는 것을 말한다. 적을 이길 수 있는 모든 수단과 방법을 동원한
다는 것이다. 수단이란 전투에 직간접적으로 참가하는 인원, 무
기와 장비 등의 물자, 화력, 지휘권, 통솔력, 부대원의 사기, 전투
준비 태세 등이다. 이들을 일정한 시간에 일정한 장소를 향해 일
제히 퍼부어야 이긴다는 것이다.

　다수를 만들어 소수를 치는 것은 아주 평범한 말 같지만 쉬운
일이 아니다. 군대는 단순히 공격과 방어만을 위해 있는 게 아니
기 때문에 곳곳에 흩어져 있는 진지, 보급품 창고, 병참선, 후방

등 많은 곳에 신경을 써야 하고, 또 이를 지켜내야 한다. 그러다 보면 병력을 분산하게 되는데, 병력을 분산하다 보면 신경을 집중할 수 없고, 화력도 분산하게 된다.

제2차세계대전에서 미군과 일본군 사이의 전략은 집중과 분산의 좋은 예이다. 일본군은 동남아 일대를 석권한 다음 태평양의 여러 섬을 차례로 점령해 나갔다. 병력과 장비가 분산되고 병참선도 그만큼 길어졌다. 석유 등 자원 문제로 미군과 전쟁을 벌인 일본으로서는 전쟁의 원인 가운데 하나인 석유를 엄청나게 많이 사용하게 된 것이다.

그러다가 1942년 6월 5일 미드웨이 해전에서 대패하여 항공 세력을 대부분 상실하여 기동력에 막대한 타격을 입게 되었다. 단숨에 수세에 몰린 나머지 태평양 상에 널리 분포되어 있는 조그마한 섬에도 병력을 배치하여 미군의 공격에 대비해야 했으니 일본군으로서는 선택의 여지가 없는 분산 전략이었다.

반면 미군은 중요한 군사 요충지에만 전력을 집중할 수 있었다. 집중과 분산은 어떤 경우라도 선악이 확연히 구분되는 것이므로 이후 일본의 고전은 불을 보듯 뻔한 것이었다.

현대 경영에서도 선택과 집중은 제1의 화두이다. 글로벌한 시대에서 한 기업이나 기업 집단이 모든 것을 관여할 수는 없다. 자신 있는 업종, 좀 더 좁혀서 자신 있는 품목을 선택하여 집중적으로 기술을 개발하고 시장을 넓혀 가야 한다.

삼성전자가 대표적인 성공 케이스이다.

삼성전자는 전자 산업이 현대 기업의 꽃이라는 것을 라디오니 TV, 냉장고 등을 만들 때부터 간파했을 것이다. 그리고 눈에 뜨인 것이 반도체가 아닌가 한다. 반도체는 누구나 넘어야 할 거대한 산이요 망망한 바다였다.

삼성전자는 반도체 시장에 과감히 뛰어들었으나 당시 기술력이나 자본이 있었던 것도 아니었다. 어떤 일이 있어도 잡아야 하는 것이었기 때문에 선택 아닌 선택을 할 수밖에 없었다. 그런데 반도체 선택은 우리 산업의 역사에 중요한 의미를 가진다. 철강이 20세기 산업의 쌀이라면 반도체는 21세기 산업의 쌀이기 때문이다. 20세기에 들어서면서 미국이 세계의 리더가 된 것은 미국 동부의 철강 산업과 그와 상호 연계된 자동차 산업이 있었기 때문이다. 반도체는 분명히 21세기 산업의 본질이자 표본이다.

후발 주자라고 할 삼성으로서는 수많은 반도체 중 어떤 것을 선택해야 할지 가늠할 수 없었을 것이다. 고심 끝에 선택한 것이 발전 가능성이 가장 크고, 수요도 가장 많으리라 생각되는 비메모리 분야를 잡았던 것이다. 이것이 또 하나의 선택이요, 집중이었던 것이다.

원문 形人而我無形이면 則我專而敵分하리니 我專爲一하고 敵分爲十이면 是는 以十攻其一也니 則我衆敵寡이니라. 能以衆擊寡면 則吾之所與戰者가 約矣라.

변화의 원리를 **이해하고 혁신**하라

> 무릇 군대의 운용은 물과 같아야 하니, 물은 높은 곳
> 을 피해 아래로 흘러가게 마련이고, 군대의 운용도
> 적의 강한 곳을 피해 허점을 공격해야 하는 것이다.
> 물이 지형에 따라 흐름의 형태를 조절한다면 군대
> 또한 적의 허실과 강약에 따라 승리의 방법을 통제
> 해야 할 것이다. 그러므로 군대의 운용에는 고정된
> 형식이 없고, 물 또한 고정된 형태가 없는 것이다. 적
> 의 움직임에 따라 아군이 작전에 변화를 주어 승리
> 를 쟁취하면 이를 용병의 신(神)이라 일컫는다. 그러
> 므로 오행(五行)에는 정해진 승자가 없고, 사계절은
> 정해진 위치가 없으며, 해도 길고 짧은 날이 있고, 달
> 도 차면 기우는 것이다.

『노자』에 상선약수(上善若水)라는 말이 있다. 지극한 선은 물과
같다는 것이다.

물은 주변 환경에 따라 모습을 달리한다. 샘물이 되어서는 한
방울씩 아래로 떨어지고, 골짜기에서는 돌과 수초를 휘돌아 흘러
내리며, 폭포에 이르러서는 천 길 아래로 떨어져 부서진다. 강에
와서는 다른 많은 물, 가령 탁한 물과 더러운 물, 차가운 물과 따
뜻한 물과 섞이고 어울린다. 또한 둥근 그릇에 담기면 둥근 모습

의 물이 되고, 모난 그릇에 담기면 모가 나게 되는 것이 물이다. 게다가 강물이 바다에 이르러서는 짠물과 섞이어 엄청난 변화를 겪는다. 그러나 짠 바닷물이 되었다고 하여 물의 본질이 변하는 것은 아니다.

이것이 공간에 따른 변화라면 환경과 시간에 따라 물은 얼음이 되었다가 문득 수증기가 되기도 한다. 물은 환경과 시간의 변화에 따라 변환과 환원을 거듭한다.

물은 누구와 다투지도 않고, 겁내지도 않는다. 강한 돌을 만나면 피해서 돌아 흘러가고, 모래밭이 있으면 거침없이 속으로 파고든다. 가고 오는 것이, 들어가고 나가는 것이 주변 환경에 따라 자유자재이다.

군의 운용도 물과 같아야 한다는 것이다. 적의 상황에 따라 끊임없이 변할 수 있어야 하고, 변화에 저항감이 없어야 한다. 변화는 자기 혁신이며, 끊임없는 자아 성찰의 결과이다. 변화는 항상 새로운 모습으로 태어나기 때문에 사고가 유연해야 하며, 창의적이어야 한다.

군의 형세에 정형이 없다고 하여 교범에 전혀 없는, 병법의 상식에서 벗어난 행동을 하라는 것은 아니다. 교범을 지키되 이제까지 아무도 한 적이 없는 창의적인 것으로 변환해야 적이 나의 변화를 알지 못한다. 이러한 변화로 승리한다면 용병의 신이라 할 수 있지 않겠는가.

오행에서는 고정된 승자, 영원한 승자가 없다는 것이 다음과 같은 오행 상극에 의해서 설명된다. 중앙의 토(土)가 가장 강할 것 같지만 목(木)에 의해 파헤쳐지기 때문에 이기지 못하고, 목은 금(金)에 의하여 잘려나가기 때문에 이기지 못하며, 금은 화(火)에 의하여 불 태워지기 때문에 이기지 못하고, 화는 수(水)에 의하여 꺼지기 때문에 이기지 못하며, 수는 또 토에 의하여 흐름이 막히기 때문에 이기지 못한다.

그런가 하면 오행은 서로 서로를 살리는 상생의 원리도 가지고 있다.

토(土) 속에서 금(金)속성을 찾을 수 있고, 금에서 수(水)가 생기며, 수가 있어야 목(木)이 길러지고, 목은 자신을 불태워 화(火)를 만들고, 화가 사위어진 재가 토로 변하게 된다.

고정된 패자, 영원한 패자는 없다는 뜻이다.

그런가 하면 세상에는 하나의 계절만 있는 것이 아니고, 해도 길어졌다 짧아지기를 거듭하며, 달도 줄어들었다 늘어나기를 반복한다. 요컨대 모든 것은 변한다는 사실이다.

원문

夫兵形은 象水하니 水之形은 避高而趨下하고 兵之形은 避實而擊虛이니라. 水는 因地而制流하고 兵은 因敵而制勝이니라. 故로 兵無常勢하고 水無常形이니 能因敵變化而取勝者라야 謂之神이니라. 故로 五行이 無常勝하고 四時가 無常位하고 日有長短하고 月有死生이니라.

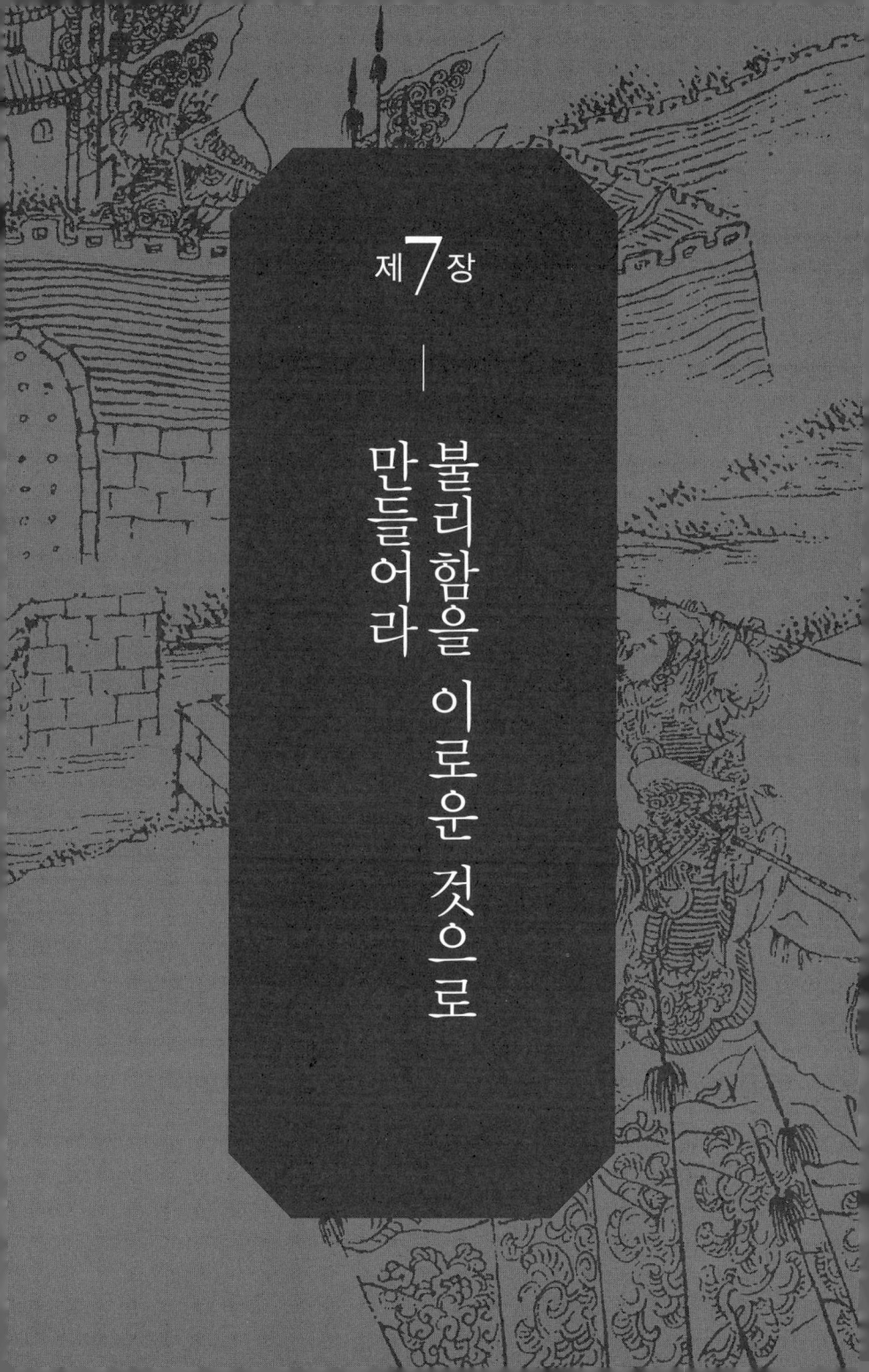

제 7 장

—

불리함을 이로운 것으로
만들어라

『손자병법』의 군쟁(軍爭, 제7편)에 해당하는 부분이다.

전투에서는 주도권을 쥐는 것이 가장 중요한데, 기선을 잡고 능동적으로

갖가지 유리한 상황을 만들어 대비하되 작전상 기정(奇正)을 적절히 배합해야 한다.

전쟁은 **쉬운 게임이 아니다**

> 손자가 말하였다. 무릇 용병의 법칙은 장수가 임금에
> 게서 명령을 받아 군대를 소집·편성하여 적과 대치
> 하게 되는데, 세상에서 전투처럼 어려운 것이 없다.

『명심보감』에 이런 구절이 있다.

염염요여임전일(念念要如臨戰日). 늘 생각은 싸움터에 나가는 날과 같이 하라.

전투에 나선다는 것은 일신의 생사를 창칼이 난무하는 위험한 전쟁터에 맡길 수밖에 없는 상황이다. 누구도 전쟁터에서 무사히 돌아온다는 보장이 없다. 전투의 승패는 국가의 안위와 관계되는 것이지만 그보다 더 직접적인 것은 개인 한 사람 한 사람의 생사와 직결되기 때문이다.

이름 모를 전장에 원통한 피를 흩뿌리고 외로운 뼈를 묻은 원혼이 얼마나 많은가. 이 어찌 두렵지 않으며, 숙연하지 않을 수 있는가. 전쟁을 피하고 반대해야 할 이유가 여기에 있다. 손자처럼 전쟁이라는 메커니즘에 밝은 사람도 전투처럼 어려운 것이 없다고 토로할 정도였으니 말이다.

그러나 많은 사람 중에는 전쟁을 대수롭지 않게 여기거나 전투 자체를 즐기는 이도 있다. 굳이 전쟁광이 아니더라도 실전 경험이 부족한 사람이 범하는 우는 전투를 너무 교과서적으로 여긴다는 사실이다.

전국시대 말인 기원전 260년, 지금의 산서성 고평이라는 곳에서 장평(長平) 전투라는 큰 전쟁이 있었다. 중국 역사상 최초로 벌어진 최대 규모의 포위·섬멸전으로 전국 7웅 중 진정한 승리자의 향방을 가늠하게 되는 아주 중요한 전쟁이었다. 그 전쟁 40년 뒤 중국은 진시황에 의하여 통일되었기 때문이다.

이 전쟁에서 조(趙)나라가 진(秦)나라에게 패하여 수많은 군사를 잃었는데, 조나라의 장수는 조괄(趙括)이었다.

두 나라는 장평에서 오랫동안 대치하며 지루한 힘겨루기를 하고 있었다. 조나라에서는 염파(廉頗)라는 장수를 보냈는데, 먼 곳에서 온 진나라 군대와는 힘들게 싸울 게 아니라 지구전을 펼치면 진나라는 제풀에 꺾일 것이라 여기고 있던 터였다. 사실 진나라로서는 빨리 싸움을 걸어 승부를 내야 할 판이었다.

전국시대 4대 명장의 한 사람으로 꼽히는 염파의 작전이 옳았지만 이를 이해하지 못한 조나라의 효성왕은 싸우지 않는 것이 못마땅하다며 여러 차례 화를 내며 꾸짖었다. 이를 눈치 챈 진나라의 책략가 범저(范雎)가 사람을 풀어 반간계를 넣었다.

"진나라가 가장 겁을 내는 것은 마복군의 아들 조괄이 장수로

오는 것이다. 염파 정도는 상대하기도 쉽고, 또 그는 금방 항복할 것이다."

이런 말이 조왕의 귀에 들어가자 바로 대장을 조괄로 갈아치웠다. 이에 인상여(蘭相如)라는 장군이 반대했다.

"대왕께서는 명성만 듣고 조괄을 기용하시는데 그는 '기러기발을 아교로 붙여놓고 거문고를 타는[膠柱鼓瑟]' 것과 같은 사람입니다. 그는 자신의 아버지가 가지고 있는 병법서를 읽기만 했을 뿐이지 전장에서 어떻게 대응해야 할지 모르는 사람입니다."

조괄은 그저 책을 읽기만 한 인물에 지나지 않는다는 것이다. 다시 말해 교과서적인 사고를 가진 인물이라는 뜻인데, 조왕은 이를 듣지 않았다. 인상여가 반대하는 데는 그럴만한 이유가 있었다.

조괄은 어려서부터 병법서 읽기를 좋아하여 병법에 아주 밝았다. 그와 병법을 논하면 그 누구도 상대할 사람이 없었다. 그의 아버지 조사(趙奢)가 토론을 해본 결과 도저히 이길 수가 없었다.

군사에 관한 모든 문제가 그의 손바닥에서 놀았다. 그러나 그는 실전 경험이라고는 전혀 없을 뿐만 아니라 융통성이 없어서 임기응변을 할 줄 모르는 인물이었다. 쉽게 말해서 그는 이론만 빠삭했던 것이다.

아버지인 조사도 알아주는 장수였는데, 그런 아들에 대하여 그는 한번도 훌륭하다고 칭찬하는 말을 하지 않았다. 이를 유심히 지켜본 그의 어머니가 그 까닭을 물었더니 이렇게 대답했다.

"군에 관한 일이란 죽음을 앞에 둔 참으로 중대하고 위험한 문제인데도 저 아이는 말을 너무 쉽게 하니 그게 걱정이오. 조나라에서 저 아이를 만약 장수로 쓴다면 정말 큰일이오. 조나라의 군대를 망쳐놓을 테니 말이오."

이런 일이 있던 터라 조괄이 장군이 된 뒤 그의 어머니가 왕에게 글을 올려 조사가 생시에 한 말을 전했다. 그러나 왕이 결정을 번복하지 않는지라,

"그렇다면 저 아이가 죄를 범하더라도 저에게까지 책임을 묻지는 말아주십시오."

라고 탄원하여 왕의 허락을 받았다.

장군이 교체되었다는 소식을 들은 진나라에서는 몰래 백기(白起)라는 장수를 보내어 상장으로 삼고, 이제까지 군을 지휘하던 비장 왕흘이 백기를 돕게 했다. 더 강한 장수로 교체한 것인데, 이를 일체 비밀에 부치도록 하였다.

장군이 되어 군권을 장악한 조괄은 곧 이전에 염파 장군이 했던 약속들을 모두 바꾸고, 하급 장교도 갈아치웠다. 자기 스타일대로 진용을 정비하겠다는 생각에서였다.

그렇게 한 다음, 군사를 출동시켜 진군을 공격하자 백기는 패하는 척하고 달아나다가 복병을 풀어 역습하는 척하면서 또 달아났다. 적이 거짓으로 패한 체하며 달아난다는 것을 눈치 채지 못한 조괄이 신바람이 나서 추격을 계속했다.

항상 자신만만하던 전쟁이 자기 뜻대로 되어간다는 자만에 빠

져들었던 것이다. 승승장구하여 진군의 진영까지 다다르자 갑자기 복병이 나타났다. 2만5천 명이 배후를 차단한 다음 다른 5천 명이 군량과 말먹이의 수송선까지 차단했다.

진군에게 완전히 포위된 조군은 그 자리에서 옴짝달싹하지 못한 채 진지를 구축하고 버티는 수밖에 없었다. 식량 보급도 끊긴 채 숨 막히는 포위전은 장장 46일간이나 계속되었다. 그 사이 굶주림에 허덕이던 군사들은 서로 잡아먹고 먹히는 참극에 빠져들었다.

버티다 못한 조괄이 소수의 날랜 군사를 이끌고 백병전을 벌리면서 탈출을 감행하였으나 결국 진군이 쏜 화살에 맞아 죽게 된다. 그의 비극은 이것으로 끝나지 않았다. 장군을 잃은 군사들이 우왕좌왕하다가 대패하여 사졸 40만 명이 모두 항복하게 되었다. 항복을 받아낸 백기는 항복한 군사를 속임수를 써서 모두 땅에 매장하여 죽여버렸다. 이 전쟁에서 조나라는 45만 명이 참살을 당했는데, 살려주어 귀국한 사람이 240명에 불과했다고 한다.

이 전쟁을 보면 조괄의 인물됨을 알 수 있을 것이다. 그는 포위되었을 때 지루하고 대책 없는 농성을 벌일 게 아니라 어떤 희생을 치르더라도 포위망을 과감히 뚫고 탈출했어야 했다. 그랬더라면 이처럼 엄청난 피해는 입지 않았을 것이다.

전쟁을 만만하게 본 결과는 이처럼 참혹했다. 전쟁은 결코 쉽게 덤벼들 수 있는 게임이 아니다.

孫子曰, 凡用兵之法은 將受命於君하여 合軍聚衆하
여 交和而舍하되 莫難於軍爭이니라.

늦을수록 **우회하라**

|||

> 전투가 어려운 것은 우회하는 먼 길을 곧고 가까운
> 길과 같이 만들며, 불리한 것을 이로운 것으로 만드
> 는 데 있다. 그러므로 길을 우회하여 적을 이롭게 할
> 듯이 미끼를 던져서 적보다 늦게 출발하여 적보다
> 먼저 전장에 도착하는 것이다. 이것이 바로 우직지계
> (迂直之計)를 아는 자의 행동이다.

　지름길로 달려가 적을 기습적으로 제압하는 것도 중요한 전략
이지만 멀리 우회하여 장기전을 펴는 전략이 더 나을 때도 있다.
장제스의 국민당 군대에 몰린 중공군이 연안(延安) 대장정에 나
선 것도 그런 전략의 하나이다.

　1934년 10월경, 1년째 계속되는 국민당군의 제5차 공격으로
중공군은 거의 빈사상태에 빠져들었다. 내전을 중지하고 국공합
작으로 항일 전쟁을 전개하자고 호소하였으나 장제스는 들은 체
도 아니하고 계속 중공군을 압박해 들어갔던 것이다.

　10만의 중공군이 화남 근거지에서 포위되자 그 포위선을 돌파
하여 서쪽으로 이동을 개시하였다. 광서, 귀주, 운남, 사천 등지
를 전전하며 11개 성을 걸어서 1년 만에 1만 2천 킬로미터의 대

규모 우회작전을 전개했다. 계속되는 국민당군의 추격, 소수민족의 공격, 만년설로 덮인 설산, 사막과 대초원과 습지 등 온갖 자연적 악조건 속에서 풀뿌리와 나무껍질로 연명하며 연안에 도착해 보니 병력은 반 이상이 줄어 있었다.

얼핏 봐서는 무모한 군사 이동 같지만 실은 전략적 공세를 취하기 위한 우회작전이었다. 즉 연안은 일본이 지배하는 만주에 가깝고, 항일 전진기지로서 적합한 곳이었다. 그리고 국민당 군에게도 위협을 줄 수 있는 전략적 요충지였다.

새로운 근거지를 확보한 중공군은 전체 중국을 향해 "내전을 중지하고 일본의 침략에 저항하자"고 선전하기 시작했다. 항일을 촉구한 것은 국민당 군의 예봉을 피하기 위해서 내세운 슬로건이지만 상당한 위력이 있었다. 중공군에 대한 여론도 차츰 호전되어 갔다.

그러나 눈엣가시 같은 중공군을 마지막까지 몰아쳐 완전 소탕이 목표였던 장제스는 중공군 토벌에 더욱 박차를 가해 장쉐량(張學良) 장군이 지휘하는 13만 대군을 서안(西安)으로 파견했다. 그런데 장쉐량은 일본군 때문에 만주에서 쫓겨났고 아버지 장작림(張作霖)의 실패도 일본 때문이었으므로 일본과는 불공대천의 원수였다.

그들로서는 같은 중국인끼리 내전을 하기보다는 일본과 싸우는 것이 훨씬 명분도 있었다. 게다가 부대원도 만주 출신이 많았으므로 한시라도 빨리 만주로 돌아가고 싶어 했던 것이다.

1939년 12월, 장제스는 중공군 토벌이 지지부진하자 싸움을 독려하기 위하여 비행기를 타고 서안으로 날아갔다. 12월 12일, 세기의 사건이 일어났다. 장제스 총통이 장쉐량에 의하여 연금되었던 것이다. 암살되었다는 보도도 있었다.

약 2주 뒤, 장제스는 무사히 석방되어 남경으로 돌아왔다. 그 사이 부인 송미령이 달려갔고, 여러 모로 정치적 흥정이 있었다.

그 당시 공산당의 개입도 빼놓을 수 없는 변수였는데, 저우언라이가 장쉐량의 초청으로 연안에서 서안으로 왔다. 내전을 중지하고 국공 합작의 항일 전쟁을 치르는 것을 근간으로 하는 타협책이 마련되었다.

중공군으로서는 장제스가 철천지원수이기 때문에 장쉐량을 충동질하여 살해할 마음을 먹었을 수도 있었지만 그렇게 하지 않았다. 총통을 살해하게 되면 중국은 정치·군사적 구심점을 잃어 일본 침략의 길을 열어주는 빌미를 제공할 것이라고 보았다. 이것은 중공군의 장래에도 좋지 못하다는 판단에 따라 총통 살해라는 지름길을 버리고 그를 석방하도록 하여 항일 통일 전선 결성에 활용하자는 정치적 우회 작전을 선택했던 것이다.

일본이라는 큰 적에 대항하기 위해 장제스라는 작은 적을 일시 활용한 공산당의 전략은 이후 정국의 주도권을 잡는 계기가 되었다. 일본이 패망한 뒤 중공군은 마침내 국민당 군에게 총구를 겨누어 부패하고 무능했던 국민당 정부를 대만으로 몰아냈다. 연안 장정이라는 군사적 우회 작전과 장제스를 활용한 국공 항일 공동

전선이라는 정치적 우회 작전이 성공을 거둔 것이다.

이후 장제스와 장쉐량의 관계를 살펴보는 것도 흥미로운 일이다.

연금된 장제스에 대해 장쉐량은 자신의 정치적 소신을 역설하면서도 총통에 대한 예우를 잃지 않았고, 장제스도 침착하고 의연함을 견지했다고 한다. 그들은 천하의 운명을 결정짓는 중요한 사안을 타협하면서도 한 장의 문서, 한 장의 성명서도 남기지 않았다. 대약무문(大約無文)이라는 말이 있듯이 큰 약속은 사실 문서가 필요 없는 법인데, 그들 또한 대장부로서 약속하고 다짐하는 것으로 끝났던 것이다. 연금에서 풀려난 장제스는 남경으로 귀환하는 즉시 약속대로 공산당 토벌을 중지하고 항일 전선에 전력을 집중했다.

일본 패망 이후, 시안사건에 대한 비판 여론이 고조되었다. 빈사 상태에 빠졌던 공산군이 득세하여 하루가 다르게 세력을 확장해 나가며 국민당 정권을 위협하는 것은 모두 공산군 토벌을 중지시킨 시안사건이 원인이라는 것이었다.

국민당 정부가 대만으로 물러날 때 장쉐량은 연금 상태로 따라갔다. 그는 장제스 생시에는 우대받는 연금 상태로 수십 년을 보냈고, 장제스가 죽자 하와이 망명이 허용되었다. 그러나 그는 평생토록 정치적 발언을 하지 않고 살았다. 아마 그 자신도 시안사건으로 말미암아 국민당 정부를 곤경에 빠뜨린 것을 후회하고 있었을 것이다.

　100세에 가까워질 무렵, 중국 정부에서 장쉐량에게 이런 제의를 했다고 한다. 본토로 귀환한다면 요령성 심양의 옛 영지 일부와 대저택을 사용하는 것을 허용하겠다고. 그러나 그는 이를 거절하고 마는데, 그가 그곳으로 가는 것이 정치적인 면에서 중국 정부에는 득이 되게 하는 것이고 대만 정부와 장제스에게는 정치적 배신행위라는 것을 알았기 때문일 것이다.

원문
軍爭之難者는 以迂爲直하며 以患爲利니라. 故로 迂
其途而誘之以利하고 後人發하여 先人至니 此知迂
直之計者也니라.

무리수를 **두지 말아야** 한다

‖

갑옷을 벗고 달려가되 밤낮으로 쉬지 아니하여 이틀
에 갈 길을 하루에 가려고 강행군하여 백 리 앞의 군
사적 이득을 쟁취하려고 한다면 삼군의 장수도 적에
게 사로잡히게 될 것이다. 날랜 장병은 먼저 가고 피
로한 장병은 뒤처지게 되니 전 병력의 10분의 1밖에
목적지에 도착하지 못할 것이다. 50리 밖에서 군사
적 이득을 쟁취하려고 한다면 상장군(上將軍)이 전사
하게 될 것이요, 병력이 절반밖에 도착하지 못한다.
30리 밖에서 군사적 이득을 쟁취하려고 한다면 병력
의 3분의 2밖에 도착하지 못할 것이다. 그러한 까닭
에 전투를 치르는 군대에 보급 부대가 없으면 패하
고, 군량이 없으면 패하고, 말먹이 건초가 없으면 패
한다.

원문과 유사한 사건이 전국시대에 있었다.

위(魏)나라 장수 방연(龐涓)이 조(趙)나라를 공격했다. 당시의 위
나라 왕은 '맹자' 첫머리에 나오는 바로 그 양혜왕이다. 다급해
진 조나라는 이웃 제(濟)나라에 구원병을 요청했다. 이웃에 있는
어떤 나라가 다른 나라를 집어삼키면 그만큼 국력이 커져 제나라
에게도 위협이 될 수 있었기 때문이다. 이것이 바로 순망치한의
원리. 제나라는 자국의 안보를 위해서도 조나라를 구원할 필요가

있었다. 제나라는 전기를 사령관으로 내보내면서 손빈을 군사로 삼았다.

손빈(孫臏)이란 『손자병법』의 저자로 유명한 손무(孫武)의 후예로 추측되는 전설적인 인물이다. 그는 소진, 장의 등과 함께 귀곡자 밑에서 공부한 뛰어난 병법가이다. 함께 공부하던 방연이 위나라의 장수가 된 다음 그의 재주를 시기하여 모함하는 바람에 정강이뼈가 잘리는 형벌을 받았다. 빈(臏)이라는 이름은 그러한 형벌을 뜻한다.

제나라로 도망쳐 온 손빈은 곧 병법가로서 두각을 나타내지만 사령관으로 삼으려는 제나라의 제의를 거절한다. '몸이 온전하지 못한 사람이 대장을 맡는 것은 상서롭지 못하다'고 사양하며 군사(軍師)의 자격으로 출전했다. 방연에 대한 불타는 복수심을 가슴에 간직한 채.

손빈은 먼저 조에 대한 위나라의 포위를 풀기 위해 위의 수도 대량으로 쳐들어갔다. 이것이 바로 삼십육계의 한 계책인 위위구조(圍魏救趙), 즉 위나라의 수도를 포위하여 조나라를 구원한다는 것이다.

수도를 공격당한 위의 대장 방연은 어쩔 수 없이 병력을 철수하여 급히 돌아오니 제나라 군대는 이미 위나라 국내로 깊숙이 들어가 있었다. 손빈이 전기에게 계책을 내놓았다.

"저들 위의 군대는 사납고 용맹스러워 제나라를 깔보아 겁쟁이라 부릅니다. 전쟁을 잘하는 군대는 주어진 형세를 십분 활용하여 자국군에게 유리하도록 유도하는 것입니다."

위나라 깊숙이 들어가서 방연의 군대를 맞이한 제나라 군대로서는 적을 역이용하자는 것이었다.

"병법에 '하루에 행군을 30리씩 해야 하는데 100리씩 하여 이득을 보려는 자는 대장이 거꾸러지고, 50리씩 하여 이익을 보려는 자는 군사가 반밖에 도착하지 못한다.' 라고 했습니다. 저들이 우리를 급히 추격하도록 합시다."

방연의 군대를 피해 달아나면서 첫날에는 10만 개의 취사장을 만들게 하더니 이튿날 행군한 뒤에는 5만 개의 취사장을 만들게 하고, 그 다음날에는 3만 개의 취사장을 만들게 하였다. 실제 군사의 숫자와는 상관없이 취사장에 걸린 솥의 숫자만을 보면 제나라 군대는 매일 절반씩 줄어들고 있었던 것이다.

취사장이 이처럼 줄어들었다는 보고를 받은 방연이 행군한 지 3일만에,

"나는 제나라 군사가 겁쟁이라는 것을 확실히 알았다. 우리가 돌아온다는 말을 들은 지 3일 만에 군졸이 절반 이상 도망갔다."

하고 크게 기뻐했다. 방연은 행군이 느린 보병은 모두 버리고 날쌘 기병만 뽑아 이틀 동안 가야 할 거리를 하루 만에 추격하기 시작했다. 며칠의 간격을 두고 두 나라 군대의 쫓고 쫓기는 추격전이 전개되었고, 간격은 급속히 좁혀졌다.

저녁 무렵, 방연의 군대가 도착하리라 예상되는 마릉이라는 곳에서 손빈은 매복을 하고 기다렸다. 길이 좁고 좌우로 험준한 장

애물이 많아 군대를 잠복시키기에 좋은 곳이었다. 손빈의 군대는 정상적으로 행군하여 적을 느긋하게 기다리고 있었던 반면 방연의 군대는 무리하게 며칠을 달려왔으므로 지칠 대로 지쳐 있었다.

마릉의 길 한복판에 큰 나무를 깎아 흰 칠을 한 뒤, 커다란 글씨로 다음과 같이 썼다.

"방연은 이 나무 아래서 죽으리라!"

이어 활 잘 쏘는 궁노수 1만 명을 길가에 잠복시켜 날이 저물어 불이 보이거든 일제히 발사하라고 명령했다. 밤이 되자 과연 방연이 숨을 헐떡거리며 세워 놓은 나무 아래에 이르렀다. 그들은 길 한가운데 세워진 흰 나무에 무엇이 쓰여 있는 것을 보고는 이상하게 여긴 나머지 불을 켜 비추어보자, 방연이 다 읽기도 전에 1만 명의 궁노수가 일제히 불을 향해 활을 쏘니 위나라 군사는 큰 혼란에 빠지고 말았다. 방연은 싸움에 패하고 살아날 길마저 없음을 깨닫자 자신의 목을 찔러 자결하면서 이렇게 외쳤다고 한다.

"결국 저 녀석이 명성을 얻게 되었구나."

원문

卷甲而趨하되 日夜不處하여 倍道兼行하여 百里而爭利면 則擒三將軍이니라. 勁者先하고 疲者後하나니 其法에 十一而至요 五十里而爭利면 則蹶上將軍하나니 其法에 半至요 三十里而爭利면 則三分之二至니라 是故로 軍無輜重則亡하고 無糧食則亡하고 無委積則亡이니라.

기본에 **충실하라**

|||

> 전투는 적을 기만하는 것을 근본으로 삼고, 이득을
> 쫓아 움직이며, 병력의 분산과 집결을 자유자재로 하
> 여 사태의 변화에 따른다. 그러므로 동작은 재빠르기
> 가 바람과 같고, 이동은 조용하기가 숲과 같으며, 공
> 격하고 빼앗는 것은 불과 같고, 진을 치고 움직이지
> 않을 때는 산과 같아야 한다. 아군의 동태는 그림자
> 처럼 형체를 알기 어렵게 해야 하고, 움직일 때는 우
> 레나 번개처럼 하여야 한다.

적을 기만하지 않고는 승리할 수 없으며, 이득이 없는 전투처
럼 어리석은 것도 없다. 용병술이란 루이스 A. 디에르의 말처럼
'전투를 위해 신속하게 집결할 수 있도록 하고, 생존을 위해 분
산하는 기술'이므로 이를 실천하기 위해서는 사태의 변화에 잘
적응해야 하는 것이다.

바람같이 빠른 동작, 숲같이 고요한 이동, 불같이 맹렬한 공격,
산 같이 움직이지 않는 진지를 한 마디로 표현한 것이 '풍림화산
(風林火山)'이다. 이를 자유자재로 실행할 수 있는 군대는 유능한
지휘관의 병법에 대한 깊은 이해, 평소 끊임없는 교육과 훈련, 다
양한 실전 경험, 적의 움직임에 대한 기민한 정보 수집, 전투에

대한 높은 자신감 등이 어우러진 조직일 것이다. 이러한 것만 잘 실천할 수 있어도 전투에서 쉽게 지지 않는다. 전투의 기본 원칙과 정신 자세, 행동 규범이 모두 포함된 명구가 아닌가 한다.

아군의 움직임을 마치 구름 뒤에서 움직이는 해와 달과 같이 하여 적이 알아차리지 못하게 해야 하고, 기회가 왔을 때는 번개가 치고 우레가 울리 듯 적이 꼼짝 못하게 해야 한다.

많은 말 가운데 이 구절이 전투의 가장 기본이다. 기본에 충실해야 하는 것이 바로 승리이다.

원문

兵은 以詐立하고 以利動하고 以分合 爲變者也니라.
故로 其疾如風하고 其徐如林하고 侵掠如火하고 不動如山하고 難知如陰하고 動如雷震하나니라.

부하와 이익을 **나누어라**

> 적지에서 획득한 물자는 여러 장병에게 나누어 주며,
> 땅을 점령하면 좋은 땅을 분배해 주어라. 적의 강약
> 과 허실을 저울질해 본 후에 움직여야 하는 것이니,
> 먼저 우직지계(迂直之計)를 아는 자만이 승리할 수
> 있다. 이것이 전투의 원칙이다.

제네바 협약에 의하여 현대전은 점령지에 대한 약탈을 철저히
금한다. 따라서 요즈음에는 민간인의 재물을 약탈해 봐야 돈도
되지 않으면서 비난만 자초하기 십상이다. 가장 눈독을 들이는
것은 자원이 있는 영토의 일부이거나 문화재 따위인데, 이것은
군사 개인이 어찌할 수 없는 것들이다. 약탈이 전쟁의 동기가 되
지 않는 세상이다.

고대 사회를 보면 전쟁의 명분은 그럴듯해도 사실은 약탈을 위
한 전쟁이 많았다. 영토를 약탈하고, 그 영토에 있는 인간을 약탈
하고, 곡물 등 재물을 약탈하기 위해 전쟁을 일으켰다. 빼앗은 것
은 일단 왕이나 장수들이 많이 차지하게 된다.

당시 일반 병사는 징집되어 가는 것이 대부분이었다. 그들이
대오에 편성되면 심한 경우 문신을 하여 어느 나라 부대의 군사

인지 표시하게 된다. 송나라 때까지만 해도 이마에 해당 부대의 글자를 검은 먹으로 자자하여 군사의 신분을 드러내 보였다.

이처럼 타의에 의해 끌려나온 징집이지만 분발하여 열심히 싸우도록 하는 것이 지휘관으로서의 필수적 의무였다. 어떤 일이든 동기 부여나 인센티브가 주어져야 하는 것은 예나 지금이나 다를 바 없는 진실이다.

크게는 영토를 받고, 작게는 적지에서 생포한 노예나 여자도 중요한 분급물이 된다. 기타 전쟁 장비, 마소를 비롯한 가축, 피륙, 곡물 등 다양한 물품을 나눈다. 이들 약탈품의 상당 부분은 국고로 들어가지만 군사들에게 배분되는 것이 있어야 죽기 살기로 싸우게 되는 것이다.

평소 근무 고과에 대한 성과급을 주거나 어떤 프로젝트를 수행한 뒤에 포상금을 주는 것, 또는 스톡옵션 제도를 시행하는 것은 경쟁을 활성화한다는 의미에서 좋은 제도이다. 다만 이것이 정말 공정하고 불만 없이 이루어져야지 그렇지 않으면 없는 것만 못할 때도 있다. 이를 통해 회사가 더 많은 실적을 올리는 것은 물론 더욱 창의적이고 성실한 인력을 기르는 기회로 만드는 것은 전적으로 CEO의 몫일 것이다.

원문 掠鄉分衆하며 廓地分利하라. 懸權而動하여 先知迂直之計者는 勝하나니 此軍爭之法也니라.

시간을 잘 선택하라

‖

대부분의 군인은 아침에는 사기가 왕성하나, 낮에는
정신이 해이해지며, 밤에는 향수에 젖어 귀향하고 싶
어 한다. 그러므로 용병을 잘하는 사람은 적의 사기
가 왕성할 때를 피하고, 정신이 해이해지거나 향수에
젖어 있을 때에 공격하니, 이것이 사기를 다스리는
방법이다.

요즈음은 좀 덜하지만 아침이나 오전 시간에 상점에 가서 물건
을 사는 일이 아주 조심스러울 때가 있었다. 그냥 손에 잡히는 대
로 사는 것이 아니라 고르고 흥정을 해야 하는 물건이라면 한번
쯤 타이밍을 잴 때가 있었다. 아침이나 오전 시간에 상점에 가서
이미 샀던 물건을 물리는 경우는 더욱 조심스럽다.

어떤 사정에서건 물건을 구매하지 않고 돌아서게 되면 등 뒤에
서, "개시도 못했는데 재수 없게." 하는 따위의 소리를 듣게 된
다. 어떤 때는 무슨 큰 죄를 지은 사람처럼 주인의 눈치를 살피며
기다시피 비실거리며 상점을 빠져나와야 한다.

옛날에는 아침에 여자가 남자 앞을 가로질러 가면 그 남자가
재수가 없는데, 다만 남자와 밤을 치른 여자라면 오히려 재수가

좋다는 것을 믿는 상인도 있었다. 한때 택시 운전사에게는 영안실에서 밤을 새고 나오는 손님을 태우면 종일 재수가 없다 하여 영안실 근방에 가는 것도 꺼린 적이 있었다. 그런가 하면 밤새 노름하던 노름꾼을 태우게 되면 그날 재수가 좋다는 미신도 있었다.

한번도 장사를 해 본 일이 없는 사람으로서는 '개시'니 '마수걸이'니 하는 것이 과연 그날의 장사를 좌우하는지조차 알지 못한다. 그날 처음 물건을 팔고 받은 돈에 대고 침을 탁 뱉으며 "마수!" 하고 외치는 기괴한 행동은 이제 거의 볼 수 없으니, 그런 미신이나 터부는 상당히 완화된 것 같다.

『손자병법』에서는 아침은 사기가 왕성한 시간이므로 공격을 삼가라고 했지만 근본 취지는 아침을 비롯하여 각 시간대 별로 인간이 가지고 있는 인체리듬이라든가 보편적인 감정이나 정서의 흐름을 잘 활용하라는 것이다.

사람마다, 나라마다, 각 문화마다 아침은 민감한 시간임에 틀림없다. 아침에 사기가 왕성하다는 것은 그만큼 신경이 예민하고 의욕적이라는 뜻도 된다. 그런 의미에서 상담을 위해, 혹은 시장조사를 위해 타국에 가서, 타 문화와 접촉할 때 그들이 아침을 어떻게 맞고 있는지 살피는 것도 좋은 성공 포인트가 될 것이다. 가령 아침 시간에 무엇을 기피하고 무엇을 선호하는지를 아는 것도 뜻하지 않은 실수를 줄이는 한 방법이 될 수 있기 때문이다.

朝氣銳하고 晝氣惰하고 暮氣歸니라. 故로 善用兵者
는 避其銳氣하고 擊其惰歸하니 此는 治氣者也라.

일의 짜임새와 **질서를 생각하라**

|||

깃발을 질서정연하게 들고 진격하는 적은 요격하지
아니하고, 적절한 장소에 진을 구축한 적은 치지 않
는 것이니, 이는 상황 변화를 다스리는 방법이다.

도둑이 남의 집 현관으로 들어가다가 신발이 가지런히 잘 정돈
되어 있으면 어쩐지 찜찜하면서 무언가 압도되는 느낌이 든다는
이야기가 있다. 그러나 신발이 아무렇게나 어지럽게 흩어져 있는
집은 잘 정돈된 집에 비해 마음이 편하다고 한다. 짐작건대 전혀
그릇된 말은 아닌 것 같다.

영화에 흔히 나오는 장면 가운데 로마의 대규모 군단 수십 명
이 횡대로 서고, 그 뒤로 열을 잘 맞춘 보병이 바른손에는 창, 왼
손에는 방패를 들고 진격하는 장면을 보면 그것만으로도 위압감
을 느낀다. 그들 부대는 적과 부딪쳐도 절대 대오를 흩트리지 않
고 한 발 한 발 진격해 나아가며 적을 창으로 공격한다. 그리고
넘어진 적을 밟고 질서 정연하게 진군하며 적을 창으로 찌르며
나가는데, 로마군의 대열에서 적에게 찔려 넘어지는 자가 있으면
그 뒤에 선 로마 군인이 그 자리를 채워서 진격해 들어간다. 이런

행진은 가공할 위력을 발휘하는데, 대부분의 적은 그 질서에 그만 압도되고 만다.

역시 영화에서 본 19세기 영국군의 전투 장면인데, 아프리카에서 원주민의 저항을 받아 사투하는 인상적인 모습이 있었다. 한 발씩 총알을 장전하여 쏘고, 또 장진하여 쏘고 하는 구식 장총을 가진 그들의 전투 대형은 이러했다.

맨 앞줄에 총을 든 수십 명의 영국군이 일렬횡대로 앉아쏴 자세로 달려드는 아프리카 원주민을 향해 일제히 총을 쏜다. 그 뒤에 허리를 굽히고 선 군인이 지휘자의 구령에 따라 잇달아 총을 쏜다. 그 다음 그 뒤에 늘어선 군인이 역시 지휘자의 구령에 따라 총을 쏜다. 이어 처음 총을 쏜 맨 앞줄의 앉아쏴 군인들이 그 사이에 총탄을 장전하였다가 지휘자의 구령에 맞추어 총을 쏜다.

이렇게 거의 몇 초 사이로 총구에서는 일제히 불을 뿜었는데, 너무 질서정연하여 한 번에 수십여 명이 총을 쏘면서도 한두 방 쏘는 것처럼 요란스럽지 않았다. 총을 쏘는 영국군 입장에서는 그만큼 혼란스럽지 않게 질서를 유지하면서 방어할 수 있었던 것이다.

'적절한 장소에 진을 구축한 적은 치지 않는다' 고 한 것은 주변 환경으로 보아 진지를 구축하기에 합당한 장소이고, 올바른 진지 형태를 갖춘 적은 공격해 봐도 이기기 어렵다는 뜻일 것이다. 가령 제9장 행군편에서 계곡을 의지하여 전망이 트인 고지를 점거하고, 개활지에서는 산을 등지고 있는 등 공격하기 어려운 지형을 점거하고 있는 경우이다.

또 진지를 구축한 모양이 지형의 요소요소를 점거하고 있는 경우에도 공격하기가 쉽지 않다. 가령 그곳이 개활지라면 주변에서 유일하게 존재하는 작은 구릉 또는 다릿목을 점거하고 있거나 평지에 우뚝 솟은 바위의 좌우로 포진해 있다면 공격하기가 마땅치 않을 것이다.

이는 마치 장기판에서 나의 마(馬) 하나, 혹은 상(象) 하나가 상대의 말을 위협하는 동시에 상대의 침입도 막는 공수를 겸한 수와 같다. 진지도 그런 요해처를 점령할 수 있다는 것이다. 그런 유리한 장기판은 거의 어김없이 말의 배치가 짜임새 있게 잘 놓여 있고, 나름의 질서도 갖추고 있게 마련이다.

원문 無邀正正之旗하고 勿擊堂堂之陣하나니 此는 治變 者也니라.

255

다양하게 생각하고 처신하라

‖

손자가 말하였다. 무릇 전투에서의 원칙은 산 위에 진을 치고 있는 적은 공격하지 말 것이며, 언덕을 등진 채 정면으로 적을 맞아 싸우지 말 것이며, 거짓으로 도망가는 적을 뒤쫓지 말 것이며, 정예부대는 공격하지 말 것이며, 적이 던져놓은 음식물은 함부로 먹지 말 것이며, 귀환하는 적병의 길을 막고 저지하지 말 것이며, 적을 포위할 때는 반드시 달아날 구멍을 만들어 놓을 것이며, 궁지에 몰린 적병은 바짝 쫓지 말 것이며, 험준한 지형에서는 오랫동안 전투하지 말아야 한다.

위의 아홉 가지는 전투 상황에서의 금기 사항인데, 이를 글자 그대로 해석해서는 곤란하다. 가령 산 위에 진을 치고 있는 적은 공격하지 말라고 했다고 하여 아예 싸울 엄두조차 내지 않아서야 되겠는가? 이 경우 정면으로 치고 올라가는 정(正)의 방법이 아니라 정을 구사하면서 기(奇)를 사용하여 적군을 산에서 끌어내는 따위의 변화를 꾀해야 한다는 것이다.

이를 우리 일상생활에 적용해 보자. 군대의 전투와 사회생활에서의 경쟁은 그 양상과 형태는 다르지만 원리는 다르지 않기 때문이다. 위의 조항을 차례대로 적용하면 이러하다.

직장 상사에게 함부로 도전하지 말 것이며, 기세가 한창 올라 있는 사람과는 무턱대고 경쟁하려 하지 말라. 나와 협력하는 사람으로 만드는 것이 좋다.

빠져나갈 구멍이 없는 극단적인 논리로 상대와 논쟁하지 말 것이며, 불확실하거나 확정되지 않은 사실을 예단하여 단정적으로 주장하지 말라. 편협한 생각을 가진 옹고집으로 비쳐지기 쉽다.

계획적으로 속이려는 사람에게는 꼼짝 없이 당할 수밖에 없지만 그렇지 않은 경우, 예컨대 속이 빤히 들여다보이는 거짓말을 밥 먹듯이 하는 사람도 조심하라. 언젠가 한 번은 속게 된다.

능력이 탁월하고 매사에 선도적인 사람과는 섣불리 경쟁하려 들지 말라. 그런 사람은 이 사회를 이끌어나갈 엘리트이므로 그와 협조하여 조화로운 사회를 만들도록 노력하는 것이 옳다.

나에 대한 지나친 호의나 정도에 벗어나는 예우를 하는 사람을 조심하라. 이것은 조그마한 이익에 불과하므로 미끼일 수 있다. 과공비례(過恭非禮)라는 말이 있듯이 지나친 것은 모자라는 것보다 못하다.

일에 지치고 좌절한 사람에게 관심을 가지고 배려하라. 의지할 데가 없는 사람이니 그 사람에게 더 큰 불행이 오지 않게 막아줄 따뜻한 마음을 가져보라.

타인을 나무라고 꾸짖더라도 변명의 여지는 남겨주어야 한다. 이유 없는 무덤이 없듯이 변명 없는 과오는 없는 법이니 그 변명을 수긍하지 않더라고 들어주는 자세는 가져야 한다.

타인을 나무라고 공박할 때는 그 사람이 변명할 내용까지 앞질러 공박하지 말라. 아무런 변명이나 반론을 제기할 수 없는, 옴짝달싹할 수 없는 형편이 되면 당신의 의견에 승복하기보다는 반감을 더 크게 가진다는 것을 알아야 한다.

극단적인 논리와 강경한 용어를 구사하여 논쟁을 벌이지 말고, 죽기 살기로 싸우려 들지 말라. 극단과 강경은 당신이 가지고 있는 최후의 무기를 꺼내는 것이므로 당신은 더 이상 쓸 무기가 없는 맨손 신세가 되는 것이다.

원문

孫子曰, 凡用兵之法은 高陵勿向하며 背丘勿逆하며 佯北勿從하며 銳卒勿攻하며 餌兵勿食하며 歸師勿遏하며 圍師勿闕하며 窮寇勿迫하며 絶地無留니라.

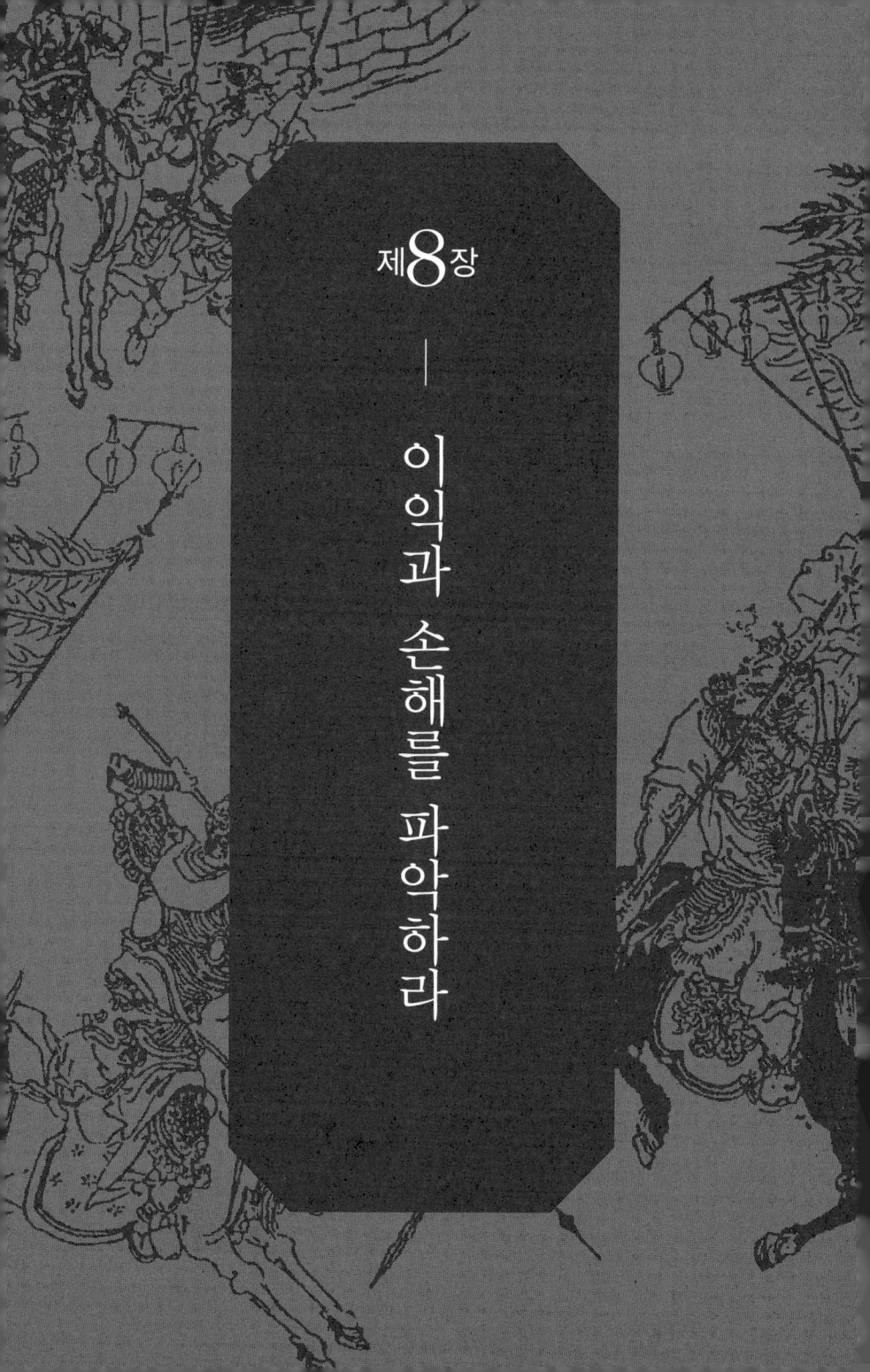

제8장

—

이익과 손해를 파악하라

손자병법의 구변(九變, 제8편)에 해당하는 부분이다.

군사 작전상의 여러 변화에 기민하게 대처하는 방법으로,

지형의 유리함과 불리함을 판별하는 것은 물론 기회 포착의 중요성 등을 설명하고 있다.

변(變)은 변화, 응변의 뜻이다.

예외도 전략과 작전의 일부이다

> 길이라도 가서는 안 될 길이 있고, 적군도 쳐서는 안
> 될 적군이 있고, 성곽도 공격해서는 안 될 성곽이 있
> 고, 땅도 빼앗지 말아야 할 땅이 있고, 임금의 명령도
> 따라서는 안 될 명령이 있다.

"예외 없는 법률은 없다"는 법언이 있다.

가야 할 길, 쳐부셔야 할 적군, 공격해야 할 성곽, 빼앗아야 할 땅, 따라야 할 임금의 명령 등 위에 열거한 다섯 가지는 어떤 군대라도 마땅히 해야 할 것들이다. 그러나 항상 예외는 있게 마련이다.

적군도 쳐서는 안 될 적군이 있다는 예는 많다. 적병이 시야에 들어왔다고 하여 무조건 총격을 가해서는 안 된다. 적의 주력 부대가 아닌 보조 부대나 척후병에 대하여 함부로 공격한다는 것은 아군의 실체만 노출시키기 때문에 원래 수행하고자 하는 작전에 큰 차질을 줄 수가 있다. 아군의 시야에 들어온 소수의 적병은 적이 풀어놓은 미끼일 수도 있으므로 조심해야 한다.

태평양전쟁 당시인 1945년 2월, 미군은 유황도에 3일간 1천8

백 톤의 폭탄을 투하하고, 함대에서는 수천 발의 함포를 쏘아댔다. 섬 전체를 쑥대밭으로 만들었으므로 일본군은 당연히 전멸했으리라 믿은 미군은 상륙에 장애가 되는 해안의 장애물을 제거하기 위해 소수의 병력을 뽑아 제거 작업을 시작했다.

그런데 전멸했으리라 추측했던 일본군의 해안 포병부대는 대부분 건재해 있었다. 이들은 미군이 상륙용 함정을 해안에 접근시키기를 기다렸다가 공격을 퍼부어 미군을 격퇴시킬 작정이었다. 그런데 장애물을 제거하고 있던 소수의 미군 병사를 본 포병부대장은 참지 못하고 그들을 향해 사격을 가했다. 일본군 해안포의 위치가 그대로 노출되고 말았다.

일본군의 존재를 알게 된 미군은 더 심한 포격을 가해서 섬 전체를 완전히 쑥대밭으로 만들어버렸다. 일본군의 존재는 형체도 없이 사라지고 말았다. 일본 지휘관의 경솔한 행동이 미군에게는 손쉬운 상륙을, 일본군에게는 일본군의 전멸이라는 끔찍한 결과를 가져왔던 것이다.

늘 예외 상황이 존재한다는 것을 알고 이에 대비해야 한다.

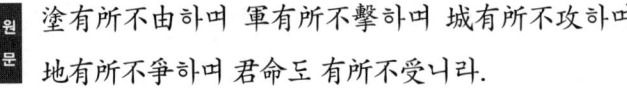

상대를 **이익으로 설득**하라

지혜로운 자가 판단할 때는 반드시 이익과 손해를 함께 참작하나니, 이익을 계산해 두면 일에 확신을 가질 수 있고, 손해를 계산해 두면 환란을 방지할 수 있을 것이다. 그러므로 제후국을 굴복시키려면 불리한 상태에 빠지게 하고, 그들을 부리려면 일을 만들어 놓아야 하며, 그들을 따라오게 하려면 이익을 보여주어야 한다.

원문에서 제후라고 한 것은 당시가 춘추시대였으므로 국제 관계는 모두 제후국을 중심으로 이루어졌기 때문이다. 지금은 독립된 나라라고 보는 것이 타당하고, 이를 남북 관계에 대입하여 설명해도 무방할 것 같다.

남북이 자국의 이익은 확대하고, 환난을 방지하기 위해 세계 어느 나라보다 치열한 기싸움을 전개하고 있다. 양쪽은 다른 어느 나라와의 관계보다 이익과 환난에 대해 더 철저한 손익 계산이 앞선다.

일거수일투족, 발언 하나, 제안 하나하나를 두고 상대방의 의도가 무엇인가, 정치적인 함의가 무엇인지 분석하고 있다. 어느 하나도 국가 간의 통상적인 교섭으로 치부하는 법이 없다. 그만큼 긴장도가 높다는 뜻이다.

일반적으로 국가 간의 교섭은 공개적인 제의부터 하는 게 아니다. 예컨대 우리가 필리핀에 원자력 발전소를 팔고 싶다고 할 때 공개적으로 판매를 제안해도 무방하지만 상대편의 입장에서 공개적으로 교섭하기가 조금 껄끄럽다고 느낄 때는 공개적으로 제안해서는 안 된다. 우선 외교 채널을 통해 필리핀의 의사를 타진하여 반응을 떠본 다음 자국의 제안에 대해 수락할 의사가 있어야 공식화한다. 반응이 신통치 않으면 원자력 건은 아예 없었던 일로 하든지 아니면 공개적으로 팔고 싶다는 의사를 천명하여 공식화하는 수도 있다. 그리고 가장 중요한 것은 상대가 예견할 만한 제안, 우리로서도 할 만한 제안을 해야 한다는 것이다.

그런데 남북한의 경우는 그런 것이 거의 없다. 상대편이 전혀 예견하지도 않은 제안, 상대가 받아들이기 어려운 제안을 불쑥불쑥 내민다. 특히 북한에서는 적반하장격의 사리에 닿지 않은 주장을 쏟아낸다. 금강산 관광지에서 우리 국민 한 사람이 총격으로 사망했는데도 불구하고 사과나 유감을 표시하기는커녕 오히려 우리 쪽에서 사과하라고 억지를 부렸다. 이것은 손자가 말하는, '제후국을 굴복시키려면 불리한 상태에 빠지게 해야 한다'는 것에 해당한다. 천안함 사건도 마찬가지다. 그런 도발을 통해 우리 정부와 군, 국민들을 흔들어 곤경에 빠뜨리자는 것이었다.

개성공단과 같은 것은 제후국을 부리기 위해 일을 만든 경우이다. 북한에게 일할 것을 줌으로써 우리가 의도하는 바대로 그 체제가 개방되고 시장 경제에 눈뜨게 하자는 것이다. 이명박 정부 이후 남북 관계가 매우 악화되고, 여러 차례에 걸쳐 개성공단 폐쇄를 공언했음에도 불구하고 폐쇄하지 못하는 것은 그것이 자신들에게 이익이라는 것을 알고 있기 때문이다.

북한이 아무리 이념 과잉 사회라고 해도 돈에는 약해질 수밖에 없다. 이익을 주어 따르게 하자는 우리의 정책은 올바른 것이다. 그들의 소득이 3천 불만 된다면 굳이 전쟁을 해서 결판을 내고 보자는 자포자기한 생각은 줄어들 것이다. 제후를 따라오게 하려면 이익을 보여주어야 한다고 했으니, 우리는 그들이 핵과 무력 도발을 포기하면 얼마나 큰 이익을 가져올 수 있는지 계속 보여주고 설득해야 할 것이다.

원문

智者之慮는 必雜於利害하나니 雜於利而務可信也요 雜於害而患可解也니라. 屈諸侯者는 以害하고 役諸侯者는 以業하고 趨諸侯者는 以利이니라.

유비무환의 정신을 잊지 말라

> 용병의 원칙은 적이 쳐들어오지 않으리라고 믿어서
> 는 안 되고, 적이 쳐들어오더라도 대적할 수 있는 나
> 만의 대비책을 세워 놓아야 한다. 또 적이 공격하지
> 않으리라고 믿어서는 안 되고, 적이 공격해 올 수 없
> 도록 하는 나의 방비 태세를 세워야 한다.

임진왜란 당시 조선은 2백 년 이상 이어지는 승평 시대, 즉 평화의 잠에서 깨어나지 못하고 있었다. 세종 때 육진을 개척하여 여진족과 대치하거나 대마도 왜구를 굴복시키기 위해 원정을 간 이후 큰 전란 없이 2백 년 동안 태평스럽게 살아왔던 것이다. 따라서 국가 방위에 대해서는 안이하고 요행수만 생각하는 사회 풍조가 만연한 상태였다. 국가의 기강도 형편없이 무너져 있었다.

일본의 동태가 심상치 않다고 하여 황윤길과 김성일을 통신사로 보내어 적정을 살피게 한 것까지는 좋았다. 한데 통신사의 상반된 보고가 문제였다. 게다가 더욱 곤란한 것은 적의 태도 여하에 따라 대비를 하거나 그만두겠다는 당시 조정과 국론을 형성하는 사대부들의 안이한 태도가 더 큰 문제였다. 국방력이란 적의 움직임이나 의도가 어떠하든 무조건 일정 수준은 보유하고 있어

야 한다는 지극히 당연한 원칙조차 지키지 않았다.

적의 침략은 예고가 없다. 기미를 알아차렸을 때는 이미 늦다. 국방력을 키우고 전쟁에 대비하는 것이 하루아침에 이루어지는 것도 아니요, 마음만 먹는다고 강군이 뚝딱 만들어지는 것도 아니다. 시간이 필요하고 돈도 많이 든다. 그리고 무엇보다 중요한 것은 국민 개개인의 정신 무장을 어떻게 하느냐의 여하에 달려 있다.

한말에 일본의 침탈을 막지 못하여 국권을 상실한 것이나 6.25전쟁의 쓰라린 비극을 맛본 것도 나라를 스스로 지킬 힘이 없었기 때문이다. 자주 국방의 구호가 결코 먼 나라의 이야기가 아니다.

흔히 스위스를 중립국의 표본으로 삼고 있는데, 그들이 영세중립국이 된 과정을 보면 그리 간단치가 않았다. 자신들의 피나는 노력, 즉 스스로를 지킬 만한 국방력을 갖추고 있을 때가 되어서야 가능했던 것이다.

스위스는 지리적으로 프랑스, 독일, 오스트리아, 이탈리아와 같은 강대국과 국경을 접하고 있기 때문에 사방팔방 어느 한 쪽도 마음 놓을 곳이 없다. 16세기부터 중립 정책을 선언해 왔지만 소용이 없었다. 유럽 정복을 꿈꾸는 나폴레옹이 국경을 침범했으며, 그에 대항하는 동맹군도 프랑스 공격을 위해 국경을 넘나들었다.

벨기에, 룩셈부르크와 함께 중립을 위한 정치적 선언과 국제 조약도 여러 차례 맺었지만 비상시에는 하나도 지켜지지 않았다. 그래서 만들어 낸 것이 중립을 지키기 위한 자위권 강화 정책이었다.

국민 개병제(皆兵制)가 도입되어 병력을 기피하면 형무소로 가야 한다. 신체 조건상 군 복무가 불가능하여 면제되는 자는 특별 세금으로 해마다 기본 세금 15프랑에 과세 소득의 24%를 합한 금액을 병력 면제세로 내야 한다. 비상시 동원될 수 있는 군인은 보조 인원까지 포함하여 70만 명, 예비병은 48시간 내에 전원 동원이 가능하다.

118일간의 기본 훈련을 마친 자는 무기와 장비, 피복 등을 각자 집으로 가지고 가서 보관하고, 탄약과 대형 무기는 마을 창고에 보관한다. 차량도 평소에는 개인이 사용하다가 유사시에는 모두 동원된다. 우리도 언젠가 유사시 징발 차량을 지정하여 국가에 등록한 적이 있는데, 지금은 없어진 것을 보면 차량 보급이 급속히 늘었기 때문이 아닌가 한다. 스위스도 이 부분은 비슷할 것이다.

이러한 국민개병 체제와 상시 동원 체제보다 더 중요한 것은 그 나라 국민들이 가지고 있는 안보관이다. "우리 연방 각 주(州)의 아이들은 모두 병사가 되기 위해 태어났다"는 옛 노래가 있고, "병력은 건전한 시민 모두가 갖는 제2의 직업"이라는 말을 자랑스럽게 할 정도이다.

이런 노력 덕분에 영세중립국으로 인정되고, 주변국으로부터 보호를 받게 되었다. 1912년 독일군이 스위스를 통과하여 프랑스를 우회 공격하려 한다는 계획을 감지하게 되었다. 독일군이 들어오면 산악에 의지하여 얼마든지 싸워 격퇴할 자신이 있었지만 중립국이란 전쟁을 미연에 방지하는 것이 최선의 방책이므로 자신들의 실력을 독일군에게 보이기로 하였다. 특별 방위 훈련을 실시하면서 독일 장성들을 초청하여 참관하게 했는데, 이를 본 독일군 장성들은 스위스를 통과해서는 도저히 승산이 없다고 판단하여 당초의 계획을 포기하고 말았던 것이다. 제2차 세계대전 당시 히틀러도 이 전통을 깰 수가 없었다.

국토와 국가는 외부의 침략으로부터 자국을 보호할 능력을 가진 자만이 온전히 보전하고 유지될 수 있다. 유비무환(有備無患)의 정신을 잊지 말자는 것이다.

원문 用兵之法은 無恃其不來요 恃吾有以待也하며 無恃其不攻이요 恃吾有所不可攻也니라.

인격 수양에 게을리 하지 말라

‖

장수에게는 다섯 가지 위험 요소가 있다. 필사적으로
싸우는 장수는 목숨을 잃게 된다. 반드시 살아야겠다
는 장수는 포로가 된다. 성미가 급한 장수는 기만을
당하게 된다. 지나치게 결백한 장수는 모함을 당하게
된다. 병사를 너무 사랑하는 장수는 심신이 고달프게
된다. 무릇 이 다섯 가지는 장수의 과오요 용병상의
재앙이다. 군대를 파멸시키고 장수를 죽이는 것이 반
드시 이 다섯 가지 위험 요소에서 비롯되는 것이니
깊이 생각하지 않으면 안 된다.

승리를 획득하기 위해 필사적으로 싸우겠다는 장수의 결의까
지 나무랄 수는 없다. 흔히 '필사의 각오로 싸우겠다'며 결의를
내보이는데, 이는 전투에 임하는 군인으로서 갖추어야 할 것을
갖추고 난 뒤의 결의이지 용맹만 앞세워 저돌적으로 돌진하는 것
을 의미하지는 않는다. 아무런 대비도 없이, 전략 전술조차 허술
한 상태에서 눈을 질끈 감고 적진으로 내닫는다면 어떻게 되겠는
가!

지휘관이 전투에 목숨을 걸어서도 안 되지만 너무 목숨에 연연
해서도 안 된다. 목숨을 구걸하기 위해서는 최후의 수단으로 적

에게 항복하는 수밖에 없다. 이 또한 지휘관으로서 취할 일이 아니다.

이 두 항목으로 보건대, 장수가 된 자는 생사관이 뚜렷해야 한다는 것이다. 어떤 경우에는 분명히 살아야 하고, 어디서 어떤 모습으로 죽음을 맞아야 한다는 신념이 없으면 생사에 초연한 지휘관의 모습을 보일 수 없을 것이다.

성미가 급하다거나 결백함, 병사에 대한 지나친 사랑의 경계는 인간의 기본적인 감정, 즉 희로애락에 너무 깊이 빠져들지 말라는 것이다. 기쁨과 슬픔, 노여움과 즐거움을 적절히 관리할 수 있는 평정심이 무엇보다 필요하다. 결국 훌륭한 지휘관이란 마음의 수양을 오래 쌓은 높은 인격체의 다른 이름이라 하겠다. 인격 수양을 게을리 하지 말아야 한다.

將有五危하니 必死可殺也요 必生可虜也요 忿速可侮也요 廉潔可辱也요 愛民可煩也니 凡此五者는 將之過也요 用兵之災也니라. 覆軍殺將이 必以五危니 不可不察也라.

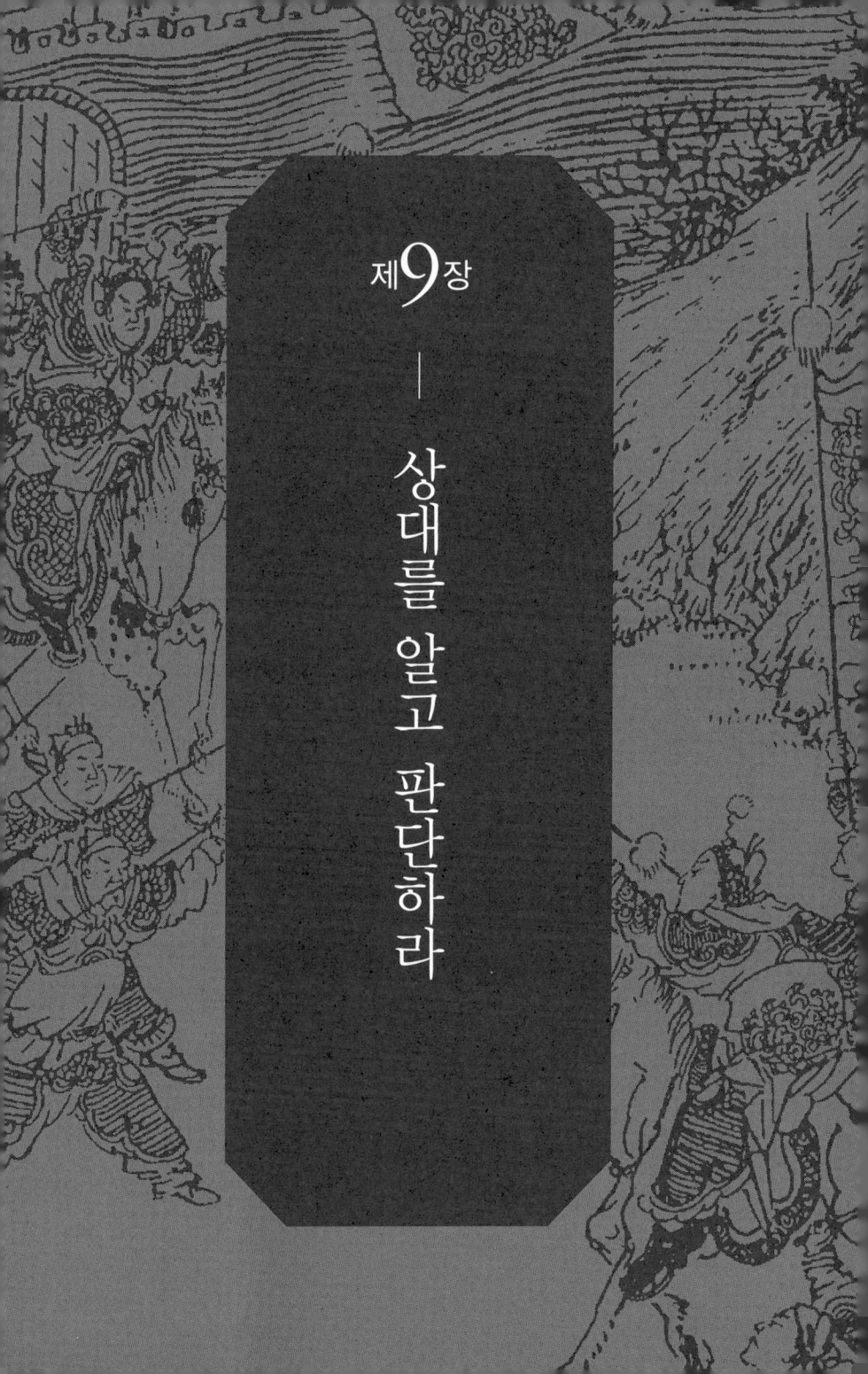

제9장

—

상대를 알고 판단하라

손자병법의 행군(行軍, 제9편)에 해당하는 부분이다.

군사의 이동과 행진, 공격과 수비를 위한 진지 구축 등에 관한 내용이다.

군대의 항오(行伍), 대열에 관한 설명으로서 군사의 배치를 뜻하는 처군(處軍)과

적의 동태를 살피는 상적(相敵)의 방법과 원칙도 함께 설명한다.

원칙에만 **얽매이지 마라**

> 무릇 군대를 배치하여 적과 대치하려면 적의 동태를
> 잘 살펴야 한다. 산을 넘을 경우에는 계곡을 따라 넘
> 어야 하며, 전망이 트인 고지를 점거해야 한다. 적이
> 고지에 있으면 쳐다보면서 올라가지 말아야 한다. 이
> 것이 산지 지형에서 전투하는 원칙이다.

고지에 있는 적을 향해 돌진하지 말라고 한 것은 분명히 과거의 전투 양상을 설명한 것이다. 과거에는 고지에 적이 있다면 그 고지를 포위하면 이길 수 있었다. 대표적인 예가 삼국지의 한 장면인 마속(馬謖)의 가정 전투이다.

천하 통일을 이룩하여 한 왕실을 부흥시키려는 꿈을 실행하기 위해 제갈량은 대군을 몰아 위나라를 향해 쳐들어갔다. 가정은 열루성과 함께 한중으로 통하는 주요 관문으로서 위나라의 사마의가 먼저 그곳을 공략하려고 장합을 선봉으로 삼아 출발했다는 첩보가 들어왔다.

"가정은 우리의 목구멍과 같은 곳이다. 누가 나서서 가정을 지키겠는가?"

그러자 참군 마속이 자원했다.

"가정은 전략상 매우 중요한 곳이야. 가정이 적의 수중에 들어가면 우리 전군이 위험해져. 거기에는 성도 없고 장애물도 없으니 지키기가 쉽지 않을 것이네. 사마의는 보통 장수가 아니요, 선봉인 장합은 위나라에서도 명장이네."

거듭 주의를 준 제갈량은 마속에게 2만 5천 명의 정예병을 준 뒤, 신중한 성격의 왕평을 부장으로 딸려 보냈다. 그러고도 불안하여 다른 장수들에게 작전명령을 내렸다.

"고상은 열류성에 주둔했다가 가정이 위태로우면 구원하고, 위연은 가정의 후방에 주둔했다가 적이 쳐들어오면 맞서 싸우라. 그리고 조운과 등지는 기곡으로 가서 의병(疑兵) 작전을 쓰도록 하라."

그런 다음 자신은 강유를 선봉으로 내세워 미성을 공략하고자 사곡으로 쳐들어갔다.

가정에 도착한 마속은 지형지물을 살피고 나서 픽 웃었다.

"승상께선 너무 신중해서 탈이야. 이런 산골짜기로 어떻게 위나라 대군이 쳐들어온다는 건지."

왕평이 슬며시 불안해서 말했다.

"설령 위나라 군이 이쪽으로 오지 않더라도 나무를 잘라다 목책을 세워 저지선을 구축합시다. 승상의 당부도 있고 하니."

"구태여 힘들게 길에다 진을 칠 필요가 뭐 있소? 둘러보시구려. 사방이 낭떠러지인데다 나무가 울창하잖소? 산 위에다 진을 치는 게 좋겠어."

마속이 굳이 산 위에 진을 치려고 고집을 부리자, 왕평은 5천의 병력을 떼어 산에서 10리 떨어진 위치에 진을 친 다음, 도면을 그려 제갈량에게 보냈다.

한편 사마의는 마속의 진지를 첩보로 듣고 하늘이 돕는다고 몹시 기뻐하며 이튿날 새벽, 장합으로 하여금 왕평의 진지를 급습하자 왕평은 무참히 깨어져 허겁지겁 마속의 진지로 도망쳤다. 이어 마속의 군대는 산 위에서 위나라 대군에 에워싸여 오도가도 못하는 곤경에 처하고 말았다. 마속은 부하들을 독려해 돌파를 시도했으나, 사마의가 지휘하는 위군의 강력한 봉쇄작전에 막혀 상당한 인명 손실만 내고는 산 위로 도로 쫓겨 오고 말았다.

무엇보다도 큰 곤란은 산 위라서 식수를 조달할 수 없다는 것이었다. 물이 없다보니 병사들은 목이 탔고, 밥을 끓여 먹을 수도 없었다. 촉나라군은 큰 혼란에 빠져, 적에게 투항하는 병사가 줄을 이었다. 설상가상으로 사마의가 숲에다 불을 지르는 바람에 연기에 질식하거나 불에 타서 죽는 장병들도 많았다.

촉군이 전멸을 면한 것은 위연과 왕평, 고상의 구원부대가 달려와 적의 공세를 어느 정도 완화해준 덕분이었다. 죽음의 불구덩이에서 간신히 빠져나온 마속은 열류성으로 도망쳤다.

이 전투로 인해 중원 수복이라는 제갈량의 목표는 수포로 돌아가고 말았다. 그 뒤 마속은 전투 실패의 책임을 지고 참수되었다. 법 집행에 엄격한 제갈량으로서는 도저히 용서할 수 없는 죄였던 것이다. 울면서 마속의 목을 베었다고 하여 읍참마속(泣斬馬謖)이라는 말은 사사로운 정에 이끌리지 않는 엄정한 법 집행의 대명사로 쓰인다.

마속은 높은 곳에 진을 치면 유리하다는 것만 알았지, 그런 곳이 어떻게 공격을 받는지는 고려하지 않았던 것이다. 만약 적으로부터 포위되었을 때, 식수나 식량 조달 같은 문제도 고려했어야 했다.

현대의 전투 양상은 옛날과 조금 다르다. 육전에서 전투의 승패는 결국 사람이 가서 그 땅을 점령해야 하는 것이기 때문에 고지 쟁탈전은 피할 수 없다. 고지를 점령하여 그곳을 사수해야 한다. 6.25전쟁 당시 휴전이 임박해지자 양쪽 군대는 한 치의 땅이라도 더 확보하기 위한 고지 쟁탈전이 치열했다. 중동부 전선의 백마고지 같은 곳은 20여 차례나 뺏고 빼앗기는 혈투를 벌인 곳이다.

마속의 부대가 포위되었더라도 현대 같았으면 물과 식량을 공수 받아 가면서 싸울 수 있었을 것이다.

원문 凡處軍相敵하되 絕山依谷하며 視生處高하며 戰隆無登이니 此處山之軍也니라.

적을 **진퇴양난으로 유도**하라

‖

물을 건넌 뒤에는 반드시 물에서 멀리 떨어져야 하
며, 적이 물을 건너오거든 절대로 물가에서 싸우지
말고 부대가 반쯤 건넜을 때 공격해야 유리하다. 아
군이 적과 싸우려고 한다면 강가로 다가가 적을 맞
아 싸워서는 안 되므로 높은 곳으로 올라가야 하며,
상류에 있는 적을 하류에서 맞아 싸워서도 안 된다.
이것이 강변에서 전투하는 원칙이다.

적의 힘이 강 이편에도 저편에도 실리지 않아야 한다. 이미 건
너온 적이 많으면 적의 공격력이 커지고, 반면에 건너지 못한 적
이 더 많으면 달아나는 적이 많아지므로 절반쯤 도하할 시점에
공격하는 것은 상식에 속한다.

1018년 고려 현종 9년, 거란의 소배압이 거느린 10만 대군을
물리친 것도 그들의 도하 작전을 놓치지 않고 공략했기 때문이
다. 상원수에 임명된 강감찬 장군은 안주에서 대기하다가 적의
접근을 기다려 홍화진으로 나가 성동 대천의 물길을 상류에서 쇠
가죽으로 막아 수심을 얕게 하고, 그 좌우에는 정예병 1만 2천 명
을 복병으로 숨겨 두었다.

한편 대천에 도착한 거란병은 평소의 수심인 줄 알고 건너게 되었는데, 절반쯤 건넜을 즈음 상류로부터 거센 물길이 쏟아져 내려왔다. 이 시점에서 고려군이 거란군의 전면을 막아섰던 것이다. 갑자기 홍수를 만난 거란군은 물에 빠져 죽거나 떠내려가고, 무기와 장비를 잃는 등 대혼란에 빠지고 말았다.

강 양편으로 양분된 적을 공격하는 것은 아주 쉬운 일이었다. 그 전투에서 고려군은 대승을 거두었다. 적의 진퇴가 어려운 시점, 곧 진퇴양난에 처할 때까지 기다린 결과이다.

세상일도 그렇다. 가령 동일한 업종의 S사와 G 두 회사가 서로 물고 물리는 경쟁을 하고 있다고 치자. S사에서 신제품 출시를 준비하고 있다는 정보를 G사가 입수했다. 그 제품은 G사에서 회심의 역작으로 만들어 준비를 끝낸 제품과 동일하다. 모든 면에서 경쟁 우위에 있는 상품이라는 것을 안 G사에서는 느긋하게 기다리다가 S사에서 제품 생산 시설이 절반쯤 갖춰졌을 때 발매를 시작한다.

S사로서는 같은 종류의 제품을 두고 경쟁하면서 한 발 늦어지게 된 것이다. 다른 상품으로 바꾸거나 약간 변형된 것을 내놓고 싶어도 이미 생산 시설을 상당수 갖추었기 때문에 그것도 여의치 않다. 그렇다고 단념하기에는 너무 많은 투자가 진행된 상태이다. S회사로서는 엉거주춤한 상태에서 기선을 제압당하여 끌려가는 수밖에 없는 형편이 되고 말았다.

원문

絶水어든 必遠水하며 客이 絶水而來어든 勿迎之於
水內하고 令半濟而擊之면 利하니라. 欲戰者는 無附
水而迎客이니 視生處高하여 無迎水流니 此는 處水
上之軍也라.

잘못 들어선 늪에
발목을 잡히지 말라

‖

늪지대를 건널 때는 빨리 지나가야 하며 머뭇거려서
는 안 된다. 만약 늪지대에서 적과 싸울 경우에는 반
드시 수초가 있는 곳에서 숲을 등지고 싸워야 한다.
이것이 늪지대에서 전투하는 원칙이다.

늪지대는 기동하기가 매우 어려운 곳이다. 깊이가 얼마나 되는
지도 알 수 없는 질퍽질퍽한 땅을 밟으며, 사람과 말이 아랫도리
를 적셔가며 통과해야 한다는 것은 분명히 기분이 좋지 않은 일
이다. 그런 곳에서 적의 공격을 받는다면 쉽사리 빠져나오기도
어렵고, 대항해 싸우기는 더 어렵다.

우리나라 강화도 주변이 그렇다. 지금은 지형이 많이 변하여
옛날과는 다르지만 강화도는 섬 전체가 긴 갯벌로 둘러싸여 있기
때문에 어떤 배도 접근할 수 없는 곳이었다. 배를 댈 수 있는 해
안은 아주 제한적이어서 그곳만 철저히 지키면 적을 막을 수 있
었다. 그 강성한 몽골군이 접근하지 못했던 것도 그런 지리적인
이점이 있었기 때문이다. 몽골군이 해전을 하지 못했기 때문에

강화도를 함락시키지 못한 것은 아니었다.

배를 타고 강화도로 접근하려면 밀물이 들어올 때를 기다려 갯
벌 위에 배를 올려놓아야 하는데, 그렇게 하더라도 육지와의 거
리가 너무 멀다. 배에서 내려 정강이까지 푹푹 빠지는 갯벌을 걸
어서 접근해야 한다. 말은 아예 내려설 수도 없다. 갯벌을 걸어본
사람은 알겠지만 행군하는 피로가 만만치 않다. 시간대를 놓쳐
물이 빠져나가게 되면 배는 갯벌 위에 그대로 얹히고 만다. 뒤돌
아설 수도 없는 상황에 놓이고 마는 것이다. 이렇게 죽을힘을 다
해 접근한 군사가 어떻게 싸움을 하겠는가.

그런 천혜의 요새지도 조선 숙종 때에 와서는 지형이 변하고
있다는 우려의 목소리가 높았다. 당시 긴 갯벌의 일부를 막아 개
간하는 바람에 갯벌이 줄어들고, 지형 자체도 변하여 갯벌이 점
차 굳어지면서 육지로 변했다는 것이다. 그렇게 되자 적이 접근
하기가 용이해졌다는 보고가 올라가 조정에서 대책을 세우기에
골몰했다는 기록이 있다.

한말에 프랑스 함대가 강화를 침략했을 때도 항구로 허용된 곳
으로 접근할 수밖에 없었다. 다른 곳은 방비는 허술했지만 거대
하고 무거운 전함이 도저히 접근할 수 없었기 때문이다

원문 絶斥澤이어든 惟亟去無留니 若交軍於斥澤之中이면
必依水草而背衆樹이니 此는 處斥澤之軍也라.

주변의 경계에 **소홀히 말라**

> 군의 숙영지나 행군하는 전방에 험준한 지형이나 물
> 웅덩이, 수풀, 갈대밭, 엄폐물이 있는 곳은 반드시 조
> 심하여 수색하고 뒤져보아야 한다. 이러한 곳은 복병
> 이 숨어 있는 곳이다.

아무리 전투에 능한 장수일지라도 항상 이길 수는 없다. 싸우
다가 질 수도 있다. '한 번 이기고 한 번 지는 것은 전쟁터에서는
흔히 있을 수 있는 일(一勝一敗, 兵家之常事)'이라는 격언이 그것
이다.

그렇다고 해서 모든 패전이 용서되는 것은 아니다. 군대에서는
흔히 '작전에 실패한 군인은 용서할 수 있어도 경계에 실패한 군
인은 용서할 수 없다'는 말을 쓴다.

원문에서 열거한 곳에 대해 사전 수색을 소홀히 하거나 숙영
중에 경계 근무를 태만하여 적의 기습을 받는 행위는 군대에서
있을 수 없다는 것이다. 숙영 중이거나 주둔 부대에서 불의의 기
습을 당하면 한번 싸워보지도 못하고 전군이 몰살당하는 참극이
벌어지기 때문이다.

사회생활에서도 성공과 실패가 교차하게 마련이다. 실패를 딛고 일어서는 성공이 더 값지고 견고할 수 있다. 한두 차례의 실패를 두려워하지 말고 좌절하지도 말아야 하는 이유가 거기에 있다.

그러나 절대로 실패해서는 안 되는 것이 있다. 가령 인장을 소홀히 취급하여 금전 사고를 당한다든가 취중 실언으로 중요한 정보를 흘리게 되어 회사에 막대한 손해를 끼치는 행위는 용서가 되지 않는다. 군인으로 말하면 경계의 실패에 해당하는 셈이다.

기획한 상품이 부적절한 시기에 출시되어 실패했다든가 어떤 판매 프로젝트를 추진하다가 입찰 과정에서 상대보다 가격을 조금 높게 책정하는 바람에 하게 된 실패는 작전의 실패요 전투의 실패이기 때문에 있을 수 있는 일이다.

실패에도 격이 있다.

원문 軍旁에 有險阻·潢井·林木·蒹葭·翳薈者어든 必謹覆索之니라. 此는 伏姦之所也니라.

통찰력으로 **변화를 주도하라**

|||

적이 접근하면서 조용한 것은 지형이 험준함을 믿기 때문이요, 멀리 있으면서 싸움을 거는 것은 아군을 유인하려는 것이요, 적이 평지에 있는 것도 아군을 유인하려는 것이다. 많은 수목이 흔들리는 것은 적이 오고 있기 때문이요, 수목과 풀로 된 엄폐물이 많은 것은 뭔가 의도를 숨기고 있기 때문이요, 새가 숲에서 공중으로 날아오르는 것은 복병이 있기 때문이요, 짐승이 놀라서 뛰어 달아나는 것은 적이 몰래 접근하고 있기 때문이다. 먼지가 공중으로 높이 날아오르는 것은 수레가 몰려오는 것으로 보아야 하고, 먼지가 낮게 깔리면서 넓게 퍼지는 것은 보병이 진군하는 것이며, 먼지가 여기저기 가늘게 줄지어 오르는 것은 병사가 땔나무를 하는 것이며, 희미한 먼지가 오락가락하는 것은 숙영을 준비하고 있기 때문이라고 생각해야 한다.

임진왜란 당시 동래성을 격파한 왜적이 무인지경으로 쳐들어 올라가다가 처음 만난 가장 큰 고개가 문경 새재였다. 상주에서 저항하는 지역민과 합세한 김천일 장군의 소수 부대를 상주 북천에서 맞아 한 차례 전투를 치른 왜적으로서는 거칠 것이 없었지만 새재는 좀 달랐다.

그들은 침략 이전부터 새재를 왕래하면서 요새로서의 중요성을 이미 파악하고 있었던 터였다. 과연 그곳을 어떤 군사가 얼마나 지키고 있을지 궁금하게 여기고 있었던 것이다. 아무도 지키지 않으리라고는 꿈에도 상상하지 못한 왜장에게 신기한 장면이 눈에 들어왔다. 새재의 관문 근방으로 큰 새가 오르내리는 모습을 본 것이다.

관문 주변을 군사들이 지키고 있다면 새들이 한가하게 오르내릴 수 없는 일이다. 아무도 지키지 않는다는 것을 감지한 왜군은 거리낌 없이 접근하여 총 한 방 쏘지 않고 통과할 수 있었다.

뒷날 명나라의 장수가 새재로 와서 둘러보며,

"한 사람이 관문을 지키기만 하면 어떤 적도 열고 지나갈 수 없는(一夫當關, 萬夫莫開) 요해지를 지키지 않았다는 것이 놀랍고 이상하다."

고 할 정도였으니 당시의 경황 없던 상황을 짐작할 수 있을 것이다.

새재를 넘은 뒤 탄금대에서 신립 장군의 저항을 받았으나 쉽게 제압을 한 왜적은 곧장 한양으로 향했다. 왜적은 한강을 앞에 두고 생각하기를, 수도이니 아무래도 방어를 하고 있을 것이라고 짐작했는데, 또 그것이 아니었다.

강 건너 나루에 배가 여러 척 묶여 있었는데, 새가 한가롭게 배위를 날아들고 있는 것이었다. 왜적은 배를 지키는 사공도 군사도 없다는 것을 감지하고는 유유히 강을 건넜다고 한다.

인공위성이 떠서 공중에서 관찰한 사진을 시시각각 전송하고,

비행기가 수시로 정찰을 하고, 망원경과 각종 탐지기가 적의 동태를 집어내는 세상이지만 육안으로 감지하는 것도 무시할 수 없다. 오랜 경험에서 얻은 것들도 매우 값지게 쓰인다. 그와 함께 직관력도 길러야 할 것이다. 경험칙과 직관력을 합쳐서 보는 것이 통찰력이 아닌가 한다.

敵이 近而靜者는 恃其險也요 遠而挑戰者는 欲人之進也요 其所居易者는 利也니라. 衆樹動者는 來也요 衆草多障者는 疑也요 鳥起者는 伏也요 獸駭者는 覆也니라. 塵高而銳者는 車來也며 卑而廣者는 徒來也며 散而條達者는 樵採也며 少而往來者는 營軍也니라.

상대의 **저자세에 주의하라**

> 적의 사자가 와서, 말은 겸손하면서도 수비를 굳게
> 하는 것은 진격해 오려는 것이요, 큰소리치며 달려들
> 듯 하는 것은 퇴각할 의사가 있는 것이요, 경거(輕車)
> 가 먼저 나와 군의 곁에 있는 것은 전투를 준비하는
> 것이다. 예고도 없이 갑자기 강화를 청하는 것은 계
> 략이 있는 것이요, 분주하게 뛰어다니며 전차를 배치
> 하는 것은 전투 준비를 하는 것이며, 진격과 퇴각을
> 되풀이하는 것은 아군을 유인하려는 것이다.

야구에서 도루(盜壘)라는 말이 있다. 주자가 수비의 허술한 틈
을 타서 다음 베이스까지 가는 것을 말한다. 도박판에서도 상대
를 속이는 것은 경우에 따라서 비난받을 수 있지만 전쟁에서만
은 기만행위가 도덕적으로나 법률적으로 아무런 비난을 받지 않
는다.

기발하고 기상천외한 기만책은 쓰면 쓸수록 뛰어난 책략가라
는 영예를 안겨준다. 또한 임기응변에도 능하다는 평을 듣는다.
설혹 비난을 받을 만큼 비열하게 상대를 속이고 농락했다 하더라
도 승자에게는 그러한 항의가 통하지 않는다. 그러므로 전장에 선
장수는 겉으로 드러난 현상과 실제가 어떤지 잘 분간해야 한다.

기원전 284년, 중국 전국시대의 이야기이다. 제나라에 오랜 원한을 품은 연나라가 조, 한, 위, 진나라 등 5개 국가와 연합하여 제나라를 침공하자 제나라는 수도인 임치가 함락되고 왕과 대신들이 도망가는 등 나라의 운명이 바람 앞의 등불 같았다.

　제나라에는 전단(田單)이라는 하급 관리가 있었다. 그는 국가가 위태롭게 되자 흩어진 군사를 모아 군을 정비하면서 자연스럽게 장수로 추대되었다. 당시 제나라의 영토로는 가까스로 남은 즉묵 땅이 있었는데, 성을 지키던 장수가 전사하는 바람에 전단이 그곳의 장수가 된 것이다.

　즉묵을 맡은 전단은 병사들과 백성들을 하나로 묶어 연나라 군사와 필사적으로 싸우겠다는 다짐을 받았다. 병사를 조련하는 한편 백성과 단합하도록 했던 것이다. 그러면서 정병 5천 명에 소 천 마리를 훈련시켰다. 그러는 한편 늙은이와 여자들을 성 위에 올려 보내어 망을 보게 했다. 적으로 하여금 군사가 부족하여 노약자를 부리는 것으로 착각하게 한 것이다. 이어 사자를 연나라 진영으로 보내어 항복하겠다는 뜻을 전했다. 이를 전해 들은 연나라 군사들은 모두 기뻐서 만세를 불렀다.

　그리고 몇 사람을 즉묵의 부자로 변장시켜 연나라 장수에게 보냈다.

　"즉묵은 식량이 떨어져 사흘을 넘기지 못하고 투항할 수밖에 없습니다. 뒤에 즉묵을 점령하시더라도 저희 처자들은 포로로 잡지 말고 풀어주시기를 간절히 빕니다."

그러면서 많은 금은보화를 내놓는 것이었다. 즉묵에서 틀림없이 투항할 것이라 믿은 연나라 군사들은 싸울 생각은 하지 않고 상대가 투항해 오기만을 기다리게 되었다.

이에 전단은 모아놓은 천 마리의 소에 옷치장을 했다. 소의 몸뚱이에 천을 씌우고 붉은색과 푸른색으로 괴상한 그림을 그려 울긋불긋하게 꾸몄다. 또 소의 뿔에는 시퍼런 칼을 동여매고, 꼬리에는 기름을 듬뿍 적신 삼과 갈대 묶음을 매달아 놓았다. 장병 5천에게도 얼굴을 형형색색으로 꾸미게 한 다음 소의 뒤를 따르게 하였다.

한밤중이 되자 즉묵 성의 여러 곳을 허물고 소 대열을 밖으로 내몰았다. 이어 소의 꼬리에 불을 붙이자 고통을 견디지 못한 소들이 단말마의 비명을 지르며 미친 듯이 적의 진영을 향해 돌진해 들어갔다. 성 안에 있던 남은 군사와 백성들은 요란스럽게 쇠붙이를 두드리며 고함을 질러댔다.

전단의 군대가 투항할 날만 기다리며 태평스럽게 있던 연나라 진영에서는 불시에 울음을 토하며 무섭게 달려드는 소와 병사들의 흉측한 몰골에 놀라고, 그 뒤에 칼을 들고 달려드는 괴물에 놀라 어느 한 사람도 제정신이 아니었다.

연나라의 대장인 기겁은 전단의 기만술에 걸려 전체 군대가 함몰되고 자신도 목숨을 잃었다.

辭卑而益備者는 進也요 辭强而進驅者는 退也요 輕
車先出하여 居其側者는 陳也니라. 無約而請和者는
謀也요 奔走而陳兵車者는 期也요 半進半退者는 誘
也니라.

주변 사람들을 잘 관찰하라

무기를 의지하고 서 있는 것은 굶주렸기 때문이며, 물을 길어 급히 마시는 것은 전군이 목말라 있기 때문이며, 물건을 보고도 와서 가지고 가려 하지 않는 것은 전군이 피로하기 때문이다. 새떼가 모여드는 것은 적군이 이미 철수하여 비었기 때문이며, 밤에 병사들이 소리를 지르는 것은 공포에 질렸기 때문이다. 군대에 질서가 없는 것은 장수가 엄정하지 못하기 때문이며, 깃발이 마구 흔들리는 것은 적이 혼란스럽기 때문이고, 중간 지휘관이 화를 내는 것은 전투에 싫증을 내어 지쳐 있기 때문이며, 말을 잡아먹는 것은 군량이 떨어졌기 때문이며, 솥을 마구 부수며 막사로 돌아가려고 하지 않는 것은 적이 궁지에 몰려 있기 때문이다.

위의 예는 모두 적의 순간적인 행동, 즉 작은 단서를 포착하여 적이 현재 처한 상황을 파악하는 것이다.

1951년 12월 1일 0시를 기해 부산과 대구를 제외한 대전 이남의 모든 지역에 비상계엄령이 선포된 적이 있다. 당시는 6.25전쟁 이듬해였으므로 계엄령이 새삼스러운 것은 아닐 만큼 비상 시기였지만 군이 계엄령을 내린 것은 지리산 일대에서 활동하고 있던 공비를 소탕하기 위해서였다.

D데이 H아워(작전 개시 일시)가 12월 2일 오전 6시였으니 매우 주도면밀하게 움직인 셈이다. 이때는 지리산을 남북으로 압박하기 위하여 수도사단과 8사단이 이미 자리를 잡은 뒤였고, 그 뒤에서 빨치산 퇴로를 막아야 했던 예비 3개 연대와 전투경찰 3개 연대도 정해진 위치에 배치를 완료한 상태였다고 한다.

당시 공비 토벌을 총 지휘한 백선엽 장군은 공비들이 지리산에 온전히 있기를 바랐다고 한다. 혹시 토벌의 기미를 알고 다른 지역으로 뿔뿔이 달아나버리면 그들을 찾아다니기도 어려울 뿐 아니라 토벌전을 전국으로 확대해야 하기 때문이었다. 독 안의 쥐처럼 잡자는 작전이었는데, 과연 그들이 지리산에 그대로 있는지도 확신할 수 없는 상태였다고 한다.

D데이를 며칠 앞두고 드디어 교전이 벌어졌는데, 수도사단이 포진해 있던 경남 하동군 악양면에서였다. 남부군 직속인 81, 92사단과 경남 도당의 57사단 무장 병력 300여 명이 11월 29일 새벽 악양면을 기습 공격했던 것이다.

악양이 공격을 받았다는 소식을 접하고 수도사단의 26연대가 출동했는데, 당시 군대가 출동할 때까지 현지 경찰은 빨치산들이 주민들의 곡식을 빼앗아 소와 함께 끌고 가는 것을 보고만 있더라는 것이다. 빨치산의 병력과 화력은 경찰을 압도하는 상황이었는데, 그나마 다행인 것은 국군이 도착하기 전까지 경찰이 잘 버텨주었다. 경찰은 포위된 채로 버티면서 물이 떨어지자 오줌까지 받아 마시면서 저항했다는 것이다.

마침 부대를 순시하다가 이를 목격한 백선엽 장군의 기억은 이러하다.

—나는 소식을 접한 뒤 바로 화개장터로 가서 형제봉을 중심으로 벌어지는 빨치산과의 전투를 지켜볼 수 있었다. 형제봉 쪽에 자리를 잡은 빨치산 부대의 화력은 여느 정규 부대 못지않았다. 기관총에 박격포까지 동원해 수도사단 26연대를 맞아 싸우는 장면이 강렬한 기억으로 남아 있다.

전투는 오전 8시경에 시작해 오후 4시까지 벌어졌다. 26연대가 형제봉과 구재봉을 장악하고 악양을 되찾았을 때 적들은 이미 50여 마리의 소와 수백 명의 주민을 끌고 청학이골을 지나 청암면으로 넘어서고 있었다.

적들을 끝까지 추격하지는 못했다. 그들이 청암면으로 넘어가는 것을 지켜보았고, 간혹 흰옷을 입은 주민들이 대열을 이탈해 도망치는 모습도 볼 수 있었다. 박격포 등을 동원해 포격을 계속할 수는 없었다. 주민들이 그 가운데 많이 섞여 있었기 때문이었다. —

전투가 이렇게 일단 멈추었지만 백 장군으로서는 뭔가 자신감을 얻을 수 있었다고 한다. 적이 아직 지리산에 그대로 남아 있다는 느낌이었다. 그의 기억은 이렇게 이어진다.

－ 적은 놓쳤지만 나는 왠지 기분이 좋았다. '적들이 아직 이 산에 많이 남아 있다' 는 생각 때문이었다. 적이 펼치는 화력으로 볼 때 저들은 빨치산의 주력임이 확실했다. 박격포와 기관총을 사용했기 때문이었다. 그 점에서 적의 주력군은 아직 지리산 일대를 빠져나가지 않았음이 분명했다.

더구나 국군 토벌대의 존재를 알고 있었던 상황인데도 '보급 투쟁' 을 위해 산 아래로 내려와 공격을 감행했다는 점은 그들 말고 산속에 먹여야 할 '식구' 들이 대량으로 존재하고 있다는 사실을 말해주고 있었다. '적이 이미 사라지고 없으면 어떻게 하느냐' 는 나의 우려는 이 악양 피습 사건으로 단번에 씻기고 말았다. －

오동잎 하나 떨어지는 것으로도 천하의 가을을 알아야 하는 것이 장수의 자질이다.

倚仗而立者는 飢也요 汲而先飮者는 渴也요 見利而不進者는 勞也니라. 鳥集者는 虛也요 夜呼者는 恐也니라. 軍擾者는 將不重也요 旌旗動者는 亂也요 吏怒者는 倦也요 殺馬肉食者는 軍無糧也요 懸?不返其舍者는 窮寇也니라.

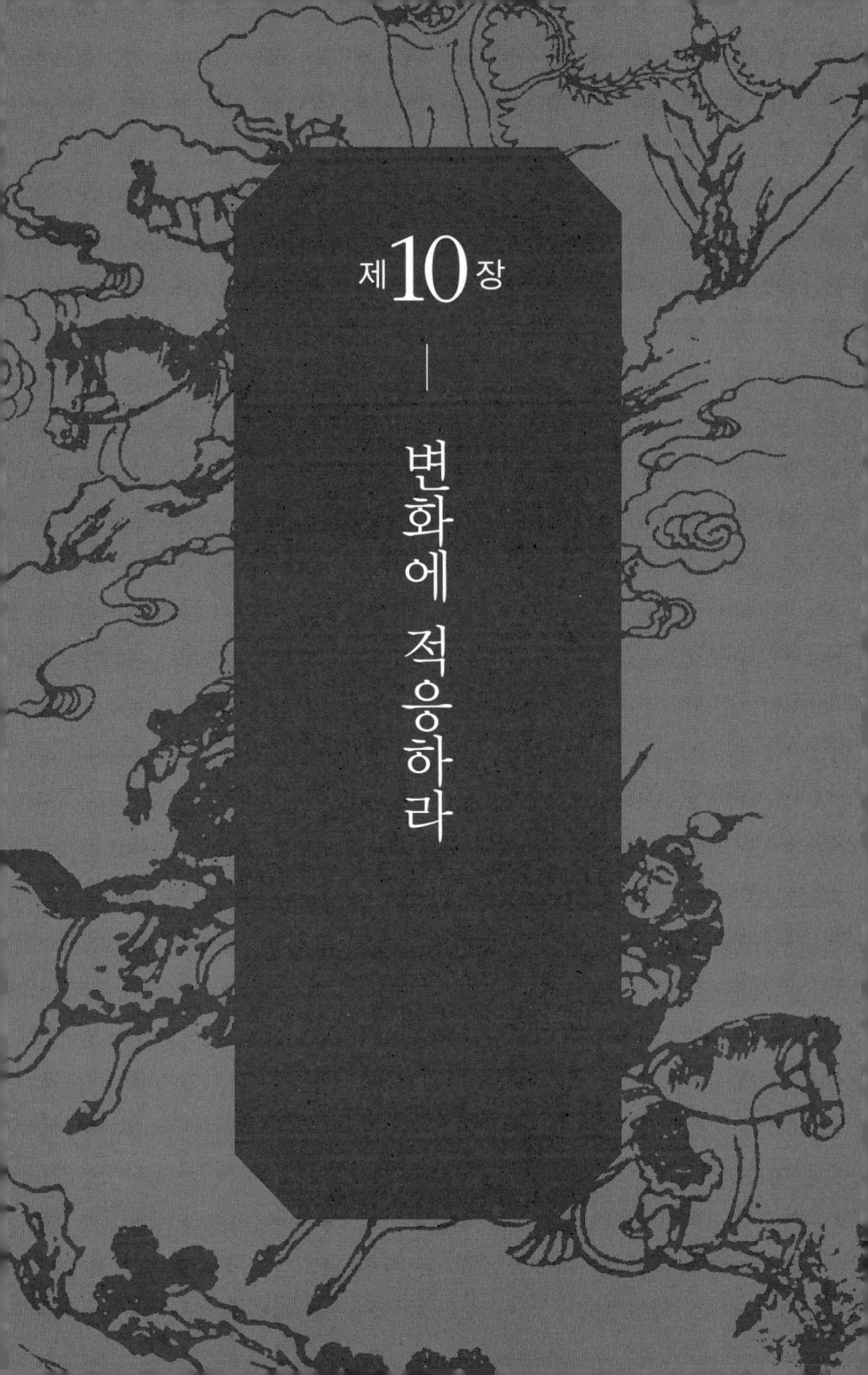

제 **10** 장

변화에 적응하라

손자병법의 지형(地形, 제10편)에 해당하는 부분이다.

지형을 여섯 종류로 분류하여 각 지형의 특성에 맞게 전술을 세워 작전과 행군을 펼치는

방법을 설명하고 있다.

승부처를 **놓치지 말아야** 한다

‖

> 손자가 말하였다. 지형에는 아군과 적군이 서로 오고
> 갈 수 있는 곳(通形), 가기는 쉽지만 빠져 나오기는
> 어려운 곳(掛形), 아군이 가도 불리하고 적군이 가도
> 불리한 곳(支形), 먼저 점거하여 방어를 튼튼히 하며
> 적의 공격을 기다려야 하는 곳(隘形), 먼저 점거하여
> 높고 양지 바른 곳을 차지하여 적의 공격을 기다려
> 야 하는 곳(險形), 아군과 적군의 전력이 비슷할 경우
> 전장이 멀기 때문에 싸워도 이익이 없는 곳(遠形) 등
> 이 있다. 아군도 갈 수 있고 적도 다가올 수 있는 지
> 형을 통형이라고 한다. 통형에서는 태양이 비추는 고
> 지대를 선점하면 군량 보급에 유리하므로 전투를 벌
> 인다면 승리할 수 있다.

통형의 대표적인 지형은 6.25전쟁 때 아군과 북한군이 서로 뺏
고 빼앗기기를 거듭하던 고지와 같은 곳이다. 양쪽 군 모두 접근
이 용이했기 때문에 쟁탈전이 치열했다. 가장 전투가 치열했던
백마고지와 같은 곳은 적의 동정을 한눈에 살필 수 있었고, 방어
하기도 쉬웠다. 이른바 감제(瞰制) 고지였기 때문이다.

1952년 10월 6일부터 시작된 백마고지 전투는 휴전회담이 시
작될 때부터 예견된 전투였다. 휴전이 성립될 때까지 한 치의

땅, 하나의 산이라도 더 차지하는 것이 상책이었고, 기왕 차지할 바엔 뒷날 방어하기 쉬운 거점을 확보하는 것이 급선무였던 것이다.

철원은 강원도에서도 보기 드문 넓고 비옥한 평야가 펼쳐진 곳이다. 이를 확보하기 위해서는 전략적 요충지인 백마산을 반드시 차지해야 했다. 공산군은 3개월 전부터 백마산을 점령하기 위하여 치밀하게 준비했다.

10월 6일 오후 5시부터 중공군은 맹렬한 준비 사격을 가하면서 백마고지를 향해 진격해 왔다. 그 지역은 국군 9사단이 담당하고 있었는데, 사단장은 김종오 소장이었다. 이 전투가 이름을 떨친 것은 중공군의 쉴 새 없는 공격 때문이었다. 몇 개 사단의 대병력이 밤낮을 가리지 않고 교대로 공격을 해 왔는데, 식사할 시간도, 용변을 볼 시간도 허락하지 않았던 것이다.

9사단 장병들은 국방의 의무감과 명예를 지키기 위해 적의 인해전술을 수류탄과 백병전으로 저지해야 했다. 그렇게 하고도 적의 공세에 밀려 고지를 빼앗겼다가 다시 포탄과 백병전으로 되찾기를 거듭하여 20여 차례나 고지의 주인이 바뀔 만큼 치열했던 것이다.

처음 적이 쳐들어온 날로부터 열흘째 되던 10월 15일, 중공군은 마침내 고지 점령을 단념하고 철원 방면으로 후퇴했다. 불과 열흘 동안 20번이나 고지를 뺏고 빼앗겼으니 거의 모든 시간을 전투로 지새운 셈이다.

그 고지가 그처럼 양군 쟁탈의 표적이 된 것은 바로 그곳이 아
군도 접근하기 쉽고, 적도 접근하기 쉬운 통형(通形)의 땅이었기
때문이다. 백마고지와 멀지 않은 곳에서 군대 생활을 보낸 필자
가 들은 이야기로는, 그곳을 점령하지 못한 김일성이 사흘 동안
밥을 먹지 못했다는 확인되지 않은 전설이 있다.

<blockquote>
원문

孫子曰, 地形에 有通者하고 有掛者하고 有支者하고
有隘者하고 有險者하고 有遠者이니라. 我可以往하
며 彼可以來을 曰通이라 하나니 通形者는 先居高陽
利糧道하고 以戰則利니라.
</blockquote>

승패의 **원인은 자신에게** 있다

‖

군대에는 도망가는 군대, 군기가 이완된 군대, 수렁
에 빠져 허우적거리는 군대, 서로 원망하여 스스로
허물어지는 군대, 질서가 없이 혼란스러운 군대, 피
아의 전투력을 비교하지 못하고 움직이는 군대 등이
있다. 무릇 이 여섯 종류는 천재지변이 아니라 장수
의 과실에서 나오는 것이다. 대체로 전력이 비슷하지
만 소수의 병력으로 다수의 군대를 공격하는 것을
주(走)라 하고, 병사들은 강한데 지휘관이 약하여 군
기가 해이한 것을 이(弛)라 하고, 지휘관은 약한데 병
사가 강하여 군대가 수렁에 빠진 것과 같은 군대를
함(陷)이라고 한다.

장수란 무한 책임을 지는 자리이다. 장수에게는 책임을 완수하
기 위한 수단으로서 행사할 수 있는 권한이 있을 뿐이지 자신이
사사로이 누릴 수 있는 권리는 없다. 군대의 군기, 병사의 사기,
군대의 질서, 전투력의 강약 등 모든 것을 최종적으로 책임지는
사람은 장수이다.

장수란 현대의 군대로 말하면 적어도 장성은 되어야 한다. 그들
에게는 장군이라는 칭호가 따르므로 과연 군인으로서 보람도 느
낄 수 있을 것이다. 우리 군대도 장군에게는 많은 특전이 따른다.

군대에서 벌어지는 의장 행사 하나만 보더라도 장군의 위용이 얼마나 대단한가를 짐작할 수 있을 것이다. 가령 중장 한 사람이 가면 붉은 바탕에 별이 세 개 그려진 장군기가 휘날리고, 은색 화이버가 번쩍이는 헌병이 두 명 이상 따라붙는다. 그가 만약 그 자리의 최상급자라면 임석 상관에 대한 우렁찬 경례를 받는다. 1만 명이든 2만 명이든 그 자리에 모인 모든 군인의 눈과 귀는 오직 그 장군에게 쏠려 있어야 한다. 그가 한 부대의 지휘관이라면 그 위세는 더욱 대단하다.

그 장군에게는 책임이 따르기 때문이다. 그 책임이란 궁극적으로는 목숨을 걸고 국가를 지켜야 하는 것이다.

기업에서 CEO의 책임 또한 장수의 그것과 다르지 않다. 그 권한이나 위세로 보면 군대의 장군에 비견할 만하지 않는가. 그에게도 장수와 같은 막중한 책임이 있다. 가까이는 기업의 흥망과 종업원의 고용에 관계가 있고, 멀고 크게 보면 국민 경제의 성쇠와 관련이 있다.

다른 회사로 빠져나갈 기회만 노리는 종업원이 많은 회사, 기강과 규율이 풀어진 회사, 어딘지 모르게 수렁에 빠진 듯 허우적거리는 회사, 사원 각자가 서로 원망하며 모든 잘못을 상대의 탓으로만 돌리는 회사, 질서가 없이 혼란한 회사, 경쟁 상대사와 전력을 비교조차 하지 못하며 그저 그럭저럭 끌고 나가는 회사를 갖는 것도 모두 CEO의 책임인 것이다.

장수 되는 자, CEO 되는 자는 '하늘을 원망하지 말고 사람을 탓하지 말아야(不怨天, 不尤人)'한다.

兵에 有走者하며 有弛者하며 有陷者하며 有崩者하
며 有亂者하며 有北者하니 凡此六者는 非天地之災
요 將之過也니라. 夫勢均에 以一擊十曰走요 卒強吏
弱曰弛요 吏強卒弱曰陷이니라.

명령 불복종은 바로
군대의 붕괴이다

간부 지휘관이 성을 내며 장수의 명령에 복종하지
않고, 적을 만나서는 울분을 이기지 못하여 제멋대로
싸우되 그러한 실정을 장수가 모른다면 그 부대는
붕괴되는 것이니 이를 붕(崩)이라 한다.

전장에서 가장 강한 군대는 지휘관의 명령에 일사불란하게 따
르는 군대라고 한다. 장교와 사병의 단결, 사병 상호간의 신뢰와
협조, 끈끈한 전우애 같은 것은 지휘관의 명령을 잘 따르고 난 뒤
에나 필요한 부차적인 문제이다.

최고 지휘관은 아래 지휘관의 능력을 알지 못하고, 아래 지휘
관이 최고 지휘관의 명령에 복종하지 않는 군대는 모래로 쌓아놓
은 성곽과 같다. 전쟁에서 패배한 군대가 거의 그런 병을 앓고 있
지만 그 대표적인 예가 제2차세계대전 당시 북아프리카에서의
독일 기갑 군단이었다.

기갑 군단을 지휘하던 독일의 롬멜 원수가 병을 얻어 본국으로
후송된 적이 있었다. 이때 몽고메리 원수가 지휘하는 영국군의

기갑 사단이 공격해 왔다. 3개 사단에서 전차 1천 대, 대포 1천 문, 항공기 1천2백 대가 주요 화력이었다. 이에 비해 독일군은 전차 240대, 항공기 100대 정도에 불과하여 절대적인 열세였다.

1942년 10월 23일, 항공기의 엄호를 받은 영국의 기갑 사단이 공격을 개시하여 독일군 진지를 돌파했다. 이것이 엘 알라메인 전투인데, 병원에 있던 롬멜은 히틀러의 요구로 급히 전장으로 달려갔다.

롬멜은 '사막의 여우' 라는 별명을 얻을 만큼 사막전과 기갑전에 탁월한 능력을 가지고 있었으나 워낙 전력의 차이가 컸으므로 영국군을 저지하기는 도저히 불가능한 노릇이었다. 그래서 롬멜은 서쪽으로 60Km 떨어진 프카라는 지역으로 철수를 하겠다고 본국에 건의했다. 그러나 현지 사정을 전혀 이해하지 못하고, 롬멜의 판단을 믿지 않은 군 수뇌부와 히틀러는 무조건 "사수하라!" 라는 명령을 내렸다.

히틀러의 이해할 수 없는 명령에 대해 롬멜은 용병상의 타당성에서가 아니라 군 통수권자 및 상관의 명령에 복종해야 하는 군인의 입장에서 그 명령을 따르기로 결심했다. 그러나 아프리카 지역의 사실상의 사령관인 폰 토마 장군은 그렇지 않았다. 그는 성을 벌컥 내며,

"히틀러의 명령은 전대미문의 미친 소리다! 나는 그의 미친 명령에 복종하지 못하겠다."

면서 독자적인 행동에 들어갔다. 군복을 벗고 정장으로 말쑥하

게 갈아입은 뒤, 훈장까지 단 그는 불에 타는 전차 옆에 서서 영국군이 오기를 기다렸던 것이다. 몽고메리 장군이 도착하자 함께 식당으로 들어가 식사를 하는 여유를 보였다. 히틀러의 명령에 반발하여 취한 어처구니없는 이적 행위였다.

이처럼 현지의 보고를 믿지 않고, 현지 지휘관은 상부의 명령을 따르지 않는 군대가 바로 붕괴된 군대라고 할 수 있다. 토마 장군 휘하의 아프리카 군단은 6만 명에 가까운 병력을 잃었는데, 이것은 전체 병력의 약 60%에 이르는 숫자였다.

원문 大吏가 怒而不服하여 遇敵懟而自戰하되 將不知其 能曰崩이라.

과감하고 박력 있게 추진하라

||

> 지휘관이 나약하고 위엄이 없어 훈련과 명령이 분명
> 하지 못하면 간부와 병사들이 우왕좌왕하여 혼란스
> 럽게 되는 것을 난(亂)이라고 한다. 장수가 적의 형세
> 를 정확히 판단하지 못하여 소수의 병력으로 다수를
> 상대하고, 약한 부대로서 강한 부대를 상대하여 선봉
> 에 설 병사가 없으면 패배하게 마련이니 이를 배(北;
> 달아남)라고 한다.

6.25전쟁 당시 북한 공산군으로부터 기습적인 남침을 당한 우
리 국군의 방어 태세는 허술하기 짝이 없었다. 우선 기습으로 허
를 찔렸기 때문에 평상시 경계에도 허술했고, 무기와 병력면에서
전혀 상대가 되지 않을 정도로 열세였다. 설상가상으로 당시 육
군을 지휘하고 있던 참모총장 채병덕 장군의 작전 실패도 한몫을
했다.

25일 아침, 적의 전면적인 남침임을 깨달은 뒤, 후방의 3개 예
비 사단을 급히 올라오게 하여 서울의 주요 접근로인 의정부로
이동하게 했다. 이튿날인 26일 새벽을 기해 7사단이 의정부와 동
두천 계곡에서, 2사단이 7사단의 오른편인 의정부와 송우리 방면

에서 밀려오는 적을 역습하기로 작전이 짜여 있었다.

그러나 도로와 교통이 한없이 열악한 상황에서 하루만에 부대가 이동한다는 것은 불가능했다. 주력 부대가 움직이는 것은 더욱 어려웠다. 대대 병력이 오고, 연대 병력이 오는 식으로 찔끔찔끔 모여들었던 것이다. 그것도 적에게 역습을 가하기 위해 싸우는 병력을 일부 후퇴시켜 방어선을 구축하려고 했다.

이에 2사단장 이형근 준장이 역습 계획에 반대했다. 물밀듯이 밀려오는 병력을 향해 우리 병력이 오는 대로 공격한다는 이른바 축차적(逐次的) 공격은 성공할 수 없으니 전체 병력과 주력 부대가 오기 전까지는 역습을 보류하자는 것이었다. 당시 미 군사 고문단의 하우스먼 대위도 이에 동의했으나 채 총장은 기어이 26일 새벽에 역습을 감행할 것을 명령했다.

육본 작전명령 91호는 이러했다.

– 제2사단은 6월 26일 09시에 현재 접촉선으로부터 제9연대를 초월하여 의정부~포천을 연결하는 도로에서 저항하는 적을 격파하여 38선을 확보하고, 제7사단은 현재 접촉선으로부터 대치하고 있는 적을 격파하여 38선을 확보하도록 하라 –

쉽게 말해 현재 적에게 밀리고 있는 지점에서부터 북으로 적을 밀고 38선까지 올라가 원상회복을 하라는 것이었다. 이러한 작전명령은 시시각각 붕괴되는 국군의 실정과는 전혀 동떨어진 것이었다.

더욱 어처구니없는 것은 적의 전차에 대항해 수류탄과 휘발유

병을 가지고 육탄 공격을 하라는 것이었다. 당시 적의 전차에 대항해 육탄으로 공격하여 약간의 전과를 거둔 사례가 전혀 없는 것은 아니었으나 그 방법이 방어의 기본이 될 수는 도저히 없었던 것이다.

　명령을 따를 수밖에 없는 5연대의 경우에는 싸울 준비도 미처 갖추지 못하고 출전했다가 대포 한 발 변변히 쏴보지 못하고 바로 와해되고 말았다. 의정부 방면에 투입된 모든 국군은 후퇴에 후퇴를 거듭하여 미아리까지 오게 되었는데, 산발적이고 체계가 잡히지 않은 그러한 전투는 아군의 피해만 키웠을 뿐이다.

　군사 전략 연구가 이종학(李鍾學) 교수는 6·25전쟁의 초기 작전을 연구한 그의 저서 『현대전략론』에서 당시의 그 졸렬한 용병술을 두고 다음과 같이 주장했다.

　"의술에 무지한 의사가 환자를 다루는 것이 죄악이라고 한다면, 병술(兵術)에 무지한 장수가 부하를 이끌고 전투에 임하는 것은 더 큰 죄악이 아닌가!"

원문

將弱不嚴하여 教道不明하고 吏卒無常하여 陳兵縱橫曰亂이니라. 將不能料敵하여 以少合衆하고 以弱擊强하여 兵無選鋒曰北이니라.

물러설 데가 없으니 **맞붙어라**

‖

> 무릇 지형이라는 것은 전투의 보조 수단이다. 적의
> 형세를 측정하고 승리를 얻기 위해서 험준하고 막힌
> 곳, 전장의 멀고 가까운 것을 계산하는 것은 장수의
> 용병법이다. 이것을 알고 싸우면 반드시 이길 것이
> 요, 이것을 모르고 싸우면 반드시 패할 것이다.

북한이 서해 5도를 침범하고, 장사정포로 수도권을 겨냥하면
서 갖가지 언사로 위협한다. '서울이 멀지 않다. 불바다를 만들
수 있다.'고 대놓고 떠드는 것은 모두 지형에 관계된 문제이다.
서해 NLL과 수도권이 그들의 사정거리 안에 있기 때문이다. 지
형적으로 그들이 공격하기에 용이하고, 공격의 효과도 뛰어나다
는 뜻이다. 민간인과 비전투 시설을 인질로 잡고 위협하기에 안
성맞춤이다.

서울과 수도권은 인구의 절반 이상이 살고 있다. 그리고 그곳
에 깔려 있는 각종 산업 시설은 국가 경제의 중추를 이룬다. 이들
을 무차별 요격하기로 하면 당할 재간이 없다. 적의 공격에 그대
로 노출될 수밖에 없는 것이 우리의 안보 현실이다.

박정희 정부 때의 대전 행정수도 논의, 과천 행정수도 건설과

311

운용 등은 모두 안보 현실과 직결되는 문제였다. 이와 더불어 수도권의 인구 과밀이 국가 안보와 국토의 균형 발전을 저해한다는 문제까지 겹치면서 충청권으로의 수도 이전이 한때 여론의 지지를 받았다. 또 이것이 충청권의 표를 얻는 데 힘을 얻게 되어 세종시로까지 발전하게 되었던 것이다.

안보 문제로만 보면 수도를 부산으로 옮겨도 불안감은 여전하다. 가령 대한민국의 수도가 부산쯤 되고, 지금의 서울과 경기 일대가 수도권이 아니라 한다면 상주인구는 조금 줄고, 산업 시설은 지금보다 좀 덜 조밀해질 것이다. 그러나 한반도에서 한강 유역이 갖는 국토의 전략적 중요성은 거의 감소되지 않는다. 지금의 서울과 경기도는 여전히 적이 공갈의 빌미로 삼을 수 있는 전략적 요충지로 자리매김하고 있었을 것이다. 수도를 이전하더라도 적의 공갈은 멈추지 않을 것이라는 사실이다.

다시 말해 지형은 지형 그 자체로서 전략적 가치가 있을 뿐이지 이것이 전투에 결정적인 영향을 주지는 않는다고 할 것이다. 나폴레옹의 러시아 침공이나 히틀러의 모스크바 공격이 실패한 것은 러시아의 광대한 국토의 넓이를 간과한 것이라고 흔히 말한다. 가도 가도 끝이 없는 러시아의 종심 깊은 국토를 너무 얕잡아 봤다는 것이다. 전혀 틀린 말은 아니지만 그것이 바로 러시아에게 승리를 가져다 준 것은 아니라고 소련의 저명한 군사학자인 로트미스트로프는 말하고 있다.

그의 주장에 의하면, 러시아의 승리는 광대한 국토 덕분에 승리한 것은 사실이지만 더 결정적인 이유는 러시아의 공업 중심지가 분산되어 있어 국토로 들어오는 적을 적절히 막은 결과라는 것이다. 즉, 나폴레옹 군이나 히틀러 군에게 결정적인 패배를 안긴 것은 러시아의 계속되는 지연전술로 적을 혹독한 동장군 앞으로 밀어 넣었기 때문이라는 것이다. 지형의 특성을 이용하되 능동적인 작전만이 승리를 가져올 수 있다는 뜻이다.

서울과 수도권과 서해 NLL의 문제도 이렇게 볼 수 있다. 우리 남한은 모든 지역이 예외 없이 적의 공격권 안에 들어 있다. 피하려야 피할 수도 없다. 현재의 수도를 다른 지역으로 옮긴다 하더라도 한강 유역을 낀 경기 일원에 대한 전략적 중요성은 감소되지 않는다. 적의 공갈과 협박에 그대로 노출되어 있다.

그렇다면 적과 근접해 있는 경우에는 어떻게 대처해야 할 것인지 적극적으로 연구해야 할 것이다. 지형이 결정적인 승리를 안겨주지는 않는다고 했으니 지형이 우리에게 패배도 안겨주지 않을 것이기 때문이다. 더는 물러설 데가 없다는 것을 깨달아야 한다. 더 긴장하여 더 격렬히 부딪치며 살아가는 수밖에 없다.

원문

夫地形者는 兵之助也니 料敵制勝하고 計險阨遠近은 上將之道也라. 知此而用戰者는 必勝하고 不知此而用戰者는 必敗니라.

사병에게는 **상벌을 함께** 사용해야 한다

‖

지휘관은 군졸을 갓난아기처럼 돌봐야 하느니, 그래
야만 함께 깊은 계곡에도 뛰어들 수 있다. 군졸을 자
식처럼 사랑해야 하느니, 그래야만 함께 생사를 같
이 할 수 있다. 그러나 후대하되 부릴 수 없으며, 사
랑하되 명령하지 못하며, 질서가 문란해도 다스리지
못하면 비유컨대 교만한 자식과 같아서 쓸 수가 없
게 된다.

전국시대 오기(吳起)는 '오자병법'으로 대표되는 저술자로 손
자와 함께 쌍벽을 이루는 병가로서 유명하지만 그는 병사를 어떻
게 다루어야 하는가를 몸으로 실천한 사람으로도 유명하다. 그를
따라 전쟁터에 나간 자식을 둔 한 어머니가 울고 있기에 그 이유
를 물었더니,

"지금 제 자식이 싸우다가 몸에 종기가 났는데, 오 장군이 졸병
인 제 자식의 종기를 손수 입으로 빨아주었다고 합니다. 저희 아
버지도 그런 종기가 나자 오 장군이 빨아주었는데, 그에 감격한
아버지가 죽기를 각오하고 싸우다가 죽었지요. 제 자식도 그렇게

될까 봐 운다오."

하는 이야기는 두고두고 장수의 덕목이 되고 있다. 또 오기는 병사들과 같이 짐을 지고, 병사와 같은 밥을 먹으며 싸운 장수였다. 사병과 동고동락했으므로 사병으로부터 전폭적인 신뢰와 존경을 받을 수 있었다.

월왕 구천이 오나라를 칠 때의 이야기이다. 누가 좋은 술 한 항아리를 왕에게 선물로 보내자 그 술을 개울 상류에 쏟아 부으며 군사들에게 함께 마시자고 하였다. 술맛이라고는 조금도 없는 그 개울물을 마신 사졸들이 다섯 배나 더 분발하여 싸웠다는 것이다. 또 누가 미숫가루를 한 자루 보냈더니 그것을 군사들에게 주어 나누어 먹게 하였다. 미숫가루가 목구멍에 넘어가는 것이 없었는데도 열 배나 더 힘을 내어 싸웠다는 것이다.

그러나 군대란 항상 사랑과 인간적인 배려만으로 운영되는 것은 아니다. 충고보다 지시, 권고보다 명령이 많은 곳이 군대이다. 명령과 지시가 제대로 먹히지 않으면 평소에 아무리 강한 군대를 만들기 위해 사병을 사랑하고 배려해도 아무런 쓸모가 없게 된다. 그런 군대에서의 사랑과 배려는 오히려 독이 될 수 있다. 따라서 사랑과 배려는 명령과 지시를 잘 실천하기 위한 하나의 방법이라 할 수 있다. 당근과 채찍을 적절히 잘 구사해야 한다는 것이다.

현대의 군은 조직 자체를 인간적인 배려와 따뜻한 사랑이 넘치는 곳으로 만들기 위해 노력하고 있다. 지휘관이 된 사람은 이 점에 유의해야 하지만 그보다 중요한 것은 지휘관의 높은 도덕성과 애국심으로 충만한 책임감일 것이다. 도덕성과 책임감으로 무장한 지휘관은 그 스스로 자신감에 넘쳐 있기 때문에 항상 여유가 있고, 보이지 않는 위엄이 있다.

부하를 사랑하고 배려하되 위엄과 명령에 따르도록 하라.

원문

視卒을 如嬰兒라 故로 可如之赴深谿하며 視卒을 如愛子라. 故로 可與之俱死라. 厚而不能使하며 愛而不能令하며 亂而不能治면 譬如驕子니 不可用也니라.

제 **11** 장

—

집중력을 기르라

손자병법의 구지(九地, 제11편)에 해당하는 부분이다.

아홉 가지 지형에 대한 작전과 대응 방법을 제시하고 있다.

솔연(率然)이라는 뱀의 특징을 들어 용병을 설명한 것이 흥미롭다.

실패의 **원인은 자신에게** 있다

‖‖

> 이른바 예로부터 용병을 잘하는 장수는 적이 앞뒤로
> 서로 이어지지 않게 하며, 대소(大小)의 부대가 서로
> 신뢰하지 못하도록 하며, 지휘관과 병사가 서로 구제
> 해 주지 못하게 하며, 상급자와 하급자가 서로 협조
> 하지 못하게 하며, 병졸이 흩어진 뒤에는 다시 모이
> 지 못하도록 하며, 병사가 모였더라도 질서가 잡히지
> 못하게 하였다.

적의 전열을 철저하게 분산·파괴하며, 적을 분리·이간·분열
시키는 전략이다. 이렇게만 된다면 적은 총 한 방 쏴보지 못하고
제풀에 주저앉고 만다. 행군 대열의 앞과 뒤가 이어지지 않고, 상
급 부대와 하급 부대가 서로 믿지 않고 의심하며, 지휘관은 병사
를 돌보지 않고 병사도 지휘관의 안위에는 아랑곳하지 않으며,
상급자와 하급자가 서로 손발을 맞추어 일을 함께 진행하지 못하
며, 일단 한 번 흩어진 병력은 다시 모이지 못하며, 모였더라도
질서가 잡히지 않아 우왕좌왕하는 오합지졸이 되는 군을 상상해
보라.

아군의 능동적인 활동에 의하여 적을 그와 같은 상태로 빠지게

한다는 것은 쉬운 일이 아니다. 더구나 총칼을 맞댄 상황에서는 팽팽하게 긴장하고 경계하기 때문에 상대를 그렇게 움직이기는 매우 어렵다.

문제는 상대의 작용이 아니라 자신에게 있다. 장수의 리더십이 부족하고, 조직에 기강이 서지 않으면 자기도 모르게 그러한 상태로 한 발 한 발 빠져들게 된다. 남이 나를 무너지게 하는 것이 아니라 내가 먼저 무너지게 된다는 것이다.

맹자의 이루(離婁)장구에 이런 구절이 있다.

"무릇 사람은 반드시 자신이 업신여김을 받을 짓을 한 뒤라야 남이 업신여기게 되며, 가정도 반드시 자신이 허물어뜨릴 짓을 한 뒤라야 남이 허물어뜨리며, 국가도 반드시 내부에서 정벌을 당할 짓을 한 뒤라야 남의 침략을 받게 된다.

夫人必自侮, 然後人侮之, 家必自毀, 而後人毀之, 國必自伐, 而後人伐之"

실패의 원인은 남에게 있지 않고, 패망의 원인도 적에게 있지 않고 자신에게 있다.

> **원문**
>
> 所謂古之善用兵者는 能使敵人으로 前後不相及하며 衆寡不相恃하며 貴賤不相救하며 上下不相扶하며 卒離而不集하며 兵合而不齊니라.

위기는 **사람을 더 강하게** 만들 수 있다

‖

병사란 지극히 위험한 지역으로 가게 되면 오히려 두려워하지 않게 되고, 빠져나갈 길이 없으면 독기를 품게 되고, 적진 깊숙이 들어가면 더욱 단결하여 흩어지지 않게 되고, 어쩔 수 없는 지경에 빠지면 목숨을 걸고 싸우게 마련이다. 그러므로 그런 병사는 훈련하지 않아도 스스로 조심할 것이며, 분발을 촉구하지 않더라도 저절로 분투할 것이며, 화합을 도모하지 않더라도 저절로 단결할 것이며, 일일이 명령하지 않더라도 저절로 믿고 따를 것이다. 미신을 믿지 말게 하고 유언비어를 물리친다면 죽을 지경에 이르더라도 전쟁터를 떠나지 않을 것이다.

위기에 처하면 자신도 모르는 힘이 솟아나는 게 사람이다.

조조와 원소는 젊을 때부터 아주 친한 친구였다. 두 사람은 명문가 출신으로 흔히 말하는 돈과 권력과 백그라운드를 두루 갖춘 귀공자였다.

조조의 아버지 조숭은 권력이 막강한 내시에게 양자로 간 인물인데, 조조는 그 덕을 톡톡히 본 사람이다. 원소는 여러 대에 걸쳐 조정의 높은 벼슬을 한 명문가의 자제였다. 따라서 이들 두 젊은이로서는 세상에 거리낄 게 없었다. 두 사람은 시가지를 휘젓고 다니며 못된 장난도 무척 쳤다.

특히 조조는 어릴 때부터 남을 속이고, 골탕 먹이는 데는 특별한 재능을 가진 인물이었다. 오죽했으면 아명을 아만(阿瞞 ; 阿는 아이에게 붙이는 애칭이며, 瞞은 눈을 속인다는 뜻임)이라고 했겠는가?

한번은 원소와 함께 어떤 혼인집에 몰래 들어가 신부를 겁탈한 일이 있었다. 아마 두 사람이 신부 하나를 두고 윤간을 했을 것이니 어지간히 못된 짓을 하고 다녔던 모양이다.

그런데 범행이 발각되어 잔칫집에서 강도가 들어왔다고 난리가 났다. 어둠 속으로 급히 몸을 피해 집 밖으로 달아나는데, 담장에는 험한 가시덩굴이 쳐져 있었다. 몸이 날렵한 조조는 금방 그곳을 빠져나왔으나 몸피가 크고 굼뜬 원소는 덩굴에 걸려 낑낑거리며 영 빠져나오지 못하는 것이었다. 이때,

"강도 어디 있나? 강도 잡아라!"

하고 소리치며 사람들이 몽둥이를 들고 몰려오는 게 아닌가. 금방이라도 붙들릴 것 같은 상황이었으나 원소는 종내 그 덩굴을 빠져나오지 못하고 낑낑거리는 것이었다. 이를 본 조조가 냅다 고함을 질렀다.

"그 강도 여기 있다!"

이 소리를 들은 잔칫집 사람들이 어둠 속에서 원소를 발견하고 우르르 몰려들었다. 일촉즉발의 위기에 처하자 그렇게 낑낑대던 원소가 죽을힘을 다해 몸을 빼어 덩굴을 벗어나 달아나는 것이었

다. 원소는 조조의 그 한 마디에 목숨을 구한 셈이다.

　조조가 노린 것은 인간이란 절체절명의 위기 앞에서는 자신도 모르게 초인적인 힘을 발할 수 있다는 사실이다. 이것은 조조가 위기에 강하고, 임기응변에 그만큼 능했다는 이야기이기도 하다.

원문

兵士甚陷則不懼하고　無所往則固하고　深入則拘하고　不得已則鬪하니라. 是故로　其兵이　不修而戒하며　不求而得하며　不約而親하며　不令而信이니라. 禁祥去疑면　至死無所之니라.

언변도 능하고 수사(修辭)에도 밝아야 한다

‖

용병을 잘하는 사람은 솔연(率然)에 비유할 수 있으니, 솔연이란 상산(常山)에 있다는 뱀의 이름이다. 그 뱀은 대가리를 때리면 꼬리가 바로 달려들고, 꼬리를 치면 대가리가 곧장 달려들고, 허리를 두드리면 대가리와 꼬리가 함께 공격해 온다. 누가 묻기를, "병사도 솔연과 같이 만들 수 있는가?"하기에 내가 대답하기를, "물론 할 수 있다. 오나라 사람과 월나라 사람이 서로 미워하지만 배를 같이 타고 가다가 풍랑을 만나면 서로 구하려고 하는 행동이 좌우의 손이 움직이듯 할 것이다."라고 하였다.

솔연의 비유는 군의 단결된 힘과 유기적인 상호 작용을 강조한 것이다. 아군의 일부가 적으로부터 공격받았을 때는 어떤 위치에 있더라도 즉시 출동하여 적과 싸워야 한다. 비록 멀리 떨어져 있는 부대라도 항시 적의 동정과 아군의 상황을 파악하고 있다가 유사시에 바로 행동을 개시해야 한다.

현대처럼 통신이 발달한 시대에는 천리 밖의 상황을 거의 실시간에 알고 대처하지만 과거에는 그것이 불가능했다. 파발을 띄우거나 봉화를 올려야 알 수 있었다. 단결되지 않고 불화가 있는 군에서는 우군이 공격을 받고 있다는 것을 알면서도 모른 채 뒷짐을 지고 있는 경우가 있다.

군 내부에서 지휘관끼리 사이가 좋지 못하여 팔짱을 끼고 있는 경우는 절대 있어서 안 될 뿐 아니라 평소에 사이가 좋지 않은 인접국의 군대도 끌어들여 적을 막을 수 있어야 한다는 것이 오월동주(吳越同舟)의 뜻이다. 이 사자성어의 우화를 처음 쓴 사람이 바로『손자병법』을 쓴 손자이다. 손자는 월나라와는 불구대천의 원수로 피 터지게 싸운 오나라의 장수가 되어 활동했으므로 오월동주의 비유는 가슴에 와 닿는 매우 적절한 것이라 하겠다.

이 구절은 전체의 흐름으로 보아 자신의 의견을 말하다가 질문을 받고 대답하는 형식이다. 손자가 솔연과 같은 상징과 오월동주와 같은 비유를 썼다는 것은 언변에도 능하고, 수사(修辭)에도 밝은 인물이었음을 알 수 있다.

원문

善用兵者는 譬如率然하니 率然者는 常山之蛇也라 擊其首則尾至하고 擊其尾則首至하고 擊其中則首尾俱至니라. 敢問하노니 兵可使如率然乎아 曰可하니 夫吳人與越人이 相惡也로되 當其同舟而濟라가 遇風하여는 其相救也가 如左右手하니라.

325

마음을 함부로
드러내 보이지 말라

‖

장군으로서의 임무는 다음과 같다. 조용히 홀로 깊이
헤아려서 바르게 군사를 다스려야 한다. 그들의 눈과
귀를 가려 놓은 듯 자신의 계략을 알지 못하게 해야
하며, 일상적인 일을 자주 바꾸고 계획을 항상 변경
하여도 남들이 모르도록 해야 하며, 주둔지를 자주
바꾸고 가는 길을 우회하여도 남들이 깨닫지 못하게
해야 한다.

지혜가 뛰어난 사람은 그것을 함부로 드러내 보이지 않는다.
지혜를 드러내는 것은 지혜로운 것이 아니다. 어수룩하게 보이는
사람이 세상살이에서 득을 보는 경우가 많다.

직장인이 어떤 새로운 아이템을 기획하여 결재를 받으려 할 때
는 완벽하게 하지 않는 것이 좋은 경우도 있다. 상사에 따라서 부
하의 결점을 꼭 지적하고 수정해야만 자신의 존재 의의를 느끼는
사람이 있기 때문인데, 이런 상사에게는 아무리 훌륭한 기획서를
가지고 간다 해도 선선히 결재가 나는 법이 없다. 경우에 따라서
는 자기가 의도한 것이 왜곡될 수도 있고, 심하면 경계의 대상이

되어 견제를 받게 된다.

그럴 때 지혜롭게 대처하는 방법이 있다. 별로 중요하지 않은 사항 한두 개를 일부러 빠뜨리거나, 그것도 곤란하다면 맞춤법이라도 틀리게 써서 가지고 가는 것이다. 그러면 그 상사는 점잖게 부하의 실책을 지적하는 것으로 만족하게 되고, 이것은 부하가 유능하다는 평으로 이어지게 된다는 것이다.

만일 상사의 몫을 남겨놓지 않고 완전무결하게 일을 처리하게 되면 서로 간에 충돌이 일어날 소지가 있고, 업무 평점 또한 좋지 않을 수도 있다. 사실 그런 상사가 있는 회사라면 미래가 암담하다고 할 수 있다. 그러나 이것이 인간의 보편적인 심리요, 하나의 단면이라는 것도 간과해서는 안 된다.

크게 성공한 사람에게는 어딘지 모르게 어수룩한 구석이 있다. 너무 영악스러운 사람의 주변에는 사람이 모이지 않는 경우가 많은데, 자기보다 더 똑똑하여 매사에 빈틈없는 사람을 누가 도와주려고 하겠는가. 그래서 사람은 알게 모르게 자기보다 조금은 더 결함이 많은 사람, 조금은 더 어리석은 사람과 가까이 하려고 하는 것이다.

어느 장터의 건어물 장수는 장사를 무척 잘했는데, 그의 비결은 생선을 엮을 때 한두 마리 더 넣어 엮거나, 조기를 세어 팔 때도 "열 마리요" 하면서 몰래 조그마한 것으로 한 마리 더 집어 넣어준다는 것이다. 혹시 사는 사람이 셈이 틀렸다고 도로 돌려주면 아까운 표정을 지으면서, "손님의 손에 간 걸 어쩌겠습니까?"
하며 받지 않는다고 한다.

　사실 생색을 내며 한 마리 더 얹어주는 것은 장사하는 사람이
늘 하는 상술이지만 셈을 잘못해서 더 주었다면 받는 사람은 그
상인에 대해 미안한 마음을 갖게 되고, 뜻하지 않은 횡재를 했다
는 생각을 갖게 되어 그 가게의 단골이 되는 것이다.

원문

將軍之事는 靜以幽하고 正以治하여 能愚士卒之耳
目하여 使之無知니 易其事革其謀하되 使人無識하
고 易其居迂其途하되 使人不得慮니라.

알고 있으면 **행동하라**

다른 제후의 계략을 모르는 자는 외교 관계를 맺을
수 없다. 산과 수풀, 험준한 곳, 늪지대 등의 지형을
모르는 자는 군대를 이동시킬 수 없다. 길라잡이의
안내를 받지 못하는 자는 지리상의 이득을 얻을 수
없다. 이 4,5가지 중 하나라도 모르면 패왕의 군사가
아니다.

객관적인 상황과 사람의 심리를 결부시켜 생각하지 못하는 사
람은 천하를 얻을 수 없다고 한다. 객관적 상황의 변화는 민감한
문제이므로 재빨리 파악해야 하는데, 그런 특기를 가지고 있는
사람을 우리는 흔히 정보통이라 일컫는다.

그러나 그런 사람은 단순히 정보에만 밝은 경우가 많거나 여러
가지 지식을 가지고 있기는 하지만 자신이 설정한 목표를 달성하
지 못하는 사람이 있다. 사람을 움직여야 할 때나 사람을 움직이
는 방법을 결부시키는 능력을 가지고 있지 못하기 때문이다.

알고 있다는 것은 매우 중요한 일이다. 그러나 이를 실천할 수
있는 용기가 없으면 성공하기가 어렵다.

고려 태조 왕건은 궁예의 부하였는데, 궁예의 의심과 포악함에
시달리다 홍유, 배현경, 신숭겸, 복지겸 등 여러 장수들이 궁예를
내쫓고 덕망 높은 왕건을 추대하기 위해 밤에 몰래 그의 집으로
찾아갔다.

왕건이 그들의 요구를 완강히 거절하자 부인이 갑옷을 입혀 주
며 말했다.

"하늘이 내린 기회를 마다하면 재앙이 돌아온다고 합니다."

만약 왕건이 끝내 거절했다면 여러 장수들은 다른 사람에게 기
대를 걸 수밖에 없었을 것이며, 그렇게 제3의 인물이 추대된다면
궁예를 없앤 후엔 왕건을 최대의 정적으로 삼아 그를 없애기 위
해 온갖 수단을 다 동원했을 것이라는 추측이 가능해진다. 아니
면 그 이전에 비밀이 누설되어 궁예에게 죽음을 당하고 말았을
것이다.

원문

不知諸侯之謀者는 不能豫交하고 不知山林險阻沮
澤之形者는 不能行軍하고 不用鄕導者는 不能得地
利하나니 四五者에 不知一이면 非覇王之兵也니라.

배수진을 치면 몇 배의 능력을 발휘한다

‖

> 살아나올 수 없는 땅에 던져 넣어진 뒤라야 생존하
> 는 법이며, 사지에 빠뜨려진 뒤라야 살아남는 법이
> 다. 무릇 장병들은 그런 위험한 상황에 처해야 목숨
> 을 걸고 싸워 승리한다.

유방과 항우의 맞대결로 펼쳐진 초한 전쟁 시대. 두 나라는 한 판 대결을 펼치게 된다. 두 진영 사이에서는 크고 작은 수많은 전투가 있었는데, 군사력이 강하고 전쟁터에 나가 직접 전투를 했던 항우가 대부분의 전투에서 승리를 거두었다. 그는 전신(戰神)으로 불릴 만큼 전투를 잘했다. 자신이 잘 싸우기도 했지만 작전 또한 탁월한 데가 있었다.

한번은 결전을 준비한 항우가 군사를 이끌고 강을 건넌 뒤, 타고 왔던 배에 구멍을 뚫어 물밑으로 가라앉히고 밥솥을 모조리 부수어버렸다. 침주파부(沈舟破釜)라는 고사성어가 그것이다.

그리고는 막사를 불태우고, 양식은 3일분만을 지니게 했다. 군사들에게 결사적으로 싸우겠다는 의지, 살아서 돌아오지 않겠다

는 각오를 보인 것이다.

　이런 각오로 싸운 전투에서는 지려야 질 수가 없다. 자국의 군
대를 강변으로 몰아넣어 강물을 등 뒤에 두고 적을 맞이하여 싸
운 한신의 배수진(背水陣)도 같은 이치이다. 등 뒤로 죽음의 깊은
심연을 지고, 더는 물러날 곳이 없는 군사들이 어떤 각오로 싸우
겠는가? 그런 의미에서 상륙작전 같은 것도 배수진의 일종이다.
배로 밀고 들어가서 육지에 발을 붙이고 살아남느냐, 아니면 바
닷가 모래사장에 잠시 발을 들여놓았다가 저항하는 적에게 밀려
물고기 밥이 되느냐의 싸움이기 때문이다.

　자신만만한 싸움, 적당히 싸워도 이길 수 있다는 싸움, 적은 아
군에 비해 몇 수 아래이며 한참 모자란다는 자만심을 품고 싸우는
싸움에서 승리한 예는 별로 없다. 아군이 적에 비해 객관적인 전
력이 아무리 우세하더라도 방심했다가 허를 찔리게 마련이다.

　항상 긴장하여 필사적인 자세로 싸워야 이길 수 있는 것이 전
쟁이다. 사자는 한 마리 토끼를 잡더라도 일단 잡으려고 마음먹
으면 있는 힘을 다해 앞발을 휘두른다고 한다.

　우리 인생도 끊임없이 밀려오는 근심과 고통을 이겨내는 사람
만이 참다운 삶의 의미를 깨달을 수 있다. 『맹자(孟子)』에 이런 명
구가 있다.

　「사람은 근심과 고통 가운데 있으면 살아남지만 편안과 즐거
움만 있으면 죽게 된다.

　生於憂患, 而死死於安樂」

投之亡地然後에 存하고 陷之死地然後에 生하나니
夫衆陷於害然後에 能爲勝敗니라.

제 12 장

—

혼란에 대비하라

『손자병법』의 화공(火攻, 제12편)에 해당하는 부분이다.

불로써 인마를 공격하는 것, 군량과 마소의 소각, 무기와 장비를 운송하는 수레의 소각,

무기고의 소각, 적의 운반 시설을 소각하는 것에 대하여 시기와 방법 등을 다루고 있다.

덧붙여 전쟁에 임하는 군주와 장수의 마음가짐을 논하고 있다.

상대의 **상황을 파악**하고 대처하라

무릇 화공(火攻)에는 반드시 다섯 가지 불의 변화에 따라 대응해야 한다. 불이 적진 내부에서 일어났거든 밖에서 빨리 호응하여 공격해야 한다. 적진에서 불이 났는데도 적군이 조용하거든 공격하지 말고 기다리다가 불길이 최고조에 이르는 것을 보아 공격할 수 있으면 공격하고 그렇지 않으면 중지해야 한다. 적진 근처에 인화물질이 많아 밖에서 불을 지를 수 있거든 일부러 안으로 들어갈 것 없이 때를 보아 불을 질러야 한다. 바람이 불어오는 방향에서 불길이 일어나거든 바람을 맞으면서 공격하지 말아야 한다. 낮에 바람이 오랫동안 불면 밤에는 바람이 잦아든다.

위의 원문은 화공을 펴기 위한 시기와 대처 방법 등을 논한 것인데, 화약조차 없던 원시 시대의 이야기이다. 불의 성능과 움직임은 상식에 속하므로 그에 따르면 될 것이다.

그러나 화공 자체는 수공과 함께 전쟁에서 가장 강력한 공격 방법의 하나이다. 화약이나 화공 물질을 쓰지 않는 원시적인 화공이라 하더라도 주변의 초목이나 인화물질을 이용하여 적을 무차별 공격하는 것이므로 인명 피해가 크고, 재물의 손괴도 막대하다. 깊은 협곡과 같은 막다른 곳에 몰리어 화공을 당하게 되면 전체 군이 그대로 함몰할 수도 있다. 적벽대전에서 조조의 수십만 대군이 대패한 것도 조조 군의 선박을 연환계로써 하나로 묶어놓은 뒤 쓴 화공 때문이었다.

『삼국지』에 보면, 제갈량이 남만 정벌에 나서서 그 추장인 맹획을 일곱 번 사로잡았다가 일곱 번 풀어준 칠종칠금(七縱七擒)의 고사가 생겨난 대목에서 갖가지 신출귀몰한 작전을 구사하는데, 거기에서 가장 자주 쓰면서 전과도 올리는 것이 바로 화공이다.

화공을 거듭 쓸 때마다 제갈량이,

"화공으로 많은 인명을 해쳤으니, 이는 나의 수명을 단축하는 것이다."

라고 하면서 비감한 표정을 지어보이는 장면이 나온다. 소설 속의 한 대목이기는 하지만 그 말이 전혀 어색하게 들리지 않는 것은 화공의 위력을 누구나 짐작하고 있기 때문이다.

핵무기라는 것도 사실은 화공의 가장 발달된 무기, 가장 대형화된 무기, 가장 가공할 무기라고 할 수 있다. 불 가운데 이보다 더 큰 불이 어디에 있는가. 화공이 불이기 때문에 무서운 것이다. 불 가운데는 핵이 가장 무서운 것인데, 핵이란 가공할 살상력과 파괴력도 그러하거니와 그것으로 인간이 입을 강렬하고 긴 후유증 때문에 더욱 무서운 것이다. 화 있을진저, 핵으로 동족과 인류를 위협하는 자들아.

원
문

凡火攻은 必因五火之變而應之니 火發於內어든 則
早應之於外하되 火發而其兵이 靜者는 待而勿攻이
라가 極其火力하여는 可從而從之하고 不可從而止
하라. 火可發於外어든 無待於內하고 以時發之니 火
發上風하고 無攻下風이요 晝風久면 夜風止니라.

상과 칭찬을 **아끼지 말라**

‖

무릇 싸워서 이기고 공격하여 탈취하면서도 공을 세운 자에게 상을 주지 않는 것은 흉한 것이니 이를 비류(費留)라고 한다. 그러므로 현명한 군주는 이를 깊이 생각하고, 훌륭한 장수는 이를 엄정하게 수행한다. 그리하여 이롭지 않으면 군사를 움직이지 않고, 얻을 것이 없으면 군대를 부리지 않고, 국가가 위태롭지 않으면 구태여 전쟁을 하지 않는다.

칭기즈 칸의 성공에는 여러 요소가 있겠지만 그 가운데 빼놓을 수 없는 것이 엄정한 신상필벌이었다. 그의 벌은 가혹했다. 싸움에서 물러나는 부하는 가차 없이 처단했다. 특히 그는 점령지의 장정을 선발하여 공격의 선봉으로 세운 다음 물러서기만 하면 이유를 묻지 않고 그 자리에서 처단했던 것이다. 동족으로서 배신하는 자가 있으면 모든 군사가 말발굽으로 그를 밟고 지나가게 하여 육신을 형체도 없이 땅바닥에 짓이겨 버렸다.

반면에 상 또한 확실하고 공정했다. 전쟁터에서 적으로부터 노획한 각종 재물과 여자는 전군에게 공평하게 분배되었다. 공로가 있는 자에게는 상하의 계급 구분을 두지 않았다. 아무리 미천한 자라도 공이 크면 그에 해당하는 상을 받았던 것이다.

전쟁이란 목숨을 담보로 걸고 싸우는 것이기 때문에 목숨과 바꿀 그 무엇이 있어야 한다. 십자군 원정이나 이슬람 극단주의자들의 자살 행위는 종교적 신념에 따른 것이고, 동서 양 진영의 냉전도 그런 신념의 산물이기는 하지만 근본적으로 전쟁이란 이익의 다툼에 기인한다. 전쟁 상대가 가진 영토, 노동력으로서의 인구, 물자, 곡식, 미모의 여성 등을 얻고자 하는 행위이다.

가령 초기의 고구려 같은 나라는 전형적인 약탈 국가였는데, 그들은 무엇인가 빼앗고 이득을 얻기 위해 목숨을 걸었던 것이다. 『삼국사기』 고구려 본기를 보면 그런 기록이 자주 눈에 띄는데, 여름 한철 농사를 지은 다음 11월이면 거의 매년 군사를 몰고 북으로, 혹은 동쪽, 서쪽으로 출정하였다. 만주 지역이 농토로서는 좋은 땅이 아니기 때문에 농사만 지어서는 살기 어려웠을 것이고, 인구도 부족했으며, 영토도 넓힐 필요가 있었을 것이다. 그러나 겨울마다 출정하게 되는 가장 큰 동기는 고구려 무사 집단이 가지고 있는 왕성한 획득 욕구를 채우기 위해서였을 것이다.

이렇듯 전쟁에는 물질적 이득과 권력의 획득이 앞선다. 적의 창칼 앞에 서서 목숨을 거는 사람에게는 그만한 보답이 있어야 한다. 그래서 공을 세운 사람에 대해서는 그만한 대우를 해 주어야 하는데, 만약 어느 쪽에도 승패가 없는 유야무야한 싸움으로 끝난다면 그 전선에 나갔던 장병만큼 허망한 것이 어디 있겠는가.

상을 아끼지 말고 칭찬에 인색하지 말아야 한다. 그러므로 출

전에 대한 보상을 할 수 없는 전쟁은 함부로 일으키지 말 것이며,
어쩔 수 없을 경우에만 전쟁을 하라는 것이다.

夫戰勝攻取하되 而不修其功者는 凶하니 命曰費留
니라. 故曰 明主慮之하고 良將修之니 非利不動하며
非得不用하며 非危不戰하니라.

냉철한 이성으로 판단하라

군주는 한때의 노여움 때문에 전쟁을 일으켜서는 안
되며, 장수도 분노 때문에 전투를 해서는 안 된다. 국
가의 이익과 합치된다면 움직이는 것이요, 이익에 합
치되지 않으면 중지해야 한다. 군주의 노여움은 다시
기쁨으로 바뀔 수 있고, 장수의 분노도 다시 즐거움
으로 변할 수 있지만 망한 나라는 다시 복구할 수 없
으며, 죽은 사람도 다시 살아날 수 없다. 그러므로 명
철한 군주는 전쟁을 삼가야 하고, 훌륭한 장수는 전
쟁을 두려워해야 하는 것이니, 이것이 국가를 안전하
게 하고 군대를 보전하는 길이다.

군주나 장수의 분노를 가장 적나라하게 행동에 옮긴 것은 칭기
즈 칸의 몽골 군대일 것이다. 그들은 저항하는 적은 절대 용서하
는 법이 없었다. 특히 전투 중 자국의 장수가 죽기라도 하는 날에
는 그 보복이 철저했다.

중앙아시아 어떤 나라의 성을 공격하다가 자국의 부하 장수가
전사하자 적을 단 한 명도 살려두지 않을 것을 맹세했다. 그럴수
록 성에서는 절대 항복할 수 없다는 생각으로 버티었는데, 물이
떨어지자 피를 마시기까지 했다. 끝내는 성이 함락되었는데, 그
성 안에서 움직이는 것은 아무것도 남아 있지 않았다.

칭기즈 칸은 공격을 중도에 포기한 예가 없다. 성곽이거나 도시거나 마을, 들판 가릴 것 없이 완전히 초토화시켰다. 병사는 한 사람도 남김없이 죽이고, 전투 능력이 있든지 없든지 생명이 있는 것은 모조리 죽이거나 약탈했다. 적이 무력으로 저항할 경우 저항력이 완전히 없어질 때까지 쓸어버렸다. 이것은 칭기즈 칸만이 아니라 몽골족의 일반적인 전투 방법이었다. 이들에 대항하여 수십 년을 두고 싸운 고려는 유례를 찾아보기 어려운 강한 군대이니 우리의 강인함도 부끄럽지 않다.

그들이 얼마나 지독했던지, 다음과 같은 이야기가 역사에 전한다.

원나라가 중국 북방을 압박하여 금나라를 무너뜨리고 서하를 공격하여 무릎을 꿇린 뒤 계획한 것은 화북 대평원를 점령한 다음 그 지역 전체를 목장으로 만든다는 것이었다. 지금의 북경 일대에서부터 양자강 이북까지 성이며 도시, 마을, 사람 등 존재하는 모든 것을 죽이고 파괴한 뒤, 초지를 만들어 말과 양을 풀어놓아 길러서 국가적인 부를 축적하겠다는 것이었다. 지금 생각하면 어처구니없는 발상이지만 못할 것도 없는 것이 그들이었다.

당시 야율초재(耶律楚材)라는 뛰어난 정치가가 있었는데, 그는 요(遼)나라 황실의 후예로서 한(漢) 문화에 젖어 거의 한족이 된 인물이다. 그는 중국인의 은인으로 추앙 받아 마땅한 인물로, 몽골족의 그 소름끼치는 계획을 수정하게 한 인물이다.

그 지역을 목장으로 만들기보다는 중국 백성들을 그대로 살려

농사를 짓게 하고, 공업을 장려하여 세금과 곡식과 물건을 거두어들이는 것이 훨씬 낫다고 몽골 수뇌부를 설득하였다. 그 당시만 하더라도 몽골에서는 백성으로부터 세금을 거두어들이는 것을 알지 못하였으니, 그가 교육을 담당한 셈이다.

결국 그의 말이 받아들여져 중국 백성들을 그대로 살게 하고, 지금의 북경에 또 하나의 수도를 건설하기에 이르니 오늘날 '북경 건설 8백 년'이라는 말이 있게 된 셈이다. 이처럼 적을 철저히 분쇄한다는 것은 지나쳐도 너무 지나쳐 야만이라는 이름을 붙이지 않을 수 없지만 전장에서는 냉혹한 선택이 완전한 승리로 연결되는 경우가 많다.

主不可以怒而興師요 將不可以慍而致戰이니 合於利而動하고 不合於利而止하나니라. 怒可以復喜요 慍可以復悅이어니와 亡國은 不可以復存이요 死者도 不可以復生이라. 故로 明主는 愼之하고 良將은 警之하나니 此는 安國全軍之道也니라.

제 13 장

—

정보를 모으고
활용하라

『손자병법』의 용간(用間, 제13편)에 해당하는 부분이다.
정보의 중요성과 정보원을 다루는 방법, 그들을 이용하여 정보를 모으는 방법과
그 활용 방법을 설명하고 있다. 국가나 군대, 기업체 등 경쟁과 투쟁을 생존의 본질로 삼는
조직은 첩보의 중요성과 기밀 유지의 필요성을 알아야 하고,
조직원 한 사람 한 사람이 경각심을 가져야 한다.

정보전은
가장 값싼 전쟁 비용이다

‖

손자가 말하였다. 무릇 10만의 군사를 일으켜 천 리 밖으로 원정한다면 백성의 비용과 공가(公家)의 부담이 하루에 천 금씩 들어가고, 국내외가 소란에 휘말리고, 도로에는 인마가 지쳐 쓰러져서 생업에 종사하지 못하는 자가 70만 가구나 된다. 여러 해 동안 적국과 서로 겨루다가 단 하루 만에 승리를 거두었다 해도 (용간으로 쓰일) 작록과 백금의 비용이 아까워 아끼려 하다가 적의 정황을 알지 못하여 (전쟁을 일으키거나 패배한다면) 이는 지극히 어질지 못한 짓이니 백성의 장수가 될 수 없는 자이며, 임금을 보좌할 수 없는 자이며, 승리의 주인공이 될 수 없는 자이다.

세계 4대 영웅의 반열에 올려놓은 나폴레옹의 빛나는 승리는 그의 뛰어난 자질과 전략적 사고 능력, 영웅적인 리더십, 초인적인 두뇌와 놀라운 탁견 등이 원동력이 되었음을 부인할 수 없다. 그러나 그 어떤 것보다 뛰어난 능력은 바로 그의 정보력이었다.

나폴레옹이 세운 첩보기관을 유럽 첩보기관의 원조로 꼽히고 있다. 그 지휘자는 카타리나 황후였으니 상당수의 기관원이 궁중 여관으로 편성되어 있었다. 궁중의 여관들은 왕궁이라는 배경을 이용하여 각종 사교장을 드나들었고, 교우 관계와 남편의 사회적

인맥 등을 기반으로 널리 첩보활동을 전개하였다. 또한 많은 서류를 훔쳐내고, 대화를 도청했는가 하면 유력자를 매수하기도 했다.

이 기관을 운영하면서 나폴레옹은 불과 11개월 사이에 533만 프랑이라는 거금을 뿌렸던 것이다. 이것이 그의 승리의 기본 바탕이 되었으니 전쟁 비용으로 따져도 소액이고, 효과적으로 적을 제압하기 위하여 치르는 전투 비용으로 봐서도 소액이었다.

손자가 말한 하루 전비 천 금, 용간으로 쓰이는 비용 백 금이 적절한 표현이다. 사실상 첩보에 드는 비용이란 전쟁 비용에 비하면 정말 하찮은 것이다.

태평양 전쟁의 향방을 가른 미드웨이 해전은 밀실에서 소수의 인원이 하는 작업이 얼마나 큰 결과를 가져올 수 있는지 여실히 보여준 예이다. 정보와 첩보의 중요성은 전쟁 전체의 판도를 좌우하고, 크게는 인류의 역사까지 좌우했다.

진주만 기습으로 상당수의 해군력과 공군력을 상실한 미국은 일본 해군의 상대가 되지 못했다. 야마모토 이소로쿠(山本五十六) 제독이 직접 지휘하는 주력 함대는 전함 11척, 항공모함 8척, 순양함 23척, 구축함 65척, 기타 보조함까지 합쳐 190척에 이르는 대함대였다. 그에 비해 미국은 니미츠 제독이 지휘하는 태평양 함대에는 항공모함 3척, 순양함 13척, 구축함 28척, 잠수함 25척, 항공기 344대밖에 없었다. 전력으로 보아 열세가 분명했다.

당시 일본은 진주만 기습에 대한 보복으로 1942년 4월 18일 미국이 B-25 폭격기 16대로 도쿄를 공습당한 적이 있었는데, 이는 미 공군이 본토를 처음 공격한 것으로써 일본의 불안감은 컸다. 미국의 산업 생산 능력을 고려할 때 1년 이내에 미국 해군력을 무력화시키지 못하면 일본의 승리는 불가능하다고 판단했다. 그리하여 하와이의 관문이자 전략 요충지인 미드웨이로 미 태평양 함대를 유인하여 격멸할 계획을 세우게 되었다.

이러한 일본의 계획을 미국은 이미 꿰뚫고 있었는데, 그것은 절대 해독할 수 없다고 일본 스스로가 믿고 있던 자국의 암호를 해독할 수 있었기 때문이다. 결과적으로 미드웨이 해전은 미군의 대승으로 끝났는데 미군은 항공모함 1척, 구축함 1척이 침몰하고, 전사자가 307명이 발생하였으나, 일본은 항공모함 4척, 순양함 1척이 침몰하고 전사자가 3,057명이나 되었다.

미국은 이 해전에서 승리함으로써 태평양 상에서의 제해권을 장악하여 진주만 기습으로 크게 타격을 입은 태평양 상에서의 열세를 일거에 만회하여 작전의 주도권을 쥘 수 있었다. 일본으로서는 당시 미 해군 사령관인 니미츠 제독의 말대로, 16세기 말 조선의 이순신 함대에게 패한 이래 최초의 대패배였다.

일본의 이러한 인적·물적 피해에 버금가는 타격은 뭐니 뭐니 해도 야마모토 제독의 전사일 것이다.

미군은 일본군의 암호를 해독하여 미드웨이 해전을 이기고도 암호를 해독하고 있다는 사실을 교묘히 숨기고 있었다. 일본으로서는 자신들의 교신이 모조리 적에게 간파되는 것도 모르고 있었으니 그러한 전쟁은 이미 승패가 결정 난 셈이다.

미드웨이 해전이 있은 이듬해인 1943년 4월 18일, 야마모토 제독이 부겐빌 섬의 일본군 전선을 시찰하기 위하여 라바울에서 비행기로 출발했다. 당시 미군은 일본군의 암호 해독을 통하여 야마모토의 시찰 계획도 일일이 꿰고 있었음은 물론이다. 미군은 적장의 행선지와 일정까지 상세히 알 수 있었음에도 불구하고 그러한 정보를 캐냈다는 사실을 숨기기 위해 더 깊은 책략을 구사했다.

야마모토의 시찰에 맞추어 비행기를 출격시켜 공격한다면 암호를 해독하고 있을 것이라는 것을 눈치 챌 수 있으므로 이를 숨기기 위해 시찰 일자 며칠 전부터 장거리 비행이 가능한 미 육군 항공대(당시는 공군이 독립하지 않았음)의 P-38 라이트닝 전투기 편대를 라바울 상공으로 출격시켰다. 즉, 일상적인 전투 초계 활동을 하다가 우연히 야마모토를 격추시킨 것처럼 위장하기 위해서였다.

미군 편대는 호위기들을 공격할 편대와 야마모토가 탑승한 비행기를 공격할 공격조로 나누어 출격했다. 호위조가 일본군 호위기들과 전투를 하는 동안 공격조가 야마모토의 탑승기에 명중탄을 날려 탑승기를 추락시켰다.

이 사건은 제2차 세계대전 중 최고 사령관이 전선에서 전사한 유일한 일이다. 그의 죽음에 대해 일본은 '해군 갑(甲)사건'이라 명명하며 쉬쉬하다가 약 한 달 뒤 죽음을 공표하고는 성대한 국장을 치르고, 원수 칭호를 추서하였다. 미국도 암호 해독 사실이 드러나 일본군이 암호를 모두 변경하는 것을 방지하기 위해 한동안 야마모토의 사살을 공표하지 않았다.

당시 일본은 이 사건을 조사한 뒤,

-야마모토 제독의 일정과 행선지를 안다는 것은 전보를 해독하지 않고는 불가능하다. 그런데 이 전보의 해독은 이론적으로 불가능하다. -

고 하며 자신들의 기밀 유지가 철저함을 믿어 의심하지 않았다. 그리고 이렇게 결론지었다.

-요컨대 적의 방송이나 발표 등을 종합하여 생각하면 제독의 피격은 적의 초계기와의 우연한 조우로 이루어진 비극이라 판단하는 것이 가장 적절하지 않은가 한다.-

이를 보면 일본은 한 번 잃은 암호 해독으로 말미암아 미군에게 계속 농락당하고 있었던 것이다.

> **원문**
>
> 孫子曰, 凡興師十萬하여 出兵千里면 百姓之費와 公家之奉이 日費千金하고 內外騷動하여 怠於道路하여 不得操事者가 七十萬家니라. 相守數年이라가 以爭一日之勝이라도 而愛爵祿百金하여 不知敵之情者는 不仁之至也니 非人之將也요 非主之佐也요 非勝之主也니라.

정보 제공자를 우대하라

‖

명철한 군주와 현명한 장수가 움직이면 적과의 싸움에서 승리를 거두는데 이는 남보다 뛰어난 공을 거둔 자는 먼저 적을 알고 있었기 때문이다. 먼저 적을 안다는 것은 귀신에게 빌어 얻을 수 있는 것이 아니요, 비슷한 일을 미루어 짐작함으로써 유추할 수 있는 것도 아니요, 어떤 법칙으로 점칠 수 있는 것도 아니다. 반드시 사람의 힘에 의지하여 적의 사정을 알아내야 하는 것이다.

70년대에 학원가에서 다음과 같은 심심풀이 설문이 나돈 적이 있다.

- A, B, C 세 남자는 모두 다정한 친구 사이이다. A와 B는 바다를 사이에 둔 섬에 각각 떨어져 살고 있는데, 서로 왕래가 불가능한 형편이다. C는 자기 직책상 A와 B가 사는 섬을 오고갈 수 있다. 따라서 A와 B 두 사람은 C를 통해 안부를 전하고 서로의 근황을 들을 수 있을 뿐이다. 그런데 A의 애인인 L이 B가 살고 있는 섬에 살고 있는데, A는 애인 L이 보고 싶어도 갈 수 없는 형편이다.

그러던 어느 날, C가 A에게 말했다. 너의 애인 L이 변심하여 B와 가까워졌노라고. 그러면서 친구 B와 애인 L이 절대 A에게 이 사실을 발설하지 말아달라고 신신당부하지만 도저히 이 사실을 전하지 않을 수 없어 하는 말이라면서 인간적인 고충도 털어놓는 것이었다.

이들 중 당신이 가장 나쁘다고 생각하는 사람은 누구인가? –

이 설문에 대해 여러 갈래의 의견이 나왔다.

친구의 애인을 가로챈 B가 나쁘다.

고무신을 거꾸로 신은 애인 L이 나쁘다.

애인과 친구를 잘 관리하지 못한 A가 나쁘다. '여자란 멀리 떨어져 있으면 그렇게 된다는 것을 모르는가' 하면서 은근히 여자를 비난하고 여자의 애인인 A를 조소하는 투의 비난도 없지 않았다.

그런데 의외로 그 사실을 알려준 친구 C를 비난하는 사람도 많았다. 친구와 친구의 애인이 신신당부하는 말을 듣지 않고 일러바쳤다는 것이 주된 이유였다. 중간에서 타인의 말과 행동, 즉 비밀을 옮긴다는 것은 정말이지 옳지 않다는 것이다.

이에 대해 그 설문을 낸 사람이 이런 반론을 제시했다.

아직 우리 사회는 후진성을 면하지 못하고 있다. 왜냐하면 정보의 중요성, 정보 전달자의 책무라든가 권리 같은 것을 소홀히 여기는 사회이기 때문이다. C가 저쪽 섬에서 일어난 사실, 즉 남자 B와 여자 L이 가까워졌다는 것은 엄연한 사실인데 사실을 사실대로 발표하고 전달하지 않는다는 것은 후진적이라는 것이다. 또 그러한 정보를 마땅히 알아야 할 사람에게 알리는 것은 어떤 사적인 부탁보다 앞서야 할 권리이자 의무라는 것이다. 정보와 정보 전달자를 소홀히 여기고, 나아가 배신이나 비인간적인 것으로 여기는 것은 정보가 폐쇄된 사회, 소통이 단절된 사회의 한 단면에 지나지 않는다는 것이다.

당시는 유신 정권 하에 있었으므로 언론이 극도로 통제되고, 정보의 공유가 매끄럽지 못한 시대였기 때문에 그런 결론이 나왔는지 모른다. 지금이라면 반응이 달라졌을 것이다. 그러나 무엇보다 중요한 것은 내가 직접 보고 듣지 못하는 곳의 사실을 내게 전달해 주는 정보라는 것이 중요하고, 그 정보를 내게 전달해 주는 메신저는 나에게 참으로 고마운 존재라는 것이다.

첩보를 중요시하지 않는 군주와 장수는 눈과 귀를 막고 전쟁을 일으키며 전투를 하는 것과 같다. 정확하고 신속하며 시의적절한 정보는 백만을 거느린 군대보다 낫다.

첩보 활동의 가장 중요한 임무는 상호간의 국력과 전력을 정확하게 알아서 그 힘의 정도에 따라 결정을 내리는 기초 자료로 쓰는 데 있다. 즉 싸우지 않고 적을 굴복시킬 방책을 찾거나, 싸우면 반드시 이기는 전쟁을 하고, 패배할 전쟁은 아예 일으키지 않도록 갖가지 방책을 동원하는 데 있다.

첩보를 가치 없는 하찮은 일로 보거나 부도덕한 일로 보아서는 안 된다.

원
문明君賢將이 所以動而勝人하면 成功이 出於衆者는
先知也니라. 先知者는 不可取於鬼神이요 不可象於
事요 不可驗於度니라. 必取於人하여 知敵之情者也
니라.

정보의 활용에 따라
미래가 달라진다
||

다섯 종류의 첩자가 동시에 활동하고 있는데도 적이 그것을 알지 못하는 것은 이를 귀신처럼 운용하기 때문이니, 이는 군주의 보배이다. '향간(鄕間)'이란 적이 거주하는 지역의 주민을 포섭하여 이용하는 간 첩이다. '내간(內間)'은 적의 관리를 포섭하여 이용 하는 간첩이다. '반간(反間)'이란 적의 간첩을 역이 용하는 것이다. '사간(死間)'이란 외부에서 만든 허 위 정보를 아군의 간첩이 알게 하여 적의 간첩에게 전달함으로써 사실이 탄로 나면 죽게 되는 간첩 활 동이다. '생간(生間)'이란 적국에 들어갔다가 돌아와 보고하는 간첩이다.

향간(鄕間)이란 상대 지역의 주민을 첩자로 심어 정보를 제공받 는 것이다. 지역 고정간첩, 이른바 고첩.

내간(內間)이란 상대국의 관리나 군인을 첩자로 심어 정보를 제 공받는 것으로 프락치, 혹은 내부자나 내통자에 해당한다.

반간(反間)이란 상대편에서 보낸 첩자를 역이용하는 것이다. 이 중간첩으로서 운용상 가장 복잡한 양상을 띤다.

사간(死間)이란 적을 속이기 위해 거짓 정보를 제공할 목적으로 적진에 파견하는 것인데, 거짓이 드러나면 반드시 살해되므로 사간이라 한다. 적의 주요 인물을 암살할 목적으로 파견된 자객도 포함한다. 그들은 대부분 적국에서 거짓 투항해 온 인물이다. 굳이 분류하자면 아랍의 자살 테러도 사간에 속한다고 볼 수 있다. 다만 그들이 필요로 하는 것은 상대의 정보가 아니라 테러를 통해 상대를 파괴하는 것이다.

생간(生間)은 첩보의 가장 일반적인 양상으로, 적진 깊숙이 들어가 정보를 입수해 돌아오는 것을 말한다. 근래에 말썽이 된 HID, 이른바 '돼지'가 그것이다.

우리나라 사람들 중 일부는 과거 중앙정보부의 악몽에 시달린 탓인지 정보라는 말 자체에 상당한 거부감을 보이고 있다. 따라서 그 가치를 등한시하거나 아예 무시하려는 경향이 없지 않다. 정보라면 어쩐지 떳떳하지 못한 사실의 인지(認知) 정도로 여긴다. 알지 말아야 할 타인의 기밀을 비밀스럽게 알고, 이를 토대로 나쁜 목적을 위해 공작을 펴는 것, 이것을 정보라 생각한다는 것이다.

일반적으로 정보에는 두 가지 형태가 있다. Information과 Intelligence가 그것이다.

Information이란 언론 보도, 관청의 공시, 보고서, 기업 홍보, 시중의 전문(傳聞), 인터넷 통신망, 서적, 강연 등 공개된 채널을 통해 얻어지는 지식이다. 이것은 대체로 정리·가공되지 않은 단편적이고 산만한 형태를 띠는 경우가 많다. 이 정보는 서비스의 뜻이 강하므로 가능하면 다중이 이해하기 쉽게 가공하는 것이 좋다. 그리고 좀 더 많은 사람이 접하고 이용할 수 있도록 광범위한 매체를 통하여 빨리 공개되어야 한다.

Intelligence 역시 정보이기는 하지만 군사 기밀에 관한 첩보의 뜻이 강하다. Information과는 달리 반드시 타인에게 전달하지 않아도 된다. 오히려 기밀은 기밀로써 유지되는 것이 좋다. 가령 북한의 군사 조직이나 부대 배치, 무기 체계, 전략 개념, 핵심 지휘관의 인적 사항이나 동정 등을 자세히 파악하고 있다 하여 반드시 국민들에게 전모를 알릴 필요는 없는 것이다. 알릴 경우 국민들의 궁금증은 일시 풀어줄 수 있을지는 몰라도 국익이 손상된다.

우리의 정보 수집 방향과 능력이 노출됨은 물론 정보원(情報源)을 차단당하는 결과를 가져오기 때문에 더 이상의 정보 수집이 어려운 지경에 이르게 된다. 물론 기밀 유지에만 급급할 것이 아니라 사안에 따라서는 가능한 범위 내에서 국민에게 알릴 것은 알려 경각심을 일깨우면서 협조도 구해야 한다. 그러나 이것은 Intelligence의 본령을 넘어서는 것이니 고도의 정책적 판단이 뒷받침되어야 한다.

그런데 현대사회는 이러한 정보의 수집이 군사에 국한되지 않고 정치는 물론 경제, 특히 기업 활동에 필요 불가결한 요소로 떠오르고 있다. 동서 냉전체제가 무너진 후 이러한 경향은 더욱 가속화되고 있다. 국내 기업 간에는 물론 국제적으로도 산업스파이에 골치를 앓고 있는 것은 어제 오늘의 일이 아니다. 미국 CIA가 산업 기술을 주요 정보 수집 대상으로 삼기로 했다든지 우리의 국가정보원이 국제 경제 쪽으로 방향을 바꾼다고 하는 것은 모두 그 필요성이 절실하기 때문이다.

이제 정보 마인드가 없으면 개인은 물론 기업이나 국가는 생존하지 못한다. 필요한 정보 수집의 방향을 설정하고, 정보원에 접근하며, 유용한 정보를 가려내어 분석하고, 이를 바탕으로 미래를 예측하는 것은 바로 기업의 힘이자 자산이다. 국내에서는 삼성 그룹의 정보 수집 능력이 뛰어나다느니 일본의 노무라(野村)경제연구소의 정보가 어떻다느니 하는 것은 그만큼 정보를 중시한다는 의미이다.

따라서 현대사회는 날이 갈수록 인포메이션과 인텔리전스의 경계가 불분명해지고 있다. 양파의 수확 감소를 예로 들어보자. 우리나라의 그해 양파 생산이 감소한 사실은 인포메이션으로서의 정보이지만 양파를 수출하겠다는 나라의 입장에서 보면 인텔리전스로서의 정보이다. 기밀을 요하는 사항이 아니라 하더라도 중대한 이해관계가 얽힌 타국의 실정을 알아내는 것이기 때문에 광의의 첩보적인 성격이 강하다.

첩보라면 남파 간첩이 우선 떠오르고, 신문지상에 공개되는 그들의 거무튀튀한 얼굴과 난수표, 조직 계보를 생각하게 마련이다. 또 영화나 TV극에서 보는 것처럼 수상쩍은 언동과 살기에 찬

눈초리를 번뜩이며 어두컴컴한 뒷골목을 걸어가다가 잔혹하게 살인을 해치우는 부정적 인간상을 연상하게 된다. 그러나 인텔리전스를 부정적으로 보지 말아야 하듯이 우리 국익을 위해 음지에서 일하는 인텔리전스 에이젠트(첩보원)도 부정적인 인간으로 치부해서는 안 된다. 물론 국내에 잠입하여 우리의 기밀을 캐가는 첩보원에 대해서는 예외지만.

첩보원은 아주 평범하고 지극히 정상적인 삶을 사는 것처럼 보인다.

첩보의 수준으로는 영국을 능가할 나라가 없다고 하는데, '스파이야말로 최고의 지식인이며 신사여야 한다'는 철칙이 있다. 『달과 6펜스』의 작가 서머싯 몸과 『제3의 사나이』의 저자 그레이엄 그린, 『제비호와 아마존호』의 작가 아서 램섬 등이 영국의 첩보 조직인 M16의 요원으로 활약한 적이 있다는 사실만 보더라도 알 수 있을 것이다. 또 첩보원은 자신의 생명에 위험이 닥치지 않는 한 사람을 죽이는 법이 없다. 그들은 '알아내고', 알아낸 것을 '전달'하는 것으로 임무가 끝나기 때문이다. 따라서 가장 평범하고 의심스럽지 않은 사람이 적의 스파이라는 사실을 인식하고 나의 비밀, 우리 회사의 기밀, 우리 국가의 기밀이 새어나가지 않도록 경계하고 조심해야 한다.

五間이 俱起하거늘 莫知其道하니 是謂神紀요 人君
之寶也니라. 鄕間者는 因其鄕人而用之하고 內間者
는 因其官人而用之하고 反間者는 因其敵間而用之
하고 死間者는 爲誑事於外하여 令吾間으로 知之而
傳於敵間也요 生間者는 反報也니라.

정보는 **기밀이 생명**이다

은밀하고 은밀하도다. 간첩이 쓰이지 않는 곳이 없구
나. 간첩의 정보가 아직 공개되지 않았는데도 이를
먼저 알고 있는 자는 그 간첩과 그 정보를 누설한 자
를 모두 죽여야 한다.

일본이 진주만 기습을 기획하면서 유능한 첩자 한 명을 들여보
냈다. 하와이 군항에 있는 미국 해군의 전모를 캐내라는 것이었
다. 정박 함선의 총수와 함종별 척수와 함명, 정박 위치, 항구에
서의 정박 기간과 외항으로 나가는 데 걸리는 시간, 항공모함에
탑재된 항공기의 숫자, 상주 병력 등 진주만에 관한 모든 것을 알
아서 보고해야 했다.

그런 전문적인 일을 맡을 수 있는 사람은 해군 장교뿐이라는
점에 착안한 일본은 요시가와(吉川猛夫)라는 해군 사관을 모리무
라(森村正)라는 인물로 세탁하게 했다. 외무부의 양해를 구한 뒤,
그 어렵다는 외무 고등문관 고시에 합격시킨 다음 외무성의 정식
직원으로 채용했다. 그의 첫 임지는 하와이 총영사관이었다.

총영사관으로 발령을 받은 그는 임지에서 곧잘 진주만이 한눈

에 보이는 길로 자동차를 몰고 다녔다. 그는 패기 넘치는 젊은 외교관답게 일본인 이민 2세 여성과 데이트를 즐기는 것이 그의 취미였다. 미국과 일본의 관계가 점점 악화되자 자동차 데이트를 집어치우고 수영과 낚시로 취미를 바꾸었다. 하여간 그의 눈에 들어오는 것은 모두 미국의 군사시설이었고, 그러한 시설과 무기와 함정은 해군 사관 출신이 아니면 판별할 수 없는 것이었다.

그의 활동은 진주만 기습 하루 전까지 계속되었는데, 그가 한 보고는 야마모토 연합함대 사령관이 기획하는 진주만 기습의 기초 자료로 쓰였다. 그는 마지막까지 꼬리를 감춘 채 임무를 완벽하게 수행했다. 그런 의미에서 그는 외교관 신분으로 적군에 들어가 임무를 완벽하게 수행한 첩보원이라고 할 수 있다.

이런 경우 만약 그의 정체와 그의 하는 일을 알고 있는 사람이 있다면, 그것이 미국인이었다면 그 미국인은 살아남을 수 있었을까? 그 사람이 일본인이라 하더라도 그런 막중한 기밀 사항을 안다는 것은 대단히 위험한 일이므로, 어떤 식으로든 제재의 대상이 되었을 것이다. 기밀 유지를 위한 어떤 조치. 그것은 온갖 이득을 함께 하는 회유일 수 있다. 아니면 영원히 함구하는 방법, 죽음이 따를 수 있을 것이다.

제2차세계대전 당시 미국은 기밀이 새어나가는 것을 막기 위해 일본계 미국인을 임시 수용소에 가두어놓은 일도 있었다. 향간이나 내간이 나올까 우려했던 것이다.

알아서는 안 되는 기밀을 알았기 때문에 목숨을 잃은 경우도 무척 많았을 것이다. 그러나 죽은 자는 끝내 말이 없기 때문에 그 실상이 알려진 경우는 거의 없는 셈이다.

첩보는 처음부터 끝까지 모두 기밀에 속한다. 그 정보가 정보로서의 활용 가치가 완전히 소멸되었더라도 비밀로 묶어 두어야 한다. 비밀을 알게 된 경로는 물론 그것을 활용한 사실까지 모두 기밀로 유지되어야 한다.

제2차세계대전이 끝난 뒤 이런 일이 있었다. 미드웨이 해전의 영웅인 미 태평양 함대사령관 니미츠 제독이 신문기자로부터 이런 질문을 받았다.

"야마모토 제독이 탄 비행기를 격추할 수 있었던 이유를 물어봐도 되겠습니까?"

미드웨이 해전이 있은 이듬해인 1943년 4월 18일, 일본군의 교신 암호를 해독하고 있었던 미 해군이 일본군 연합함대 사령관인 야마모토 제독의 전선 시찰 행선지와 일정을 정확히 알게 되어 그를 피격하여 죽게 한 사건을 두고 한 질문이었다. 이에 니미츠 제독은,

"우리 미군이 일본 해군의 모든 암호를 이미 해독하고 있었기 때문이었소."

하고 솔직하게 털어놓았다. 일본군의 암호 해독이라는 기밀을 알고 있었던 미국으로서는 비록 세계대전이 끝났다 하더라도 "그건 군사상의 기밀이오."라고 대답한다고 해도 무방했다. 어쩌면 그게 정답일 것이다. 이것이 바로 첩보의 운명이다.

微哉微哉라 無所不用間也라 間事未發이어늘 而先
聞者면 間與所告者皆死라.

필요한 정보는
광범위하게 수집하라

‖

무릇 공격하고자 하는 군대, 공략하고자 하는 성곽,
죽이고자 하는 사람에 대해서는 반드시 먼저 그곳을
지키는 장수, 참모, 부관, 경호원, 수행원의 성명을
알아야 하는데, 이는 아군의 간첩을 보내어 조사하여
알아오게 해야 한다. 적의 간첩이 아군에 잠입하여
정탐하려 하면 반드시 찾아내어 그에게 이익을 주고
유도하여 간첩의 임무를 버리게 할 수 있으므로 반
간(이중간첩)으로 삼아 이용할 수 있다. 이를 통해 적
정을 알 수 있으므로 향간과 내간을 포섭하여 고용
할 수 있고, 이를 통하여 적정을 알 수 있으므로 사
간(死間)에게 허위 정보를 주어 적에게 전할 수 있고,
이를 통하여 적정을 알 수 있으므로 생간이 오고가
는 것을 기약할 수 있다. 군주는 다섯 종류의 첩보
행위에 대해 반드시 알아야 하는데, 이러한 정보는
대부분 반간을 통하여 나오게 되어 있다. 그러므로
반간을 후대하지 않을 수 없다.

칭기즈 칸의 원(元) 제국이 인류 역사에 공헌한 것 중의 하나가
정보의 광범위한 유통 체계를 수립했다는 것이다. 원나라는 독특
한 역참 제도를 두어 제국의 구석구석까지 칙령이 전파될 수 있
도록 하였으며, 만리나 떨어진 산간 오지에서 벌어지는 일도 금

방 알 수 있도록 짜여 있었다. 우정(郵政)이 비로소 시작된 것이다. 또한 관료와 공무를 위해 지방을 다니는 여행객을 위해 역참을 통한 숙박 시설도 가지고 있었다. 한마디로 제국이 원활하게 소통할 수 있도록 했던 것이다.

그것만이 아니라 칭기즈 칸은 이민족과 타 문화에 대해 매우 개방적인 태도를 가지고 있었다. 무엇이든 저항과 편견 없이 받아들이고, 이를 자기 것으로 만드는 데 주저하지 않았던 것이다. 색목인(아랍인), 백인, 중앙아시아인, 동남아시아인, 고려인, 중국인 등 수많은 백성을 받아들여서 큰 차별 없이 통치해 나갔다. 그 가운데 송나라 사람을 남인(南人)이라고 하여 가장 홀대했는데, 이는 송나라가 최후까지 저항했기 때문이었다. 그러나 송의 우수한 문화를 받아들이는 것을 주저하지 않았다.

칭기즈 칸의 이러한 태도는 그의 수많은 정복 전쟁부터 시작된 것이다. 그가 전 세계를 향해 폭풍이 몰아치듯 공격해 들어가고, 전투마다 승리할 수 있었던 것은 그의 남다른 정보 활용 능력 덕분이다.

몽골 기병은 승마술이 뛰어나 기동력이 세계 최고였으며, 조직이 잘 정비되어 있었고, 병사 개개인이 죽음을 두려워하지 않는 용맹성과 강인함을 가지고 있었다. 또 신상필벌이 확실하여 공로가 있는 자는 직급에 관계없이 상을 받고, 신분에 따른 승진의 한계도 없었다.

이처럼 몽골 군대는 당시 세계 최강이었지만 그것이 모든 전투의 승리를 보장한 것은 아니었다. 그는 어떤 국가나 지역을 공격하기 전에 반드시 대상(隊商)을 들여보내 그곳의 실정을 샅샅이 알아오게 하였다. 모스크바를 침공하기 전에 그는 각 공국의 사정을 그곳의 지도자보다 더 훤히 알고 있었으니 그의 기마대 앞에는 항상 첩보 수집 인력이 길을 인도했던 것이다.

미드웨이 해전 이듬해인 1943년 4월 14일, 진주만의 해군 정보장교 레이턴 중령은 니미츠 제독에게 통신 정보부가 해독한 일본군의 비밀문서를 제출했다. 일본 해군의 연합함대사령관 야마모토 제독의 상세한 일정과 행선지를 알아냈는데, 그를 제거할 절호의 기회라는 것이다.

니미츠 제독이 야마모토 제독을 제거할 경우 얻을 수 있는 실익을 묻자 레이턴 중령의 대답은 이러했다.

"그는 일본 군인으로서 매우 특이한 존재입니다. 젊은 장교나 병사들은 그를 우상처럼 여기고 있기 때문에 천황을 제외하면 그보다 더 영향력 있는 인물은 없을 것입니다. 그렇기 때문에 그가 탄 비행기를 떨어뜨린다면 일본인이 입을 심리적 타격은 상상을 초월합니다."

"그건 그렇지. 그런데 한 가지 더 생각해야 할 것은 그보다 더 유능한 지휘관이 기용되지 않을까 하는 점이야."

제독의 말에 중령은 자신이 알고 있는 일본 해군의 대장급 인물을 일일이 거명하며, 그들의 능력과 경력, 외모와 성격, 군 내부의 평판 등을 상세히 설명했다. 적군 지휘부의 인적 구성을 상세히 파악하는 것은 정보로서 초보에 속하지만 미군은 야마모토 이후까지 생각하는 신중함을 보였던 것이다.

마침내 그 작전은 할제 중장에게 맡겨졌고, 미군 폭격기는 부겐빌 섬을 순시하기 위해 비행하는 야마모토 제독이 탑승한 폭격기를 요격하여 밀림에 격추시키는 데 성공했다. 야마모토 제독이 전사한 뒤, 과연 레이턴 중령의 말대로 그보다 더 유능한 일본 연합함대 사령관은 나오지 않았다.

원문

凡軍之所欲擊과 城之所欲攻과 人之所欲殺이면 必先知其守將左右謁者門者舍人之姓名하니 令吾間으로 必索知之니라. 必索敵人之間來間我者하여 因而利之하고 導而舍之니 故로 反間을 可得而用也요, 因是而知之라 故로 鄕間內間을 可得而使也요, 因是而知之라 故로 死間이 爲誑事하여 可使故敵이요, 因是而知之라 故로 生間을 可使如期니라 五間之事를 主必知之니 知之必在於反間이라 故로 反間을 不可不厚也니라.

지혜의 정원 04

손자병법,
전쟁과 경영을 말하다

초판 1쇄 인쇄 2011년 1월 3일
초판 2쇄 발행 2011년 2월 18일

지은이 • 손무
평역 • 서지원
펴낸이 • 김형호
펴낸곳 • 아름다운날
주소 • (121-837) 서울시 마포구 서교동 351-10 동보빌딩 103호
전화 • 02) 3142-8420
팩스 • 02) 3143-4154
출판 등록 • 1999년 11월 12일
E-메일 • arumbook@hanmail.net
ISBN 978-89-93876-12-3 (03320)